Konrad Hansen (Hg.)

Die Welt der Wikinger

Die Hanse

Die Deutsche Bibliothek – CIP-Einheitsaufnahme

Ein Titeldatensatz für diese Publikation ist bei
Der Deutschen Bibliothek erhältlich

Umschlaggestaltung: atelier freilinger & feldmann
Herstellung: Das Herstellungsbüro, Hamburg
Satz: Greiner & Reichel, Köln
Druck und Bindung: Clausen & Bosse, Leck
Printed in Germany

ISBN 3-434-52593-9

Informationen zu unserem Verlagsprogramm finden
Sie im Internet unter www.die-hanse.de

Inhalt

Rauh ist der Wind heute nacht,
er reißt in der weißen Mähne des Meeres.
Heut' fürchte ich die wilden Wikinger nicht,
die auf der Irischen See kreuzen.

IRISCHER MÖNCH, 9. JAHRHUNDERT

Lindisfarne oder Wie es begann

Statt eines Vorworts

Lindisfarne The Holy Island stand auf dem Schild, das im äußersten Nordosten Englands von der A1 meerwärts wies. Der Name der »Heiligen Insel« rief Erinnerungen wach: Lindisfarne – war das nicht die Insel vor der Küste Northumbrias, die in den Geschichtsbüchern den Anfang der Wikingerzeit markiert? Vor dem Damm, der bei Ebbe trocken fällt und dann eine Verbindung auch für Autos zwischen Festland und Insel ist, fand ich auf einer Hinweistafel die Bestätigung. Lindisfarne, hieß es da, eine Tochtergründung des Klosters auf Iona, war in der gesamten Christenheit als Englands heiligste Wallfahrtsstätte berühmt. Für das Jahr 793 berichtete der Chronist von Unwetter, Blitz und fliegenden Feuerdrachen; dem folgte großer Hunger, und kurz darauf suchten die Heiden im Juni desselben Jahres Lindisfarne mit Raub und Totschlag heim. Alkuin, der Theologe und Humanist, schrieb: »Niemals zuvor erschien ein derartiger Schrecken in Britannien, wie wir ihn eben erst von einem heidnischen Volk ertragen haben, noch glaubte man, daß ein derartiger Angriff von See her stattfinden könnte. Sieh da, die Kirche des heiligen Cuthbert, besprengt vom Blut der Priester Gottes, all ihrer Zierde beraubt.«

Die Wikinger brachten Mönche und Nonnen um, plünderten das Kloster und brannten es nieder. Aus Angst, die Nordmänner könnten es bei diesem Überfall nicht bewenden lassen, verließen fast alle Bewohner die Insel. Heute leben rund 160 Menschen ständig auf Lindisfarne, und es genügt schon, ihrer Zahl die der jährlich 500 000 Besucher gegenüberzustellen, um zu erahnen, was der kleine Ort mit seinen zahlreichen Hotels, Pensionen, Gaststätten und Souvenirläden augenfällig bezeugt: Daß die Bewohner von Lindisfarne mehr als tausend Jahre später zu Nutznießern des Wikingerüberfalls geworden sind.

Auf dem Weg über die Insel hielt ich allerdings vergeblich nach Relikten des historischen Ereignisses Ausschau. Die malerisch auf einem weithin sichtbaren Vulkankegel gelegene Burg wurde um das Jahr 1550 erbaut, und die Ruinen mit den sorgfältig freigelegten Fundamenten der Innenräume sind die Überbleibsel eines Benediktinerklosters aus der zweiten Hälfte des 11. Jahrhunderts. Vom alten Kloster, dem Schauplatz des legendären Überfalls, ist nichts erhalten geblieben; es war ganz aus Holz erbaut. Nicht einmal seine Lage läßt sich exakt bestimmen. So müßten die Besucher mit den Ruinen des 1536 von Heinrich VIII. aufgelösten und danach dem Verfall preisgegebenen Benediktinerklosters vorliebnehmen, um sich einen Eindruck von der Zerstörungswut der Wikinger zu verschaffen, gäbe es außer den erwähnten schriftlichen Quellen nicht noch ein weiteres Zeugnis aus der Zeit kurz nach dem Wikingerüberfall. Bei Restaurierungsarbeiten im Kloster Lindisfarne fanden britische Archäologen ein Steinrelief, das neben christlichen Motiven die älteste Darstellung der räuberischen Nordmänner enthält. Man sieht sie in dicken Wämsern und langen, engen Hosen, Äxte und Schwerter schwingend zum Angriff schreiten.

Wer waren diese Männer, die gewissermaßen aus dem Nichts auftauchten und die Welt für gut dreihundert Jahre in Angst und Schrecken versetzten? Den üblen Ruf verdankten sie ihrer sprichwörtlichen Brutalität und der Tatsache, daß sie sich ausgerechnet jene zu Feinden machten, die als einzige dazumal des Schreibens kundig waren, die Priester und Mönche. Diese wurden nicht müde, die Untaten der Nordmänner mit allen grausigen Facetten für die Zeitgenossen und die Nachwelt festzuhalten. Bedenkt man, daß die Geistlichen besonders unter den gewalttätigen Heiden zu leiden hatten, darf nicht verwundern, wenn sie das Bild der Wikinger in den schwärzesten Farben malten.

Mehr als ein Jahrtausend später kürten die Nationalsozialisten den Wikinger zum Prototyp des sogenannten arischen Herrenmenschen. Aus dem Räuber und Totschläger wurde ein Idol, dem es nachzueifern galt. Damals prägte sich mir das Bild des blonden Recken ein, dessen kämpferische und rassische Überlegenheit in seiner hünenhaften Statur sichtbaren Ausdruck fand. Doch nicht einmal dieses äußere Merkmal stimmt mit den wissenschaftlichen Erkenntnissen überein. Bei Jankuhn ist zu lesen, daß die Durchschnittsgröße der Nordmänner im frühen Mittelalter 1,65 m betrug.

Wer waren die Wikinger denn nun wirklich – diese Frage ließ mich seit dem Abstecher nach Lindisfarne nicht mehr los. Auf der Suche nach Antworten reiste ich durch Nordeuropa. In den Museen von Haithabu, Roskilde und Oslo bewunderte ich die Schiffe der Wikingerzeit, diese ebenso schönen wie zweckmäßigen Meisterwerke mittelalterlicher Handwerkskunst – und ich verstand, weshalb die Skalden für kein Erzeugnis von Menschenhand – außer dem Schwert – so viele blumige Metaphern erfunden hatten wie für das Schiff. Auf den Färöern und insbesondere auf Island suchte ich nach Spuren der ersten Siedler, die gegen Ende des 9. Jahrhunderts vor dem harten Regiment Harald Schönhaars aus Norwegen geflohen waren und auf den unwirtlichen Inseln im Nordatlantik das Ideal einer Gemeinschaft der Freien und Gleichen verwirklicht hatten. Ich fand eine Gesellschaft vor, deren ausgeprägtes Selbstbewußtsein nicht zuletzt aus der Vertrautheit mit der eigenen Geschichte erwachsen ist und die mit den großen Gestalten ihrer Vergangenheit auf ähnlich familiärem Fuß lebt wie mit den Elfen und Trollen der heidnischen Sagenwelt.

Nebenher trug ich eine kleine Bibliothek zusammen, Wissenschaftliches und Schöngeistiges und auch einiges aus der Schrekkenskammer der NS-Ideologen und ihrer Vorläufer. Den tiefsten Einblick in die Welt der Wikinger erschloß mir die Lektüre der isländischen und färingischen Sagas, obwohl auch sie von Mönchen aufgezeichnet und demzufolge stärker von christlichem Gedankengut durchsetzt waren als die mündlich überlieferten Quellen.

Das Ergebnis meiner Recherchen legt einen Vergleich mit der Taktik der Wikinger nahe: Wie sie nach einem Überfall blitzschnell verschwanden, sich gleichsam in Luft auflösten, so entziehen sie sich auch einer eindeutigen wissenschaftlichen Definition. Schon die Deutung des Wortes »Wikinger« teilt die Fachwelt in mehrere Lager. Die These, »vik« entspreche dem deutschen Wort »Bucht«, folglich sei der Wikinger einer, der, in Buchten versteckt, vorbeifahrenden Handelsschiffen auflauere, wird nach Ansicht des dänischen Forschers Johannes Brøndstedt nur von wenigen Fachkollegen vertreten. Sicher scheint dagegen zu sein, daß die Nordvölker zu keiner Zeit das Wort »Wikinger« gebrauchten, um damit eine ethnische Zusammengehörigkeit zu bezeichnen. »Wikinger« wurde ausschließlich zur Bezeichnung von Männern verwendet, die auf Raub ausfuhren und bei glücklichem Ausgang ihrer Unternehmungen nach Hause zurückkehrten.

Über die Frage, was diese Männer, die daheim in einen strengen Sittenkodex eingebunden waren, dazu brachte, sich anderenorts von den niedersten Instinkten leiten zu lassen, herrscht gleichfalls Uneinigkeit. Die einleuchtende Erklärung, Kälteeinbrüche und Mißernten hätten dazu geführt, daß aus rechtschaffenen Bauern Mörder und Räuber wurden, gilt als überholt. Neuere Publikationen vertreten die These, daß es den Wikingern vor allem um Beute ging. Um am Reichtum anderer Völker teilzuhaben, war ihnen jedes Mittel recht. Allerdings gingen sie keineswegs so leichtfertig mit dem eigenen Leben um, wie uns ältere Quellen glauben machen wollen. Wenn sie die Wahl hatten, zogen die Wikinger allemal eine erpresserische Besteuerung wie das den Engländern auferlegte »Danegeld« dem Kampf mit der Waffe vor. Der Wikinger, der uns in den Sagas, aber auch in Erzählungen unserer Zeit entgegentritt, war nur in Ausnahmefällen ein todesverachtender

Draufgänger. Wie konnte er auch im Heldentod die Krönung eines Wikingerlebens sehen, wenn der Sinn der Raubfahrten doch darin lag, sich selbst und den Seinen ein auskömmliches Leben zu ermöglichen?

Auf manche Frage fand ich eine Antwort, auf manche nicht. Doch die unbeantworteten Fragen verlockten zu Mutmaßungen, diese wiederum mobilisierten die Phantasie. So mündete, was in Lindisfarne begann, Jahre später in meinen Roman »Die Männer vom Meer«.

Die ausgewählten Texte für diese Anthologie sollen die Widersprüche nicht verdecken; es ist aber auch nicht meine Absicht, dem Leser wissenschaftliche Divergenzen vor Augen zu führen. Mir geht es vielmehr darum, eine Vorstellung von einer Epoche des frühen Mittelalters zu vermitteln, der die Wikinger ihren Namen geliehen haben. Es sind in der Mehrzahl belletristische Texte, mit denen die Welt der Wikinger veranschaulicht werden soll, Erzählungen aus einem Zeitraum von tausend Jahren. Daß sie entweder vom Anfang dieser Zeitspanne stammen oder aus der Gegenwart, mag den Eindruck erwecken, dazwischen gebe es keine zitierenswerte Literatur. Das trifft insofern zu, als ich nicht auf Texte gestoßen bin, die ich den hier versammelten an die Seite stellen möchte. Mit anderen Worten: Die Auswahl ist subjektiv; sie spiegelt meine Vorliebe für Texte wider, die Historie zu einer unterhaltsamen Lektüre machen.

Konrad Hansen
Großsolt, im Oktober 2001

Bericht eines Zeitgenossen

Um das Jahr 1075 verfaßte der Domherr Adam von Bremen seine »Hamburgische Kirchengeschichte«, der die folgenden Beschreibungen der nordischen Völker und Länder entnommen sind:

Über die Dänen

Auf Seeland gibt es viel Gold, das durch Seeraub zusammengebracht wird. Denn die Seeräuber selbst, welche jene Wichinger, die Unseren aber Ascomannen nennen, zahlen dem dänischen König dafür Tribut, daß es ihnen freisteht, von den Fremden, die um dieses Meer herum in großer Anzahl wohnen, Beute zu machen. Daher kommt es auch, daß sie die Erlaubnis, welche sie in bezug auf die Feinde empfangen haben, oft gegen die Ihrigen mißbrauchen; so sehr sind sie ohne eine Treue gegeneinander selbst, und ohne Erbarmen verkauft jeder den andern, sobald er ihn gefangen genommen hat, als Knecht an einen Genossen oder Fremden.

Auch noch viele andere Eigentümlichkeiten haben die Dänen, welche sowohl den Gesetzen, als auch den Sitten und dem Recht und der Billigkeit zuwiderlaufen, wovon ich jedoch nichts zu erwähnen für nötig halte, als nur den Brauch, daß Weiber, wenn sie Ehebruch begehen, sofort verkauft werden. Die Männer aber wollen, wenn sie entweder des Verrates königlicher Majestät schuldig oder bei irgendeinem Verbrechen ertappt sind, sich lieber enthaupten als schlagen lassen. Es gibt dort keine andere Art Strafe, als das Beil oder die Knechtschaft, und dann, wenn man verurteilt ist, hält man es für rühmlich, froh zu sein. Denn Tränen und Wehklagen und andere Bezeugungen der Reue, welche wir für heilsam erachten, verabscheuen die Dänen so, daß es sich ebensowenig schickt, über seine Vergehungen, wie über teure Verstorbene zu weinen.

Über Schweden und seine Bewohner

Wenn man über die Inseln der Dänen hinausfährt, so tut sich einem eine zweite Welt auf nach Schweden oder Nordmannien zu, welches die beiden ausgedehntesten Reiche des Nordens und unserer Welt beinahe noch ganz unbekannt sind. Von diesen hat mir der sehr kundige König der Dänen erzählt, daß Nordmannien kaum in einem Monat durchwandert werden könne, während Schweden in zwei Monaten nicht leicht zu durcheilen sei. »Dies habe ich«, sagte der König, »selbst erfahren, da ich unlängst zwölf Jahre lang unter König Jacob in jenen Reichen Kriegsdienste getan habe; beide Länder sind von sehr hohen Bergen ringsum eingeschlossen, am meisten aber Nordmannien, welches mit seinen Alpen Schweden umgibt.«

Schweden ist ein sehr fruchtbares Land, reich an Feldfrüchten und Honig, und außer daß es durch Viehzucht vor allen ausgezeichnet ist, findet sich dort überall die günstigste Lage der Flüsse und Wälder; von fremden Waren ist das ganze Land voll. So kann man sagen, daß die Schweden kein Gut entbehren, ausgenommen der Hoffart, die wir so sehr schätzen oder vielmehr vergöttern. Denn jene Gegenstände eitlen Gepränges, wie Gold, Silber, königliche Rosse, Felle der Biber und Marder, welche alle uns vor Bewunderung fast um den Verstand bringen, achten jene für nichts. Nur in dem Verhältnis zu den Weibern kennen sie kein Maß. Jeder hat nach der Größe seines Vermögens zwei oder drei oder mehrere zugleich, die Reichen und Fürsten unzählige. Auch betrachten sie die aus einer solchen Verbindung entspringenden Kinder als rechtmäßig. Todesstrafe aber erleidet, wer die Ehefrau eines anderen beschläft, oder eine Jungfrau notzüchtigt, oder wer einen anderen seiner Güter beraubt oder ihm Beleidigungen zufügt. Gastlichkeit zeichnet, obwohl alle Hyperboreer durch dieselbe hervorragen, doch besonders unsere Schweden aus, für die es nichts Schmählicheres gibt, als den Durchreisenden Gastfreundschaft zu verweigern, so daß sie darüber miteinander in Eifer und Wettstreit geraten, wer es wert sei, einen Gast aufzunehmen. Diesem gewährt der Wirt dann alle Rechte der Menschenfreundlichkeit und fährt ihn, soviele Tage er dort verweilen will, immer wechselnd in den einzelnen Häusern umher zu seinen Freunden.

Die Schweden bestehen aus vielen Völkern, trefflich an Kräften und Waffen, und so sind sie zu Roß wie zu Schiff die besten Streiter. Daher scheinen sie durch ihre Macht auch die übrigen Völker des Nordens zu fesseln. Sie haben Könige aus einem alten Geschlecht, deren Gewalt jedoch von dem Willen des Volkes abhängt; denn was alle insgemein gebilligt haben, muß der Fürst bestätigen, wenn es nicht einmal gerade sein Beschluß ist, den sie mitunter wider Willen befolgen. Daheim also erfreuen sie sich völliger Gleichheit; gehen sie aber in die Schlacht, so leisten sie dem König oder dem, der von diesem, weil er kundiger ist als die übrigen, vorgezogen wird, vollkommenen Gehorsam. Wenn sie aber einmal im Kampf in die Enge kommen, so rufen sie aus der Menge der Götter, die sie verehren, einen zur Hilfe herbei: diesem sind sie dann nach dem Siege vorzugsweise ergeben und ziehen ihn den übrigen vor. Jedoch erklären sie bereits in einem allgemeinen Ausspruch, der Gott der Christen sei stärker als alle anderen; die anderen Götter täuschten oft, er dagegen sei immer als der sicherste Helfer in der Not bei der Hand.

Über Norwegen und die Norweger

Nordmannien wird, wie es das äußerste Land der Welt, so auch passend von mir an das Ende meines Buches gestellt. Von der Lage und Größe desselben ist insbesondere das zu sagen, daß dieses Land der Länge nach sich in die äußerste Nordgegend erstreckt, woher es auch den Namen hat. Nordmannien ist wegen der

Rauhheit seiner Berge und wegen seiner unmäßigen Kälte das unfruchtbarste aller Länder, allein zur Viehzucht geeignet. Und in der Weise ziehen sie von ihrem Viehstand ihren Lebensunterhalt, daß sie die Milch der Tiere zur Nahrung, die Wolle derselben zur Kleidung benutzen. Und so erzielt das Land die tapfersten Krieger, welche, nicht durch den üppigen Genuß von Feldfrüchten verweichlicht, weit häufiger andere angreifen, als sie selbst von anderen belästigt werden. Ohne Scheelsucht wohnen sie neben den ihnen zunächst lebenden Schweden, während sie von den Dänen, die ebenso arm sind wie sie, mitunter nicht ungestraft angetastet werden. Daher schweifen sie gezwungen durch Mangel am Notwendigen in der ganzen Welt umher und bringen durch Seeraub die reichsten Güter aller Länder heim, und helfen auf solche Weise der Dürftigkeit ihrer Heimat ab. Nachdem sie aber infolge ihrer Annahme des Christentums in besseren Schulen gebildet sind, haben sie bereits gelernt, Frieden und Wahrheit zu lieben und mit ihrer Armut sich zu begnügen, ja was sie gesammelt hatten, zu verteilen, nicht, wie vorher, Verteiltes zu sammeln. Und während anfangs alle den versuchten Künsten der Zauberer ergeben waren, bekennen sie sich jetzt mit dem Apostel einfältig zum gekreuzigten Christus. Auch sind sie die enthaltsamsten aller Sterblichen, indem sie sowohl in Speisen wie in Sitten Sparsamkeit und Mäßigkeit mit dem höchsten Eifer üben.

An vielen Orten in Nordmannien und Schweden sind die Viehhirten die vornehmsten Männer, welche wie die Patriarchen und von ihrer Hände Arbeit leben. Alle aber, die in Norwegen leben, sind sehr christlich gesinnt, ausgenommen die, welche jenseits des nördlichen Striches um den Ozean herum wohnen. Diese sollen noch heutigentages in magischen Künsten und Beschwörungen so stark sein, daß sie erklären, sie wüßten, was jeder Mensch auf dem ganzen Erdkreis tue. Ferner ziehen sie auch mit mächtigem Gemurmel von Worten große Walfische an das Gestade des Meeres, und vieles andere, was man von den Zauberern in der Schrift liest, ist ihnen durch Übung leicht. In den sehr rauhen Bergen, welche daselbst sind, finden sich, wie ich gehört habe, bärtige Weiber; die Männer aber, die in den Wäldern leben, kommen einem selten zu Gesicht. Diese bedienen sich der Felle zur Kleidung und sollen, wenn sie reden, mehr mit den Zähnen gegeneinander anknirschen als Worte vorbringen, so daß selbst die nächsten Völker sie kaum verstehen können. (1)

Stadt und Land

Neben dem schwedischen Birka war Haithabu das wichtigste Handelszentrum der Wikingerzeit. Um 950 besuchte der arabische Kaufmann At-Tartuschi aus dem Kalifat Cordova die Stadt am Ende der Schlei. Von ihm stammt der kurzgefaßte Reisebericht über Haithabu-Schleswig:

»Schleswig ist eine sehr große Stadt am äußersten Ende des Weltmeeres. In seinem Innern befinden sich Süßwasserbrunnen. Ihre Bewohner sind Siriusanbeter, abgesehen von einer kleinen Anzahl, die Christen sind und dort eine eigene Kirche besitzen. Sie feiern ein Fest, wo sich alle versammeln, um ihren Gott zu verehren und um zu essen und zu trinken. Derjenige, der ein Opfertier schlachtet, sei es nun ein Ochse, ein Widder, ein Ziegenbock oder ein Schwein, errichtet am Tor seines Hofes Pfähle und befestigt das Opfertier daran, damit alles Volk erfährt, daß er dieses seinem Gott zu Ehren opfert. Die Stadt ist arm an Gütern und Herrlichkeiten. Das wichtigste Nahrungsmittel ihrer Bewohner besteht aus Fischen, von denen es viele gibt. Werden einem Einwohner Kinder geboren, so wirft er sie ins Meer, um die Unterhaltskosten zu sparen.« Weiter erzählte er, »daß bei ihnen den Frauen das Scheidungsrecht zusteht. Die Frau nimmt selbst die Scheidung vor, wenn sie will. Man findet dort auch eine künstlich hergestellte Augenschminke. Wenn man sie anwendet, schwindet die Schönheit niemals, sondern nimmt im Gegenteil bei Männern und Frauen zu«. Und dann sagte er ferner: »Niemals hörte ich häßlicheren Gesang als den Gesang der Schleswiger, es ist ein Brummen, das ihren Kehlen entweicht wie das Bellen von Hunden, nur noch tierischer.« (2)

Verkehrstechnisch lag Haithabu äußerst günstig. Von der Ostsee war die Siedlung direkt mit dem Schiff zu erreichen, und von Westen aus ermöglichten die Flüsse Eider und Treene, daß der Schiffsverkehr sich bis auf wenige Kilometer der Stadt nähern konnte. Freilich mußten die Waren in diesem Fall erst umgeladen und mit Fuhrwerken oder auf Packtieren in die Schleistadt gebracht werden. Zudem verlief der nord-südlich gehende Heerweg nur wenige Kilometer westlich der Stadt. Der Heerweg war nach damaligen Verhältnissen als Schnellstraße zu bezeichnen, die seit grauer Vorzeit von Heeren und in Friedenszeiten natürlich auch als Handelsstraße benutzt wurde. Gleichzeitig war die Stadt an der Schlei Grenzstadt, so daß sie schon sehr bald als Pforte nach Skandinavien galt und durch ihre strategische Lage und wegen ihres politischen und wirtschaftlichen Gewichts eine bedeutende Stellung im Grenzland einnahm.

Die Anfänge dieser Stadt lagen in der Mitte des 8. Jahrhunderts. Als König Godfred im Jahre 808 den Kaufleuten aus Reric, einem tributpflichtigen Ort im Slawenland, einen neuen Handelsstützpunkt an der Schlei zuteilte, war Haithabu nur ein unbedeutendes Dorf. Der neue Handelsstützpunkt entwickelte sich jedoch über die Maßen erfolgreich. Schon bald war die neue Stadt ein bedeutsamer Knotenpunkt im »weltumspannenden« Handel jener Zeit. Hier kreuzten sich die wichtigsten Handelsrouten. Aus dem Orient gelangten Seidenstoffe, Edelsteine sowie Gold und Silber auf dem langen Weg über Byzanz und die russischen Flußsysteme nach Haithabu. Hier trafen sich Kaufleute aus Spanien mit Kollegen aus der englischen Stadt York und dem schwedischen Birka. Hier wurde mit nordatlantischen Produkten wie Schiffstauen aus gedrehter Walhaut und Walroßelfenbein und mit fränkischen Waffen gehandelt. Es wurde um Preise für Pech und Daunen ebenso wie um rheinländische Glaswaren und tönernes Geschirr gefeilscht. Hinzu kamen auch Wein und Met. Salz und friesische Kleidung waren ebenso wie Pelzwerk im Warenangebot. Luftgetrockneter Fisch, Eisenbarren und Schleifsteine kamen aus Norwegen. Mahlsteine wurden aus dem niederrheinischen Niedermendingen importiert. Zum reichen Warenangebot gehörte aber auch in Irland gestohlenes Kircheninventar. Ein breites Spektrum erlesener Luxusgüter war für den Abnehmerkreis der Allerreichsten berechnet. Und es wurden ganz profane Produkte für den alltäglichen Verbrauch angeboten. Doch auch das dumpfe Geschrei der geschundenen Menschen war nicht zu überhören, deren Schicksal es war, als Sklaven verkauft zu werden. Bezahlt wurde mit abgewogenem Silber, mit fremder Währung oder mit einheimischen Münzen, von denen einige auch in Haithabu geprägt wurden.

Im Kielwasser der Kaufleute folgten Handwerker wie Schmiede, Bronzegießer, Schuster, Töpfer, Kammhersteller und Bernsteinschleifer sowie Schiffszimmerleute, um nur einige wenige von den wichtigsten Handwerkern zu nennen, die in der Hafenstadt nachgewiesen werden konnten. Dennoch war At-Tartuschi als Mann von Welt nicht weiter beeindruckt. Mit den prachtvollen, zinnengeschmückten und weißgetünchten Städten des Südens konnte die Hafenstadt an der Schlei sich gewiß nicht messen. Fränkische Quellen belegen, daß die Stadt unter markgräflicher Verwaltung stand und sogar zeitweise Residenzstadt von Königen war. Aber wahre Prachtbauten oder gar Königshöfe sind bis jetzt weder direkt in Haithabu noch im näheren Umfeld der Stadt archäologisch nachweisbar. Die kleinen, aus Holz gebauten Häuser waren bescheiden und hatten selten eine Wohnfläche von über 15 Quadratmetern. Sie genügten als Wohnungen für die Einheimischen sowie als Lagerräume und Geräteschuppen und auch als Stallungen für eine eher bescheidene Viehhaltung. Die Wände der bescheidenen Häuser bestanden aus gespaltenen Hölzern oder lehmbeschichtetem Flechtwerk. Es war dieselbe Bautechnik, wie sie in jedem armseligen Dorf jener Zeit benutzt wurde.

Der größte Teil der Einwohner war wohl im Dienstleistungssektor tätig. Sie verdingten sich als Seeleute, Hafenarbeiter und Handwerker oder als Soldaten der Stadtbesatzung. Mit Fischerei und etwas Landwirtschaft hielten sie sich, wenn es keine Arbeit gab, den ärgsten Hunger vom Leibe. Geschminkte Prostituierte boten sich den Fremden an, und unerwünschte Kinder wurden einfach in die Schlei geworfen. Wahrscheinlich herrschte hier aber auch »Goldgräberstimmung«. Neben Kaufleuten und Handwerkern zog die Stadt auch Gaukler, Musikanten, Kesselflicker und nicht zu vergessen Scharen von Bettlern an. Gasthäuser und Bordelle hatten Hochkonjunktur. Die Grützkessel brodelten, und fette Braten zischten über dem Feuer. Die Armen pulten derweil Dorschköpfe, und auch den Hering gab es reichlich. Bier, Met und der teure, importierte Wein flossen zuweilen in Strömen. In den engen Gassen lagen Betrunkene, magere Hunde streunten zwischen den Häusern herum, die hochbeinigen Schweine, die zu jedem Haushalt gehörten, hielten sich an Abfälle, die überall herumlagen und übel rochen. Hier tanzte der Bär, dort sprangen buntgekleidete Zwerge Flickflack.

Im Gefolge der fremden Kaufleute und Handwerker folgte die christliche Mission, teils um die christlichen Kaufleute in den heidnischen Städten zu betreuen, aber auch, um solide Standorte für die weitere Missionstätigkeit in den nordischen Ländern zu gewinnen. Vom dänischen König Horik bekam Ansgar sogar die Erlaubnis, in Haithabu eine Kirche zu errichten. Hatte es zunächst mehrere Scharmützel um Kirchenbau und Religionsausübung der Christen gegeben, so wurde Haithabu schon von 948 an wiederholt als Bischofssitz bezeichnet. Die meisten Einwohner verharrten jedoch in ihrem althergebrachten heidnischen Glauben. Christentum und der nordische Götterglaube konkurrierten weiterhin um die Gunst der Gläubigen.

Es lebten etwa zwei- bis dreitausend Menschen in der Stadt. Das war eine für nordische Verhältnisse große Einwohnerzahl. Die städtische Struktur der Siedlung entwickelte sich ständig weiter, und in der letzten Hälfte des 10. Jahrhunderts wurde die Stadt mit einem halbkreisförmigen Verteidigungswall umgeben, der das gesamte Siedlungsareal von gut 24 Hektar umschloß. Der Wall wurde mehrfach ausgebaut und erreichte eine Höhe von sechs bis elf Metern. Die Wallfront war mit Holz verkleidet und mit einem hölzernen Wehrgang versehen. Auch die Schiffbrücken lagen im Schutz einer bogenförmigen Seesperrung, so daß die Stadt gegen Angriffe von allen Seiten gut geschützt war. Zusätzlich ließ Harald Blauzahn 968 die Stadtbefestigung in das Befestigungssystem des Danewerks einbeziehen. Dennoch verlor Haithabu im 11. Jahrhundert zusehends an Bedeutung. Feindliche Wikinger und Slawen überfielen die Stadt am Ende des 11. Jahrhunderts und verwüsteten sie schwer. Hinzu kam eine zunehmende Versumpfung des Hafengeländes durch den ansteigenden Meeresspiegel der Ostsee. Diese Ereignisse dürften die Ursachen für die Verlegung der Stadt an die Nordseite der Schlei gewesen sein. (3)

Die spannenden Berichte über Seefahrt und Handel verdrängen oft die Tatsache, daß die Ökonomie der Wikinger hauptsächlich auf der Landwirtschaft beruhte. Erst wenn ein Überschuß erwirtschaftet war, konnten Handelswaren erworben, Schiffe bemannt und ausgerüstet werden. Durch Plünderungen und Heerfahrt allein war es kaum möglich, das Überleben der wikingischen Bevölkerung zu sichern. Das Leben spielte sich im Dorf und auf dem Hof ab. Hier lebte der bei weitem größte Teil der damaligen Bevölkerung.

Obwohl zu fast jedem Hof und jedem Dorf Ackerland gehörte, war die Grundlage der Landwirtschaft der Wikinger die Milch- und Viehwirtschaft. Höfe mit Stallplatz für mehr als 30 Stück Großvieh waren keine Seltenheit. Aus Jütland sind sogar Höfe aus dem 11. Jahrhundert mit Stallplatz für mindestens 50 Tiere bekannt. Obwohl das damalige Vieh sehr viel kleiner als heute war, müssen die Erträge von Milch, Butter und Käse sowie von Fleisch und Leder den Eigenbedarf bei weitem überschritten haben. Es ist deshalb anzunehmen, daß der Überschuß an Agrarprodukten verkauft und auch exportiert wurde. Außerdem waren die dänischen Bauern für ihre Pferdezucht berühmt, und ihre ausdauernden und zähen Pferde waren in vielen Ländern als Reit- und Zugtiere begehrt. Der sehr hohe Anteil an Schafsknochen, die bei Ausgrabungen gefunden wurden, läßt vermuten, daß die Marschen, damals wie heute, vorzugsweise zur Schafsgräsung genutzt wurden. Wolle war ein wichtiger Rohstoff.

Schweinefleisch war bei den Wikingern sehr beliebt – aber keine alltägliche Speise. Es war, im Kessel gekocht, bis der glasig glänzende Speck auf der Zunge zerging, ein Luxusessen. Dieses Festmahl wurde nur den Helden in Walhall allabendlich vorgesetzt. Hauptsächlich wurde Rinder-, Schaf- und auch Pferdefleisch verzehrt. Jagd auf Wild spielte hingegen für den Kostplan nur eine untergeordnete Rolle. Eine andere Stellung nahm der Fischfang ein. In den Brackgewässern der Flußmündungen wurde vor allem der Stör gefangen, sowie alle Arten von Süßwasserfischen. Mit Netz und Angel wurde aber auch Fischerei auf Lachs, Dorsch, Butt und Hering betrieben. Und das nicht nur wegen des wohlschmeckenden Fleisches: Bienenwachs war teuer, in vielen Lampen brannte Fischtran.

Auf den Äckern wurde vor allem Gerste, besonders für die Bierherstellung, angebaut. Der Roggen setzte sich erst im Laufe der Wikingerzeit als eines der wichtigsten Brotgetreide durch. Wichtige Feldfrüchte waren neben Hackfrüchten auch Hülsenfrüchte wie Erbsen und Bohnen. Die Gärten lieferten Kohl, Zwiebeln und Kräuter, Kern- und Steinobst. Wildwachsende Brombeeren, Himbeeren und Erdbeeren sowie Schlehen und Kirschen wurden aus der Speisekammer der Natur genommen.

Charakteristisch für das Dorfbild waren die hallenartigen Wohnstallhäuser, die Raum für Mensch und aufgestelltes Vieh unter ein und demselben Dach boten. Auf den größeren Höfen waren diese Hauptgebäude oft mehr als 40 Meter lang. Auffallend waren die Langhäuser mit gekrümmten Längswänden, die von schräg gestellten Pfosten abgestützt wurden, um den Druck des riesigen, gebogenen Daches abzufangen. Der Stallteil war durch einen querverlaufenden Flur vom Wohnteil getrennt. Neben dem Hauptgebäude standen auf dem wikingerzeitlichen Hof außerdem noch mehrere kleinere Nebengebäude, die als Scheunen und Schuppen dienten.

In Südskandinavien bestanden diese Häuser gewöhnlich aus Ständerkonstruktionen, deren Wände mit Lehm und Dung beworfen waren. Das Dach war mit Stroh oder Reet gedeckt. Mit Schindeln gedeckte Holzbauten sind ebenfalls bekannt. Der Baustil spiegelt lokale Bautraditionen sowie die Benutzung natürlich vorkommender Materialien der jeweiligen Gebiete wider.

Ein weiterer häufig vorkommender Haustyp ist das Grubenhaus. Es ist ein kleines, oft drei bis vier Meter langes und zwei bis drei Meter breites Gebäude, bei dem der Fußboden gut ein Meter tief in der Erde lag. Oft gehörten mehrere dieser kleinen, materialsparenden Häuser zu einzelnen Gehöften, wo sie als Werkstätten, Webstuben und Schmieden, Ställe für Kleintiere und wohl auch als Wohnungen für das Gesinde dienten.

Es sind aber auch Siedlungen nachgewiesen, die nahezu ausschließlich aus Grubenhäusern bestanden, wie die Südsiedlung, die älteste Bebauungsphase, Haithabus zeigt. Sie waren wahrscheinlich als Wohnungen für Kaufleute und als Werkstätten für Handwerker gedacht, die den Ort nur periodisch aufsuchten, um ihren Geschäften nachzugehen, und für die deshalb keine größeren Gebäude erforderlich waren. [3]

Sklave, Bauer, Jarl

Die soziale Organisation der Wikinger

Ein dänischer Wikinger, wird berichtet, habe auf die Frage eines fränkischen Abgesandten, wer ihr Anführer sei, geantwortet: »Wir haben keinen! Wir sind alle gleich!« Diese oft kolportierte Äußerung kann weder für eine einzelne Schiffsmannschaft noch für die soziale Organisation der skandinavischen Nationen insgesamt Gültigkeit beanspruchen. Wie an Bord nur einer das Sagen haben konnte und alle anderen sich ihm unterordnen mußten, war die Gesellschaft der Wikingerzeit andererseits in drei strikt voneinander abgegrenzte Klassen unterteilt. Besonders anschaulich wird dies an dem altisländischen Gedicht »Rigsthula«, das heißt »die Erzählung von Rig«. (Rig ist identisch mit dem Gott Heimdal.)

Er wandert weit herum in der Welt. Zuerst kommt er zu einer Hütte mit halb offener Tür und einem Feuer auf dem Fußboden. Hier wohnt das zerlumpte alte Paar Ahn und Edda, das Rig mit »grobem Brot, klumpig, verkleistert und voller Hülsen« bewirtet, aber er bekommt auch Suppe und gekochtes Kalbfleisch. Er gibt ihnen Ratschläge und geht dann in dasselbe Bett mit den beiden, verweilt drei Tage und Nächte, und neun Monate später bekommt Edda einen Sohn »Knecht«, der folgendermaßen beschrieben wird: »Auf den Händen war die Haut runzelig, knotig die Knöchel, kurze Nägel, unschönes Angesicht, dicke Finger, gekrümmter Rücken, lange Fersen.« Und er war ein Mann, der tüchtig schuftete. Dann kommt zum Hof ein Mädchen mit Namen »Dirne«: »Grob war ihr Bein, Schmutz war auf den Sohlen, schwarzbraun die Arme, die Nase war platt.« Die beiden zeugten Kinder, Söhne und Töchter, eine ganze Schar, den Knechtestand.

Sie führen Sklavenarbeiten aus, hüten die Schweine und Ziegen, düngen das Feld, bauen Zäune, graben Torf. – Und wieder geht Rig seines Weges. Er kommt zu einer Halle mit angelehnter Tür, geht hinein, Feuer war auf dem Fußboden, und da saß ein Paar, Ätti und Amma, es versah seine Arbeit, er, mit gestutztem Kopfhaar und geschnittenem Bart, mit engem Hemd, schnitzte geschickt einen Webebaum zu, sie, die Brust mit einer Bluse bekleidet, eine Kette um den Hals und ein Leinentuch auf dem Haar, drehte die Spindel und spann Fäden. Rig gibt ihnen Ratschläge, geht in dasselbe Bett mit den beiden, verweilt drei Tage und Nächte, und neun Monate später bekommt Amma einen Sohn mit Namen »Bauer«, rot und frisch, mit flinken Augen. Seine Arbeiten gedeihen ihm gut, »Ochsen zu zähmen, den Pflug zu machen, Häuser zu zimmern, Scheunen zu errichten, Wagen zu bauen und den Pflug zu lenken«. Und dann kommt sein Mädchen: »Herbei wurde es mit den Schlüsseln des Hauses gefahren, im Ziegenfellhemd, es wurde mit Bauer verheiratet.« Sie zeugen Kinder, und »von ihnen zählen die Geschlechter der Bauern«. – Und wieder wandert Rig auf den Straßen. Er kommt zu einem Saal mit einer nach Süden gewandten verschlossenen Tür, mit einem Ring am Pfosten, geht hinein, und »da saß ein Paar auf dem mit Stroh bestreuten Fußboden, Vater und Mutter, die Finger regend. Der Großbauer drehte eine Sehne, den Bogen spannte er, Pfeile spitzte er. Aber die Herrin des Saals sah auf ihre Arme, glättete ihre Kleidung, strich die Ärmel. Schmuck befand sich auf der Brust, das Hemd war blau gefärbt, die Haube emporragend, der Mantel ganz lang; die Brust war lichter, die Augenbrauen heller, der Hals weißer als neu gefallener Schnee«. Rig gab ihnen Ratschläge. »Dann holte Mutter ein gemustertes Tischtuch von lichtem Leinen, bedeckte den Tisch. Darauf holte sie fünf feine Brote hervor, helle, von Weizen, und bedeckte das Tischtuch damit. Herbei holte sie volle Schüsseln, mit Silber verziert, setzte auf den Tisch Speck, Fleischspeise und gebratene Vögel, Wein war in der Kanne, einem gewichtigen Silberkrug, sie tranken und sprachen, der Tag ging auf die Neige.« Rig ging dann in dasselbe Bett mit den beiden, verweilte drei Tage und Nächte, und neun Monate danach bekommt Mutter einen Sohn »Jarl« und hüllte ihn in Seide. »Blond war sein Haar, hell die Wangen, die Augen scharf wie bei jungen Schlangen.« Jarl wächst auf dem Hof heran. Er schnitzt sich Bögen, reitet Pferde, hetzt die Hunde, schwingt das Schwert und übt sich im Schwimmen. Rig begegnet ihm, lehrt ihn die Runen, gibt ihm seinen Namen und gebietet ihm, Besitzer der uralten Erberde zu werden. Sogleich beginnt Jarl mit Eroberungen. »Er tummelt sein Pferd, schwingt sein Schwert, beginnt Unfrieden, rötet den Acker, fällt Feinde. Er besaß dann selbst achtzehn Höfe, Gold verteilte er, gab allen Schmucksachen und schlanke Pferde, Ringe zerbrach er, reichte ihnen Gold.« Dann heiratet Jarl Herses Tochter Erna, hübsch, weiß und klug, die Hände schmal. Sie zeugen Kinder, Jarlssöhne, die die gleichen Leibesübungen wie ihr Vater treiben. Besonders der jüngste Sohn, Kon (König), wird berühmt. Er lernt die Runen, Hegerunen und Heilrunen; er kann Schwertschneiden stumpf machen, den Sturm stillen, Männer aus der See bergen, Flammen dämmen, die See besänftigen und Sorgen lindern. Arme und Kräfte hat er wie acht Männer. Er versteht die Vogelsprache, aber eines Tages im Wald, als er über einem geschossenen Vogel steht, wird er von einer Krähe im Baum gereizt, große Kriegstaten zu vollbringen. Und damit bricht die Rigsthula ab, der Rest ist verlorengegangen.

Hier haben wir also die drei Stände der wikingischen Gesellschaft, die der Häuptlinge, der Bauern und der Sklaven. Von dem erwählten Anführer der Häuptlinge, dem König, ist zu sagen, daß er in ausgeprägtem Maße der primus inter pares ist, der erste unter seinesgleichen. Wir kennen dieses Verhältnis schon von Tacitus' Beschreibung der Germanen aus der Zeit um 100 nach Christi Geburt, wo wir lesen, daß die Macht des Königs durch die

Thingversammlung des »Volkes«, das heißt der freien Männer, eingeschränkt war.

Nach dem König kommt die Klasse der Jarle, der Großbauern mit hinreichendem Landbesitz und Reichtum, um sich ein Hausgefolge und eigene Schiffe zu halten. Für sie waren Sippe und Erbhof, der an den ältesten Sohn vererbt wurde, der Mittelpunkt des Daseins.

Den Kern des Wikingervolkes bildete der Bauernstand. Kleine Landbesitzer, aber freie Leute waren die Bauern. In der Rigsthula steht am Anfang unter allen Namen der Bauernsöhne Frei. Der nächste war Krieger, und erst später in der Namenreihe schlagen Namen des bäuerlichen Handwerks und landwirtschaftlicher Tätigkeit durch, und zwar Schmied, Hausmann und Bauer.

Zuletzt kommt der Stand der Sklaven, der des unfreien Mannes, der notwendige, aber wenig geachtete Sockel der Gesellschaft. Über die näheren Verhältnisse des Sklaven, den Grad seiner Abhängigkeit, seine Gebundenheit an die Scholle, sein Recht oder wohl eher seinen Mangel an Recht, wissen wir nur wenig. Den Totschlag von Sklaven nahm man leicht.

Von der Rechtsordnung der Gesellschaft der nordischen Wikinger haben wir keine sichere Kenntnis, weil gleichzeitige primäre Quellen fehlen. Nur über die rechtlichen Zustände und die Verfassung Islands weiß man gut Bescheid. So viel steht fest von allen nordischen Ländern in der Wikingerzeit, daß die Rechtsordnung auf dem sogenannten »Thing« beruhte.

Das Thing war die Ratsversammlung der freien, waffenführenden Männer, die zusammenkamen, um Recht zu pflegen, Urteile zu fällen und Angelegenheiten von mehr gemeinsamem Charakter zu erörtern. Das Gesetz war ein Komplex von Gewohnheiten, etwas, dessen man sich von Generation zu Generation erinnerte. Die Strafbestimmungen gegenüber Gewalthandlungen oder Totschlag zwischen freien Männern waren aufgebaut auf Mannbuße und ihre verschiedenen Grade, volle Mannbuße für Totschlag oder für das Abhauen der Nase, halbe Mannbuße für ein Auge, ein Viertel für ein Ohr und so weiter. Das Urteil wurde von den Thingmännern gefällt, und ohne Zweifel wurde das Recht nicht selten von der Macht gebeugt, da die Handhabung der Rechtsentscheidung keinen besonderen Schutz genoß. Hatte also ein Mitglied einer starken Sippe einem Mann aus einer schwächeren Sippe eine Kränkung zugefügt, für die auf dem Thing Mannbuße verhängt war, so war der schwächere Teil darauf angewiesen, selbst die Buße einzutreiben, was unter Umständen schwer oder unmöglich sein konnte.

Besonders schwierige Sachen ließen sich durch einen Holmgang (Zweikampf) nach besonderen Regeln oder das Tragen von glühendem Eisen entscheiden, womit man also in Wirklichkeit den Fall auf das Recht des Stärkeren oder das Urteil der Götter übertrug. Es war gefährlich, einen Diebstahl zu begehen. Man bestrafte den Dieb durch Erhängen, nicht infolge moralischer Grundsätze, sondern auf Grund der sehr realistischen Betrachtung, daß der Dieb ein armer Mann war – deswegen beging er ja den Diebstahl – und er daher nur mit seinem Leben büßen konnte.

Wie alle anderen menschlichen Gesellschaften war auch die der Wikinger auf Verbindungen und die Gemeinschaft aufgebaut. Die schwerste Strafe war der Ausstoß aus der Gesellschaft. Aber auf die Dauer sein Leben isoliert, rechtlos, gejagt und aus dem Kreis seiner Mitmenschen ausgestoßen zu verbringen, war unmöglich. Die einzigen Auswege waren Landesflucht oder Tod. Derjenige aber, der die Gepflogenheiten der wikingischen Gemeinschaft und ihr tief verwurzeltes Rechtsempfinden respektierte, konnte sein Leben in Wohlergehen verbringen, vorausgesetzt, daß er »gutes Glück« hatte oder vielseitig veranlagt war.

Ein großer Herr der Jarlklasse hatte genug zu versehen und zu organisieren. Er konnte zur Sommerzeit seinen Wikingerzug unternehmen, allein oder gemeinsam mit anderen Häuptlingen, und am Beginn des Winters mit Beute heimkehren. Er konnte Kaufmann sein und eigenen Handel treiben. Er mußte auf seine Landwirtschaft achtgeben und oft weltliche und geistliche öffentliche Aufgaben versehen, auf dem Thing Recht sprechen und als »Gode« (Priester) des Tempels für die Ansprüche der Götter auf Verehrung und rechte Betreuung Sorge tragen.

Die Macht des Königs wurde allem Anschein nach von den Thingversammlungen und dem auf ihnen zum Ausdruck gebrachten »Volkswillen« eingeschränkt. Doch soll man die Stellung und Macht des nordischen Königs auch nicht zu gering einschätzen. Man möge sich daran erinnern, daß der König in seinem Korps von Hausmännern, seinem Gefolge, das von einer ursprünglich privaten Organisation zu einem halb öffentlichen Faktor heranwuchs, ein besonders wirksames Machtmittel hatte, das als Kern einer darum gesammelten größeren Heeresstärke zur Verfügung stand. (2)

Regeln des täglichen Lebens

Die gleichzeitigen Quellen berichten nicht sehr viel über die Lebensweise der Wikinger, über ihre Auffassung vom Leben des Alltags oder über ihre Erfahrungen im Guten und Bösen. Nach allgemeiner Auffassung gibt das Weisheitsgedicht Hawamal, »die Rede des Hohen«, das wieder, was der erfahrene Mann aus der späteren Wikingerzeit an Lebensklugheit und Lebenserfahrung gesammelt hatte. Im Hawamal wird man einer Reihe von Betrachtungen, Ratschlägen und Ermahnungen gegenübergestellt, die zusammen eine Welt des Alltags aufrollen, von der man glaubt, daß sie der Wirklichkeit des Wikingers entspricht. Hier einige Beispiele von der Weisheit Hawamals:

»Laß jeden, der eine Eingangstür öffnet, gut nachsehen und spähen, ob nicht Feinde verborgen hinter der Tür sitzen. – Wenn ein Gast nach dem Umherstreifen im Gebirge mit kalten Knien kommt, benötigt er Wärme, Essen und Kleider. – Schweigsam, besonnen und kampfesmutig soll man sein, munter und froh leben. – Ein feiger Mann glaubt dem Tod zu entgehen, indem er den Feind meidet, aber das Alter verschont keinen, obwohl der Speer es tut. – Man soll beizeiten gehen, nicht ewig Gast sein an einer Stelle. Leidig wird der, welcher lange in eines anderen Mannes Haus sitzt. – Niemand soll sich auf dem Weg oder Feld einen Schritt weit von seinen Waffen entfernen. Unsicher ist es, wenn die Zeit kommt, in der man sein Schwert draußen vermißt. – Mit ihm und mit seinem Freund soll man gute Freundschaft halten, aber mit dem Freund des Unfreundes braucht man nicht Freund zu sein. – Jung war ich einstmals, ich zog allein, da ging ich wilde Wege. Aber Reichtum fand ich an einem Reisegefährten, der Mann ist des Mannes Freude. – Mittelklug muß ein Mann sein, nicht allzu klug. – Das Schicksal müßte für alle verborgen sein, dann hat man das sorgenfreieste Gemüt. – Zeitig aufstehen soll der Mann, der andere des Lebens und Reichtums berauben will. Selten bekommt ein ruhender Wolf einen Schenkelknochen oder ein schlafender Mann Sieg. – Einer soll wissen, aber nicht zwei, und was drei kennen, wissen tausend. – Bier ist für die Menschenkinder nicht so gut, wie man sagt. Je mehr Getränk, desto weniger begreift man seinen Sinn. – Hast du einen Mann, dem du nicht traust, und willst doch, daß er dir Gutes tun soll, so sollst du freundlich mit ihm reden, aber falsch denken und Heimtücke für Lüge geben. – Der Lahme kann ein Pferd reiten, der Handlose ein Hirte sein, der Taube Totschlag üben. Es ist besser blind zu sein, als auf den Scheiterhaufen gelegt zu werden, nur wenig nützt der tote Mann. – Vieh stirbt, Sippe stirbt, ich selbst sterbe ebenfalls; aber eins weiß ich, das niemals stirbt: das Urteil über eines toten Mannes Leben.« (2)

Die Ehre des Wikingers erforderte es, daß er fremde Hilfe erst in Anspruch nahm, wenn alle Versuche, sich selbst zu helfen, erfolglos geblieben waren. Denn ungeachtet der Umstände, die zu seiner Notlage geführt hatten, begab er sich in die Position des Schwächeren, indem er bekannte, der Hilfe bedürftig zu sein.

Auf der Felsklippe

An der Steilküste, die aus diesem Meer emporragt, dem äußersten aller Meere, wächst weiter oben an der Felswand auf schmalen, schwer zugänglichen Vorsprüngen eine eßbare Staude, die an Duft, Nährwert und Heilkraft ihresgleichen sucht und weder auf Hauswiesen noch in Gärten zu finden ist; dieses Gewächs hat einen hohlen, übermannshohen Stengel, der oben weich und süß ist und gegen alle Übel hilft; und wegen der Süße, die in der Pflanze steckt, haben die Heiden sie Liebwurz genannt, doch die Christen nennen sie in lateinischer Sprache nach den Engeln und Erzengeln, die im Reich der Wonne dem Thron Christi am nächsten sitzen.

Es war bei den Brüdern Brauch, wenn das Frühjahr vorrückte, auf die Felsvorsprünge hinabzuklettern und Engelwurz zu ernten. Eines schönen Tages, als sie sich dieser Arbeit zu ihrem Vergnügen hingaben, geriet Thorgeir beim Engelwurzschneiden in solchen Eifer, daß er nicht bemerkte, wie unter seinen Füßen der Rand einer Felsspalte zerbröckelte, auf dem er knappen Halt hatte. Erdreich hatte den Felsen so auseinandergetrieben, daß es nur des Gewichts eines Menschen bedurfte, um die Spalte zu sprengen. Er stürzte, doch da noch keine Walküre sich den Helden ausersehen hatte, gelang es ihm, sich im Sturz an einem Liebwurzstengel festzuhalten, der aus einer dünnen Erdschicht in einem Felsenriß hervorwuchs, und dort hing er. Nach unten waren hundert Klafter Felswand, nach oben nur wenige; von dort führte ein schmaler Pfad auf den Bergrand. Der Felsen, an dem Thorgeir hing, hatte weder einen Absatz noch eine Stufe, noch gab es irgendeinen anderen Halt für die Zehen, auch nichts Handfestes, um sich daran hochzuziehen, nur diesen elenden Liebwurzstengel, der jetzt sein Lebensfaden war.

Von Thormod ist zu sagen, daß er auf einen anderen Vorsprung hinabgeklettert war, um Engelwurz zu schneiden; er hielt sich ziemlich lange bei dieser Arbeit auf; sie konnten einander nicht sehen. Als Thormod genug geschnitten hatte, band er die Stauden zu einem Bund zusammen, warf es sich auf den Rücken und kletterte auf Saumpfaden empor zum Bergrand. Das Wetter war ruhig, die See glatt, und die Sonne schien am blauen Himmel. Oben auf dem Berg legte er sich hin und wollte auf seinen Schwurbruder warten; doch durch das Geschrei der Meeresvögel fiel er in Schlaf. Die Entfernung zwischen den Schwurbrüdern war so gering, daß Thormod Thorgeir sehr wohl hätte hören können, wenn dieser nur leise gerufen hätte. Doch alte Bücher stimmen darin überein, daß Thorgeir Havarsson in der Zeit, als er an der Felswand hing, am wenigsten daran dachte, den Namen seines Schwurbruders in den Mund zu nehmen in der Absicht, ihn um Hilfe zu bitten. Thormod schlief nun lange Zeit auf dem Vorgebirge Horn.

Es wird erwähnt, daß er schließlich wach wurde. Er wundert sich jetzt über seinen Schwurbruder und fängt an, vom Rand aus nach ihm zu rufen. Thorgeir gab keine Antwort. Da kletterte Thormod auf einen Vorsprung hinab und rief ihn von dort sehr laut, so daß überall von der Felswand Vögel aufflatterten. Thorgeir antwortete endlich von unten: »Hör auf, die Vögel mit deinen Schreien aufzuscheuchen.«

Thormod fragte, was ihn aufhalte.

Thorgeir gab Antwort und sagte: »Es ist nicht wichtig, was mich aufhält.«

Thormod fragte, ob er nicht genug Engelwurz gesammelt habe.

Da antwortete Thorgeir Havarsson mit den Worten, die in den Westfjorden lange in Erinnerung blieben: »Ich denke, ich habe genug, wenn diese heraus ist, die ich in der Hand halte.«

Thormod begann zu ahnen, daß mit der Engelwurzernte seines Schwurbruders etwas nicht geheuer war; er läßt sich eiligst auf den Vorsprung hinunter, von dem Thorgeir abgestürzt war, und als er vom Rand hinabschaut, sieht er seinen Schwurbruder an der Felskante hängen; die Engelwurzstaude war schon sehr zerquetscht und nahe daran zu zerreißen. Thormod warf seinem Schwurbruder ein Seil zu und zog ihn zu sich auf den Vorsprung. Dann kletterten beide den Pfad zum Bergrand empor.

Für diese Tat dankte Thorgeir Havarsson seinem Schwurbruder nicht, noch gab er ihm auf irgendeine Weise zu erkennen, daß er sie gewünscht hatte; es hatte vielmehr den Anschein, daß er wegen des Geschehenen gegen Thormod einen gewissen Groll hegte, und von da an wurde das Verhältnis zwischen den Schwurbrüdern kühler. (5)

Landnahme

Das Erstarken der königlichen Macht und, damit einhergehend, die Einschränkung persönlicher Rechte und althergebrachter Privilegien führte dazu, daß unter Harald Schönhaar (850–933) viele Norweger ihr Land verließen und nach Island übersiedelten.

Skalla-Grim kam dort an Land, wo eine große Landspitze in die See vorsprang, die durch eine schmale Zunge mit dem festen Land verbunden war. Die Landspitze nannten sie Knarrarnes. Darauf erkundete Skalla-Grim das Land; es gab da ein großes Moorland und ausgedehnte Wälder, weithin zwischen Berg und See; da waren genug Möglichkeiten für die Seehundjagd und viele Plätze für den Fischfang. Aber als sie das Land südwärts an der Küste entlang erkundeten, lag vor ihnen ein großer Fjord, und als sie weiter in den Fjord hineinfuhren, hielten sie in ihrer Fahrt nicht eher an, als bis sie ihre Fahrtgenossen gefunden hatten, Grim Haleyski und seine Fahrtgenossen; da gab es ein frohes Treffen. Sie berichteten Skalla-Grim, daß Kveld-Ulf hier an Land gekommen wäre und sie ihn begraben hätten; sie begleiteten Skalla-Grim dorthin, und ihm schien, daß eine Stelle dort, nicht weit entfernt, gut für die Errichtung einer Wohnstätte sein dürfte. Grim fuhr wieder zurück zu seinen Schiffsgenossen, und alle blieben im Winter dort, wo sie angekommen waren. Dann nahm Skalla-Grim Land zwischen Berg und See, die ganzen Myrar bis hinunter zur Selalon und oben bis zum Borgarhraun, im Süden aber bis zu den Hafnarfjöll, sowie das ganze Land, das die zum Meer fließenden Flüsse abgrenzen. Im Frühjahr fuhr er mit dem Schiff nach Süden in den Fjord und in die Bucht, die der Stelle am nächsten lag, an der Kveld-Ulf an Land gekommen war, und dort errichtete er einen Hof und nannte ihn Borg und den Fjord Borgarfjord. Im Frühjahr, als Skalla-Grim sein Vieh draußen an der See entlangtreiben ließ, kamen sie an eine kleine Landspitze und erlegten dort ein paar Schwäne und nannten die Landspitze Alptanes.

Skalla-Grim erkundete das Land in der ganzen Gegend; er zog zuerst im Borgarfjord weiter hinein, bis der Fjord zu Ende war, und dann am Westufer des Flusses entlang, den er Hvita nannte, denn er und seine Fahrtgenossen hatten vorher noch keine Flüsse gesehen, die von den Gletschern kamen; ihnen schien der Fluß von wunderlicher Farbe. Sie zogen an der Hvita aufwärts, bis sie zu dem Flusse kamen, der von Norden aus den Bergen herabströmt; den nannten sie Nordra, und sie zogen diesen Fluß aufwärts, bis wiederum ein Fluß vor ihnen war, aber das war nur ein kleiner Gießbach. Sie überquerten ihn und zogen weiter die Nordra aufwärts; sie sahen da bald, wo der kleine Bach aus einer Schlucht hervorstürzte, und sie nannten ihn Gljufra. Sie bemerkten, daß hier jedes Wasser voller Fische war; danach zogen sie wieder zurück nach Borg.

Skalla-Grim war ein sehr arbeitsamer Mann; er hatte immer viele Männer bei sich und ließ sie eine Menge von den Lebensmitteln beschaffen, die hier vorhanden waren und seinen Männern zum Unterhalt dienten, denn im Anfang hatten sie wenig Vieh im Verhältnis zu dem, was man für die vielen Leute hier brauchte. Aber was an Vieh da war, weidete den ganzen Winter hindurch ohne Hirten in den Wäldern. Skalla-Grim war ein großer Schiffsbauer, und an Treibholz fehlte es nicht an der Westküste von Myrar; er ließ einen Hof auf Alptanes bauen und hatte dort einen zweiten Wohnsitz; von da ließ er die Männer Fische fangen und Seehunde jagen und Eier sammeln, weil es hier genug an all diesen Nahrungsmitteln gab. Auch Treibholz ließ er von dort heim zu sich bringen. Es kamen auch oft Wale an die Küste dort, und man konnte sie schießen nach Belieben. Alle diese Tiere waren zahm an den Jagdplätzen, denn sie waren den Menschen nicht gewohnt.

Den dritten Hof hatte er am Meer an der Westseite von Myrar; dort war es noch günstiger, auf Treibholz zu achten, und dort ließ er Getreide säen und nannte den Hof Akrar. Draußen in der See vor dem Hofe lagen Inseln, wo sich Wale fanden, und man nannte sie Hvalseyjar. Als sich Skalla-Grims Viehbestand stark vermehrte, da ging alles Vieh während des Sommers bis ganz hinauf in die Berge; er fand, das machte einen großen Unterschied, denn das Vieh, das ins Hochland ging, wurde besser und fetter, und er fand auch, daß sich die Schafe während des Winters in den Bergtälern hielten, auch wenn man sie nicht abtrieb. Darauf ließ Skalla-Grim einen Hof oben im Gebirge bauen und hatte dort eine Wohnstatt; von dort ließ er seine Schafe versorgen.

Etwas später als Skalla-Grim nach Island gekommen war, kam ein Schiff vom Meer in den Borgarfjord, und es gehörte einem Mann, der Oleif Hjalti genannt wurde. Er hatte seine Frau und seine Kinder und andere Verwandte bei sich, und er hatte die Absicht, sich auf Island anzusiedeln. Oleif war ein reicher Mann und von vornehmer Herkunft und mit vorausblickendem Verstand. Skalla-Grim lud Oleif und seine ganze Mannschaft ein, sich bei ihm aufzuhalten, und Oleif nahm das an und war den ersten Winter, den er auf Island war, bei Skalla-Grim. Aber später im Frühjahr wies Skalla-Grim dem Oleif Land südlich der Hvita zu, von der Grimsa hinauf bis zur Flokadalsa; Oleif nahm das an und brachte Vieh und Hausgeräte dorthin und errichtete dort eine Wohnstatt, die Varmaloek heißt; er war ein vornehmer Mann. [(6)]

Auf Island entstanden die Sagas, denen die Mehrzahl der ausgewählten Texte entnommen wurden. Ursprünglich waren die Sagas mündliche Berichte von Menschen und ihren Taten. Sie wurden von den von Hof zu Hof reisenden Sängern, den Skalden, verbreitet und dienten der Unterhaltung an den langen Winterabenden. Erst sehr viel später, zumeist im 13. Jahrhundert, wurden die Sagas von Mönchen aufgezeichnet. Wie immer man ihren

Wert als historische Dokumente beurteilen mag: »Keine andere Quelle ist so farbenfroh, detailliert und in ihrem Realismus so verführerisch. Die Sagas sprechen direkter zu uns als die trockenen Gebeine der Archäologie oder die knappen Angaben auf den Runensteinen.« (Judith Jesch)

Vater und Sohn redeten nicht darüber

Skalla-Grim und Bera hatten sehr viele Kinder, und anfangs war es so, daß sie alle starben; dann bekamen sie einen Sohn, und der wurde mit Wasser begossen und Thorolf genannt. Als er älter wurde, war er bald sehr groß von Wuchs und schön von Aussehen. Er wurde bald beliebt bei allen Leuten, auch Vater und Mutter liebten ihn. Skalla-Grim und Bera hatten auch zwei Töchter; eine hieß Saeun und die andere Thorun; auch sie waren vielversprechend, als sie heranwuchsen. Dann hatten Skalla-Grim und Bera noch einen Sohn; man begoß ihn mit Wasser und gab ihm einen Namen und nannte ihn Egil. Aber als er heranwuchs, konnte man es ihm bald ansehen, daß er sehr häßlich werden würde und schwarzhaarig wie sein Vater. Und als er drei Jahre alt war, war er groß und stark wie andere Jungen, die sechs oder sieben Jahre waren; er war bald gesprächig und wortgewandt; es war ziemlich schlecht mit ihm auszukommen, wenn er mit anderen Jungen spielte.

Skalla-Grim hatte großes Vergnügen an Kraftproben und Spielen; es schien ihm unterhaltsam, darüber zu sprechen. Damals waren Ballspiele sehr beliebt; in der Gegend gab es zu der Zeit genug an starken Männern, aber doch hatte keiner solche Kraft wie Skalla-Grim; er neigte sich aber schon etwas dem Alter zu. Egil war oft beim Ringkampf; er war sehr ungestüm und hitzig, und alle wußten ihren Söhnen beizubringen, daß sie sich mit Egil nicht einlassen sollten. Zu Beginn des Winters wurde ein Ballspiel in Hvitarvellir angesetzt, bei dem sehr viele Leute anwesend waren;

die Männer kamen von weither aus der Umgegend herzu. Von Skalla-Grims Hausleuten ritten viele dorthin zum Spiel; Thord Granason war der Tüchtigste von ihnen. Egil bat Thord darum, daß er mit ihm zum Spiel gehen dürfte; damals war er in seinem siebenten Jahr. Thord gab nach und ließ ihn hinter seinem Rükken reiten. Als sie zum Spielplatz gekommen waren, wurden die Männer dort zum Spiel eingeteilt; da waren auch viele Jungen gekommen, und sie machten ein Spiel für sich; auch sie wurden dazu eingeteilt. Egil traf es, daß er gegen einen Jungen spielen mußte, der Grim hieß, ein Sohn von Hegg auf Heggstadir. Grim war elf Jahre alt oder zehn und so stark, wie es seinem Alter entsprach. Als sie aber gegeneinander spielten, da war Egil schwächer; Grim ließ ihn auch den Unterschied spüren, so sehr er konnte. Da wurde Egil zornig und hob das Spielholz in die Höhe und schlug auf Grim, aber Grim faßte ihn mit den Händen und warf ihn mit Gewalt nieder und ging ziemlich übel mit ihm um und sagte, er würde ihm gehörig was antun, wenn er sich nicht anders aufführe. Aber als Egil wieder auf die Füße kam, ging er weg vom Spielplatz, und die Jungen riefen hinter ihm her. Egil suchte Thord Granason auf und erzählte ihm, was geschehen war. Thord sagte: »Ich werde mit dir gehen, und wir werden uns an ihm rächen.« Thord gab ihm eine Bartaxt, die er in der Hand gehabt hatte; diese Waffen waren damals üblich. Sie gehen nun dorthin, wo das Spiel der Jungen stattfand. Grim hatte da gerade den Ball bekommen und ihn weggeschlagen, und die anderen Jungen liefen danach. Da rannte Egil auf Grim zu und hieb ihm die Axt in den Kopf, so daß sie gleich im Schädel stecken blieb. Egil und Thord gingen danach weg zu ihren Männern. Die Leute von Myrar liefen da zu ihren Waffen, und das taten auch die anderen. Oleif Hjalti lief zu den Leuten von Borg mit den Männern, die bei ihm waren. Die hatten deshalb viel mehr Leute, und auf die Weise trennten sie sich für diesmal. Als Egil heimkam, ließ Skalla-Grim sich wenig anmerken, Bera aber sagte, Egil hätte das Zeug zu einem Wikinger, und sie sagte, es würde dazu kommen, wenn er das Alter hätte, daß man ihm ein Kriegsschiff gäbe.

Als Egil zwölf Jahre alt war, war er so kräftig gewachsen, daß nur wenige Männer so groß und von solcher Stärke waren, daß Egil nicht die meisten im Spiel überwinden konnte. In dem Winter, in dem er zwölf Jahre alt wurde, war er oft beim Spiel. Thord Granason war damals an die zwanzig Jahre alt, er war gewaltig an Kraft. Einmal im Winter war es, da war das Ballspiel südlich von Borg in Sandvik. Da waren Egil und Thord im Spiel Skalla-Grims Gegner, und er wurde matter und ihnen ging es leichter. Am Abend aber, nach dem Sonnenuntergang, begann es Egil schlechter zu gehen; da wuchs Grim zu solcher Stärke, daß er Thord aufhob und ihn so kräftig niederwarf, daß ihm alles gebrochen wurde, und er starb gleich. Danach packte Skalla-Grim Egil. Thorgerd Brak hieß eine Magd Skalla-Grims, sie hatte Egil in seiner Kinderzeit aufgezogen; sie war überaus kräftig, stark wie ein Mann und sehr zauberkundig. Brak sagte: »Skalla-Grim, du Berserker, du rast ja gegen deinen Sohn.« Da ließ Skalla-Grim Egil los und griff nach ihr. Sie wandte sich rasch um und lief davon, Skalla-Grim aber hinter ihr her. So kamen sie über Digranes hinaus, da sprang sie von dem Felsen in den Sund. Skalla-Grim warf ihr einen großen Stein nach und traf sie zwischen den Schultern, und sie kam danach nicht mehr herauf; die Stelle dort nennt man nun Brakarsund. Aber später am Abend, als sie nach Borg heimkamen, war Egil überaus zornig. Und als sich Skalla-Grim zum Tisch gesetzt hatte und alle Leute des Hofes auch, da war Egil nicht auf seinen Platz gekommen. Er ging da in die Küche hinaus zu dem Manne, der die Arbeiten leitete und für Skalla-Grim seinen Besitz verwaltete und ihm am liebsten war. Egil gab ihm den Todesschlag und ging dann zu seinem Platz. Skalla-Grim aber sagte nichts dazu, und man ließ die Sache von nun an ruhen und Vater und Sohn redeten nicht darüber, weder gut noch böse, und so ging der Winter dahin. (6)

Was einem widerfuhr, der Egil nach dem Leben trachtete

Egil und drei seiner Gefährten machten sich zur Fahrt fertig; sie hatten Schlitten und Pferde wie die Männer des Königs. Es gab viel Schnee und man mußte überall andere Wege als im Sommer fahren. Als sie fertig waren, machten sie sich auf den Weg und zogen weiter landeinwärts, und als sie im Osten nach Eidar kamen, fiel in einer Nacht so viel Schnee, daß sie die Wege nicht mehr deutlich sahen. Am Tag danach kamen sie nur langsam vorwärts, denn wenn man vom Weg abkam, sank man in mannshohen Schnee. Und später am Tag hielten sie an und fütterten ihre Pferde; in der Nähe war ein bewaldeter Bergrücken. Da sagten die Männer des Königs zu Egil: »Nun trennen sich die Wege. Ihr sollt hier den Bergrücken hinauf steigen, und wenn ihr oben seid, werdet ihr bald einen großen Hof vor euch haben, und dort ist euch Unterkunft gewiß; dort wohnt ein sehr reicher Mann, der heißt Armod Skegg.« Danach trennen sie sich.

Egil und seine Gefährten überquerten am Abend den Bergrükken. Von ihnen ist zu erzählen, daß sie bald vom Wege abkamen; es war sehr viel Schnee, die Pferde sanken bei jedem zweiten Schritt ein, so daß man sie herausziehen mußte. Es waren da steile Strecken und Stellen mit dichtem Unterholz, und das Unterholz und die Steilstrecken waren sehr schwer zu bewältigen. Wegen der Pferde verzögerte sich ihre Fahrt sehr, und für die Männer war es überaus schwer vorwärts zu kommen. Sie wurden sehr müde, kamen aber doch über den Bergrücken und sahen vor sich einen großen Hof und hielten darauf zu. Und als sie in die Umzäunung kamen, sahen sie Männer draußen stehen, Armod und seine Knechte. Sie richteten das Wort an sie und fragten nach Neuigkeiten, und als Armod erfuhr, daß sie Sendboten des Königs wären, bot er ihnen Unterkunft an. Sie nahmen das an, Armods Hausleute kümmerten sich um ihre Pferde und ihre Gespanne, der Bauer aber lud Egil ein in die Halle zu gehen, und das taten sie. Armod ließ Egil im Hochsitz auf der niederen Bank ihm gegenüber sitzen und seine Fahrtgenossen daran anschließend; sie redeten viel darüber, wie schwierig ihre Fahrt an diesem Abend gewesen war, und den Hausleuten erschien es als ein großes Wunder, daß sie hier vorwärtsgekommen waren, und sie sagten, es könnte sonst hier kein Mann durchkommen, auch wenn es keinen Schnee gäbe. Da sagte Armod: »Meint ihr nicht, es wäre jetzt am besten für euch, Tische aufzustellen und ein Abendessen zu geben, und dann könntet ihr schlafen gehen? So werdet ihr am besten ausruhen.« – »Das gefiele uns sehr gut«, sagt Egil. Da ließ ihnen Armod Tische vorsetzen und darauf setzte man dann große Schüsseln voll mit Skyr; Armod meinte, er bedauere es sehr, daß er kein Bier hätte, um es ihnen zu geben. Egil und seine Männer waren sehr durstig von der Anstrengung; sie hoben die Schüsseln in die Höhe und tranken gierig das Skyr, Egil am allermeisten. Andere Speise kam nicht zum Vorschein. Es waren viele Hausleute da; die Hausfrau saß auf der Querbank am Ende der Halle und einige Frauen bei ihr; die Tochter des Bauern, zehn oder elf Jahre alt, war mitten im Raum. Die Hausfrau rief sie zu sich und sagte ihr etwas ins Ohr; dann kam das Mädchen vor den Tisch, wo Egil saß. Es sprach:

Meine Mutter sandte
zu dir mich, sagen soll ich
Egil diese Worte:
seid auf eurer Hut!

Armod schlug das Mädchen und hieß es schweigen – »immer sagst du, was am schlechtesten paßt.« Das Mädchen ging weg, Egil aber setzte die Skyrschüssel nieder, und da war sie beinahe leer. Nun gingen auch die Hausleute zu ihren Sitzen, und überall im ganzen Raum stellte man Tische auf und trug das Essen auf. Dann brachte man ausgesuchte Fleischstücke herein und setzte sie Egil ebenso wie den anderen Männern vor. Dann wurde Bier hereingetragen, und das war zu Hause gebraut und sehr stark. Bald gab es ein Einzeltrinken, und da sollte immer ein Mann allein jedesmal ein Trinkhorn leeren; dabei gab man besonders acht auf Egil und seine Gefährten, sie sollten so kräftig wie möglich trinken. Egil trank zuerst eine lange Weile fest und hielt sich nicht zurück; aber als seine Fahrtgenossen unfähig wurden zu trinken, da trank er das an ihrer Stelle, was sie nicht mehr bewältigen konnten. Das ging so weiter, bis man die Tische abtrug. Da waren auch alle, die drinnen waren, sehr betrunken; aber bei jedem vollen Horn, das Armod trank, sagte er: »Ich trinke dir zu, Egil«, und die Hausleute tranken Egils Fahrtgenossen zu und brauchten die gleichen Worte. Ein Mann war beauftragt, Egil und seinen Männern immer wieder ein volles Horn zu bringen, und er forderte sie ständig auf, rasch zu trinken. Egil sagte da seinen Fahrtgenossen, sie sollten nicht mehr weiter trinken, er aber trank für sie alles, was sie nicht auf andere Weise beseitigen konnten. Egil fand nun, daß er es so nicht mehr bewältigen würde; da stand er auf und ging quer durch den Raum, dorthin wo Armod saß; er faßte ihn mit den Händen bei den Schultern und drückte ihn gegen die Pfosten an der Rückseite seines Sitzes. Dann erbrach sich Egil gewaltig und spie Armod alles ins Gesicht, in die Augen und in die Nase und in den Mund, es rann ihm über die Brust herunter und Armod verlor fast den Atem, und als er wieder Luft bekam, mußte auch er gewaltig speien. Aber alle Hausleute Armods, die dabei waren, sagten, Egil könnte man doch den niederträchtigsten aller Menschen heißen und er wäre ein ganz erbärmlicher Mann, wenn er sich so aufführe, daß er nicht hinausging, wenn er speien wollte. Egil sagt: »Man soll mir deshalb keine Vorwürfe machen; ich mache es so, wie es auch der Bauer macht – er hat auch mit aller Kraft gespieen, nicht weniger als ich.« Dann ging Egil zu seinem Platz und setzte sich nieder und bat, ihm zu trinken zu geben. Da nahm die Hausfrau ein großes Trinkhorn und füllte es und brachte es Egil; Egil leerte das Horn in einem Zuge. Er trank so eine Weile und leerte jedes Horn, das zu ihm kam, aber es war nur noch wenig Heiterkeit in der Stube, obgleich noch einige Männer tranken. Dann steht Egil auf und mit ihm seine Fahrtgenossen auch und sie nehmen ihre Waffen von den Wänden, wo sie sie aufgehängt hatten. Dann gehen sie zu der Kornscheuer, in der ihre Pferde waren. Sie legten sich dort im Stroh nieder und schliefen die Nacht hindurch.

Am Morgen, als es tagte, stand Egil auf. Er und seine Fahrtgenossen machten sich fertig, und als sie soweit waren, gingen sie wieder zum Hof, um nach Armod zu sehen. Und als sie zu der Schlafkammer kamen, in der Armod und seine Frau und seine Tochter schliefen, da stieß Egil die Tür auf und ging zu Armods Bett; er zog sein Schwert, mit der anderen Hand aber packte er Armod beim Bart und riß ihn nach vorn an den Balken der Lagerstatt; aber Armods Frau und seine Tochter sprangen auf und baten Egil, er möge Armod nicht töten. Egil sagt, ihretwegen wolle er es so tun – »denn das ist recht; er aber hätte es verdient, wenn ich ihn erschlage.« Dann schnitt ihm Egil den Bart beim Kinn ab, und dann stieß er ihm mit dem gekrümmten Finger ins Auge, so daß es außen auf der Wange lag; darauf ging Egil weg zu seinen Fahrtgenossen. (6)

Der einzelne und die Sippe

Man hat versucht, aus der norwegisch-isländischen Literatur über die Wikingerzeit die eigene Auffassung des nordischen Wikingers vom Dasein und seiner Umgebung darzustellen. Eindringlich hat dies der dänische Historiker Vilhelm Grønbech unternommen. Zwei Begriffe werden von ihm unterstrichen, die Besorgnis des Wikingers um seine »Ehre«, seine eigene Ehre und die seiner Sippe, und der Glaube des Wikingers an das »Glück« eines Mannes, seinen Erfolg im Leben. Am wichtigsten aber ist das tiefgegründete Verhältnis zwischen einem Mann und seinen Verwandten, seiner Sippe. Die Sippe ist das wichtigste auf der Welt für den freien Wikingerbauern. Die Verwandten beschützen und rächen den einzelnen, der dafür bereit sein muß, sich für die berechtigte Forderung eines Verwandten um Beistand und Recht einzusetzen. Mit der Sippe ist der Ehrbegriff eng verknüpft. Die Ehre der Sippe und die Ehre des einzelnen dürfen nicht geschädigt oder verringert werden. Die Sippe ist in Wirklichkeit der Herr des Mannes; sie kann ihn entbehren, er aber nicht die Sippe. Begeht man eine Schandtat und wird deswegen von der Sippe ausgestoßen, tritt das Schlimmste ein, was einem nordischen Mann begegnen kann, er wird friedlos. Der einzelne kann nicht ohne seine Gemeinschaft bestehen, ohne den Teil der Gesellschaft, der ihn umgibt und stützt, und dieser Teil ist die Sippe. Ein Mann »von hohem Geschlecht« zu sein, ist das Kleinod des Lebens. Eine Sippe zu haben, wenn sie auch nicht hoch ist, und ihr Gebot zu respektieren, ist eine Notwendigkeit. Sich gegen die Sippe zu vergehen, ist ein Unglück. Überhaupt keine Sippe zu besitzen, eine so elende Stellung hat wohl nur der Sklave. Der arme Sklave wird in der Gesellschaft der Wikinger als ein elendes Wesen betrachtet, als ein Nichts ohne Seele.

War das »Glück« eines Mannes gut, so gedieh seine »Ehre« um so mehr. Ehre in dieser Verbindung waren nicht so sehr Ruhm und Glanz, als eine fest gegründete Position und Ansehen. Was den Wikinger mit Respekt erfüllte und was er vom Dasein verlangte, war der richtige Vollzug dessen, was die Grundlage für die Aufrechterhaltung der Selbstbehauptung bildete, nämlich die Rache, und zwar entweder die Vollstreckung einer selbst vollzogenen Blutrache oder Entgegennahme einer vollen Buße von dem Schuldner. Wenn eine Buße zwischen zwei Sippen anläßlich eines Totschlages geleistet werden sollte, war es ebenso wichtig, daß die zahlende Sippe in ihrem Ansehen nicht unbillig dadurch verringert wurde, daß die Buße unvernünftig hoch war, wie sich auf der anderen Seite die betroffene Sippe nicht durch eine zu geringe Buße mit Fug herabgesetzt fühlen durfte. Oft bedurfte es langer Verhandlungen, diplomatisch geschickter Wendungen und eidlicher Versicherungen der zahlenden Partei, daß sie im umgekehrten Fall die Buße als ausreichend betrachten würde. – Es ist gewiß, daß dieser unverbrüchliche Zusammenhang zwischen dem einzelnen und seiner Sippe die rechthaberische Anlage bei den Nordländern fördern und in entsprechendem Grade hemmen mußte, was sich an individuellem Edelmut oder Neigung zum Verzeihen vorfinden mochte. Es führte kein Weg an der Sippe vorbei. (2)

Einer der Höhepunkte isländischer Erzählkunst findet sich in der »Saga vom weisen Njal«. Die Streitigkeiten zwischen zwei mächtigen Sippen gipfeln in einer Untat, die selbst in der an schauerlichen Begebenheiten nicht gerade armen Saga-Literatur ihresgleichen sucht.

Der Mordbrand

Njals Söhne Grim und Helgi gingen nach Holar. Dort wurden Kinder von ihnen aufgezogen. Sie blieben den ganzen Tag in Holar. Da tauchten dort Bettelweiber auf. Sie sagten, sie seien von weither gekommen. Die Brüder fragten sie nach Neuigkeiten. Sie erwiderten, Neuigkeiten könnten sie nicht berichten, aber von einem ungewöhnlichen Vorfall könnten sie doch erzählen. Die Brüder fragten, von was für einem Vorfall sie sprächen, und forderten sie auf, nichts zu verheimlichen. Sie sagten: »Wir zwei sind von Fljotshlid herabgekommen, und da haben wir die Sigfussöhne alle in voller Bewaffnung reiten sehen. Sie waren unterwegs in Richtung auf den Thrihyrning-Rücken. Fünfzehn Mann waren da in ihrer Schar. Wir haben auch Grani Gunnarssohn und Gunnar Lambissohn gesehen, sie waren ihrer fünf, und sie ritten alle denselben Weg. Man kann sagen, daß jetzt alles in Bewegung ist in der Gegend.« Helgi Njalssohn sagte: »Da wird Flosi von Osten gekommen sein, und sie werden sich alle mit ihm getroffen haben. Grim und ich müssen jetzt dort sein, wo Skarphedin ist.« Grim stimmte dem zu, und sie machten sich auf den Heimweg.

In Bergthorshval sagte Bergthora am selben Nachmittag zu ihren Hausleuten: »Nun wählt euch das Essen für das Abendbrot, damit jeder bekommt, was er am liebsten haben möchte, denn heute abend werde ich zum letzten Mal Essen auftragen für mein Gesinde.« – »Das darf doch nicht sein«, sagten die, die in der Nähe waren. »Es wird doch so kommen«, erwiderte sie, »und ich könnte noch viel mehr darüber sagen, wenn ich wollte. Als Zeichen möge dienen, daß Grim und Helgi heute abend hierher zurückkehren werden, ehe das Essen beendet ist. Und wenn das eintrifft, dann wird auch anderes so kommen, wie ich sage.« Danach trug sie das Essen auf.

Njal sagte: »Seltsam ist mir zumute. Mir ist, als überblickte ich die ganze Stube und als seien beide Giebelwände weg und alles sei blutbedeckt, der Tisch und das Essen.« Alle waren von diesen Worten sehr beeindruckt, nur Skarphedin nicht. Er sagte, sie sollten nicht jammern oder sich sonst irgendwie erbärmlich benehmen, so daß die Leute darüber herziehen könnten; – »mit uns wird man es genauer nehmen als mit anderen bei der Beurteilung des Verhaltens, und das ist ganz verständlich und richtig.«

Grim und Helgi trafen zu Hause ein, ehe die Tische weggetragen waren. Und das fuhr allen in die Glieder. Njal fragte, warum sie es so eilig hätten. Sie berichteten, was sie erfahren hatten. Njal sagte, niemand solle sich am Abend hinlegen.

Nun ist von Flosi zu berichten. Er sagte zu seinen Leuten: »Jetzt werden wir nach Bergthorshval reiten.« In dem Hügel dort war ein Einschnitt, und dahin ritten sie und banden ihre Pferde an. Sie warteten an der Stelle bis spät in den Abend hinein.

Flosi sagte: »Nun wollen wir zum Gehöft gehen, uns dicht beisammenhalten und langsam vorrücken und sehen, was sie tun.«

Njal stand vor dem Gehöft mit seinen Söhnen und Kari sowie allen männlichen Hausleuten, und sie hatten sich auf dem festgestampften Platz vor den Eingängen aufgestellt. Es waren fast dreißig Mann. Flosi blieb stehen und sagte: »Wir wollen nun achtgeben, was sie unternehmen. Ich bin nämlich der Ansicht, daß wir sie nicht bezwingen können, solange sie draußen stehen.« – »Dann ist unser Unternehmen jämmerlich, wenn wir nicht wagen sollten, sie anzugreifen«, bemerkte Grani. »Das soll auch nicht geschehen«, erwiderte Flosi, »wir werden gegen sie vorgehen, auch wenn sie draußen stehenbleiben. Aber wir werden das so teuer bezahlen, daß manch einer nicht mehr davon berichten kann, welche Seite den Sieg davongetragen hat.«

Njal sagte zu seinen Leuten: »Was meint ihr, wie groß ihre Schar ist?« – »Sie haben eine fest zusammenstehende Mannschaft, und zahlenmäßig stark ist sie obendrein«, antwortete Skarphedin, »aber sie machen jetzt doch bestimmt deshalb halt, weil sie vermuten, daß es ihnen sehr schwerfallen wird, uns zu bezwingen.« – »Das glaube ich nicht«, entgegnete Njal. »Ich möchte, daß alle hineingehen, denn sie hatten schon große Mühe mit Gunnar von Hlidarendi, und er stand allein gegen sie. Die Gebäude hier sind genauso fest gebaut, wie sie dort waren, und sie werden nichts erreichen.« – »Das kann man nicht so sehen«, sagte Skarphedin. »Gunnar wurde von Häuptlingen angegriffen, die von so ehrenhaftem Charakter waren, daß sie vorgezogen hätten umzukehren, statt ihn im Hause zu verbrennen. Die hier werden uns hingegen sofort mit Feuer angreifen, wenn sie anders keinen Erfolg haben. Denn sie werden alles daransetzen, daß sie mit uns zu Ende kommen. Sie werden sich sagen, und das ganz zu Recht, daß es für sie den Tod bedeutet, wenn wir davonkommen. Ich habe jedenfalls nicht die geringste Lust, mich drinnen im Rauch ersticken zu lassen wie einen Fuchs in der Höhle.« Njal erwiderte: »Nun wird es gehen wie schon öfter, daß ihr euren Willen mir gegenüber durchsetzt, meine Söhne, und keine Achtung vor mir zeigt. Als ihr jünger wart, habt ihr das nicht getan, und da verlief alles besser für euch.« Helgi sagte: »Wir wollen tun, was unser Vater wünscht; das wird das beste für uns sein.« – »Da bin ich nicht so sicher«, entgegnete Skarphedin, »denn er ist jetzt todgeweiht. Aber ich kann ihm natürlich den Gefallen tun, mit ihm zusammen drinnen zu verbrennen, denn ich fürchte meinen Tod nicht.« Dann sagte er zu Kari: »Wir wollen fest zusammenstehen, Schwager, so daß keiner sich vom anderen trennt.« – »Das ist meine Absicht«, antwortete Kari, »wenn es aber anders bestimmt ist, dann wird es so geschehen müssen.« – »Räche du uns«, sagte Skarphedin, »und wir werden dich rächen, wenn wir am Leben bleiben.« Kari sagte, so solle es sein. Dann gingen sie alle hinein und stellten sich in den Türöffnungen auf.

Flosi sagte: »Jetzt sind sie todgeweiht, da sie hineingegangen sind. Wir wollen nun schnellstens zum Gehöft gehen und uns so dicht wie möglich vor den Türen aufstellen und darauf achten, daß keiner entkommt, andernfalls bedeutet das unseren Tod.« Flosi und seine Schar kamen nun zum Gehöft und umstellten die Gebäude für den Fall, daß es irgendeine Geheimtür gäbe. Flosi und seine eigenen Leute gingen von vorn an die Gebäude heran. Hroald Özurssohn lief an der Stelle vor, wo Skarphedin stand, und stach mit dem Spieß nach ihm. Skarphedin hieb ihm die Spitze vom Schaft und sprang auf ihn zu und hieb mit der Axt nach ihm. Die Axt traf den Schild Hroalds von oben und preßte ihn sofort an seinen Körper, aber die vordere Spitze des Blattes fuhr in sein Gesicht. Er stürzte rücklings zu Boden und war auf der Stelle tot. Kari sagte: »Dir war wieder nicht zu entkommen, Skarphedin; du bist der tüchtigste von uns.« – »Das weiß ich nicht«, erwiderte Skarphedin, und man sah, daß er die Lippen verzog und grinste. Kari, Grim und Helgi stachen häufig mit Spießen nach draußen und verwundeten viele, aber Flosi und seine Leute konnten nichts ausrichten. Flosi sagte: »Wir haben großen Schaden erlitten unter unseren Leuten. Viele sind verwundet, und der ist erschlagen, den wir am wenigsten verlieren wollten. Es hat sich gezeigt, daß wir sie nicht mit Waffen bezwingen können. Manch einer ist unter uns, der nicht so mutig angreift, wie er nach eigenen Worten wollte. Wir müssen uns nun doch zu einem anderen Vorgehen entschließen. Es gibt nur zwei Möglichkeiten, und keine von beiden ist gut. Die eine ist, abzuziehen, und das ist gleichbedeutend mit unserem Tod – die andere, Feuer an das Gehöft zu legen und sie drinnen zu verbrennen; das aber ist eine große Verantwortung gegenüber Gott, da wir selbst Christen sind. Aber dennoch müssen wir diesen Weg wählen.«

Sie entzündeten nun Feuer und setzten einen großen Holzstoß vor den Türen in Brand. Da sagte Skarphedin: »Ihr zündet ein Feuer an, Burschen! Geht es jetzt ans Garmachen?« Grani antwortete: »So ist's gedacht. Und du wirst es nicht heißer brauchen zum Braten.« Skarphedin entgegnete: »Die Art, wie du mir lohnst, daß ich deinen Vater gerächt habe, paßt genau zu dir.« Da gossen die Frauen Molken in das Feuer und brachten es zum Erlöschen. Kol Thorsteinssohn sagte zu Flosi: »Mir kommt ein Gedanke. Ich habe gesehen, daß im Schlafraum über den Querbalken ein Oberboden ist. Dahinein sollten wir Feuer bringen und den Unkrauthaufen zum Entfachen benutzen, der hinter dem Gehöft liegt.« Daraufhin holten sie den Haufen und setzten ihn in Brand. Die drinnen waren, merkten erst etwas, als der ganze Schlafraum oben in Flammen stand. Flosi und seine Leute machten außerdem große Feuer vor allen Türen. Die Frauen, die im Gehöft waren, begannen nun zu weinen und zu jammern. Njal sagte zu ihnen: »Haltet euch tapfer und laßt eure Angst nicht in Worten aus. Denn das wird nur ein vorbeiziehendes Unwetter sein, und ein ähnliches dürfte lange auf sich warten lassen. Vertraut darauf, daß Gott barmherzig ist; er wird uns nicht in dieser Welt und in der anderen brennen lassen.«

Nun begannen alle Gebäude lichterloh zu brennen. Da ging Njal zur Tür und sagte: »Ist Flosi in der Nähe, so daß er meine Worte hören kann?« Flosi sagte, er höre ihn. Njal sagte: »Bist du vielleicht bereit, auf einen Vergleich mit meinen Söhnen einzugehen oder jemandem zu erlauben, das Gehöft zu verlassen?« Flosi antwortete: »Auf einen Vergleich mit deinen Söhnen gehe ich nicht ein. Es soll nun ein für allemal zum Ende kommen zwischen uns, und wir ziehen nicht eher ab, als bis alle tot sind. Aber den Frauen, Kindern und den Knechten will ich erlauben herauszukommen.« Da ging Njal hinein und sagte zu seinem Hausvolk: »Alle sollen jetzt hinausgehen, denen es erlaubt ist. Geh du hinaus, Thorhalla Asgrimstochter, und mit dir die Schar derer, denen es gestattet ist.« Thorhalla sagte: »Anders wird mein Abschied von Helgi, als ich je erwartet habe. Aber ich werde meinen Vater und meine Brüder antreiben, die Mordtaten zu rächen, die hier verübt werden.« Njal sagte: »Du wirst den richtigen Weg gehen, denn du bist eine gute Frau.« Danach verließ sie das Gehöft und eine ganze Schar mit ihr. Astrid von Djuparbakki sagte zu Helgi: »Geh mit mir hinaus. Ich werde dir einen Frauenmantel überwerfen und ein Kopftuch anlegen.« Er wehrte sich erst dagegen, ging aber schließlich ihrer Bitten wegen darauf ein. Astrid schlang ihm das Tuch um den Kopf, und Thorhild legte ihm den Mantel über die Schultern, und zwischen ihnen ging er hinaus. Als Helgi ins

Freie kam, sagte Flosi: »Das dort ist eine sehr hochgewachsene Frau und ziemlich breitschultrig; packt sie und haltet sie fest!« Als Helgi das hörte, warf er den Mantel ab. Er hatte ein Schwert unter dem Arm getragen und schlug damit nach einem von Flosis Männern. Es traf den Schild und trennte dessen Spitze ab und zugleich das Bein des Mannes. Da kam Flosi hinzu und hieb in Helgis Nakken, so daß augenblicks der Kopf abfiel.

Flosi ging zur Tür und rief, daß Njal kommen solle und auch Bergthora, damit er mit ihnen sprechen könne. Beide folgten der Aufforderung. Flosi sagte: »Ich mache dir das Angebot, das Gehöft zu verlassen, denn du verdienst es nicht, darin zu brennen.« Njal erwiderte: »Ich will nicht hinausgehen, denn ich bin ein alter Mann und kaum in der Lage, meine Söhne zu rächen; und mit Schande will ich nicht leben.« Da sagte Flosi zu Bergthora: »Komm du heraus, Hausfrau; dich will ich unter keinen Umständen drinnen verbrennen.« Bergthora antwortete: »Jung wurde ich Njal zur Frau gegeben, und ich habe ihm versprochen, daß ein Schicksal uns beide treffen solle.« Daraufhin gingen sie beide wieder ins Innere.

»Was wollen wir jetzt tun?« fragte Bergthora. »Wir werden zu unserem Bett gehen und uns niederlegen«, antwortete Njal. Bergthora sagte zu dem jungen Thord, dem Sohn Karis: »Dich muß man hinaustragen; du sollst nicht hier drinnen verbrennen.« – »Du hast mir aber versprochen, Großmutter, daß wir zwei uns nie trennen wollen«, entgegnete der Junge, »und so soll es auch sein, denn ich halte es für viel besser, mit euch hier zu sterben.« Da trug sie den Jungen zum Bett. Njal sagte zu seinem Großknecht: »Paß nun auf, wo wir uns hinlegen. Ich gedenke mich nämlich nicht mehr von der Stelle zu rühren, ganz gleich, wie sehr mir Rauch oder Feuer zusetzen. Dann kannst du mit ziemlicher Sicherheit angeben, wo unsere Gebeine zu suchen sind.« Der Knecht sagte, daß er das tun werde. Ein Ochse war kurz zuvor geschlachtet worden, und die Haut lag da in der Nähe. Njal sagte zu dem

Großknecht, er solle die Haut über sie breiten, und der erklärte sich dazu bereit. Njal und Bergthora gingen nun ins Bett und legten den Jungen zwischen sich. Dann machten sie das Kreuz über sich und den Jungen und befahlen ihre Seele Gott an. Das waren die letzten Worte, die man sie sprechen hörte. Der Großknecht nahm nun die Haut und breitete sie über sie. Dann verließ er das Gehöft. Ketil von Mörk faßte ihn und riß ihn aus dem Feuer ins Freie. Er fragte eindringlich nach seinem Schwiegervater Njal. Der Knecht berichtete alles der Wahrheit gemäß. Ketil sagte: »Das Schicksal hat uns großes Leid auferlegt, daß wir an solchem Unheil teilhaben müssen.«

Skarphedin hatte gesehen, daß sein Vater sich hingelegt hatte und welche Anordnungen er getroffen hatte. Da sagte er: »Unser Vater geht früh zu Bett, und das ist ganz natürlich: Er ist ein alter Mann.« Skarphedin, Kari und Grim packten nun brennende Holzstücke, sobald sie von oben herabstürzten, und schleuderten sie auf die Draußenstehenden. So ging es eine Weile. Dann schossen jene Spieße von draußen auf sie. Sie fingen sie alle in der Luft und schickten sie wieder hinaus. Flosi hieß seine Leute mit dem Schießen aufhören, – »denn jeder Waffengang mit ihnen wird uns übel bekommen. Ihr könnt getrost darauf warten, daß das Feuer sie in die Knie zwingt.« Dem folgten sie.

Nun fiel das schwere Gebälk aus dem Dachstuhl herab. Skarphedin sagte: »Jetzt wird mein Vater tot sein, und es war weder ein Stöhnen noch ein Husten von ihm zu hören.« Dann gingen sie an das Ende des Schlafraumes. Dort war der Querbalken mit dem einen Ende heruntergefallen und war in der Mitte schon ziemlich durchgebrannt. Kari sagte zu Skarphedin: »Lauf hier hinaus! Ich werde dir dabei helfen, und ich werde sogleich hinterherlaufen. Wenn wir es so machen, können wir beide entkommen, denn es treibt allen Rauch hierher.« Skarphedin erwiderte: »Du sollst zuerst laufen, ich komme sofort hinterher.« – »Das ist nicht gut«, sagte Kari, »denn ich werde auch noch an anderer Stelle hinauskommen, wenn es hier nicht möglich ist.« – »Ich will das nicht«, entgegnete Skarphedin, »lauf du zuerst hinaus, ich folge dir auf den Fersen.« Kari sagte: »Jedem ist es geboten, daß er sein Leben zu erhalten sucht; danach will ich jetzt handeln. Unsere Trennung wird allerdings bedeuten, daß wir uns nie wiedersehen. Wenn ich aus dem Feuer hinauslaufe, werde ich kaum Lust haben, wieder zu dir ins Feuer zurückzukehren, und dann muß jeder von uns beiden seinen Weg gehen.« Skarphedin erwiderte: »Das stimmt mich froh, daß du uns rächen wirst, wenn du entkommst, Schwager.«

Da nahm Kari einen brennenden Balken in die Hand und lief den schrägliegenden Querbalken hinauf. Oben von der Wand schleuderte er den Balken nach draußen, und der fiel auf die hinunter, die davorstanden. Die sprangen zur Seite. Karis Kleider und sein Haar standen in hellen Flammen. Er stürzte sich nun vom Dachrand hinab und lief in großen Sätzen in der Richtung des Rauches. Da sagte einer von denen, die draußen standen: »Sprang da nicht ein Mann vom Dach herab?« – »Keineswegs«, erwiderte ein anderer, »Skarphedin warf da einen brennenden Balken nach uns.« Daraufhin hegten sie keinen Verdacht mehr. Kari lief, bis er an einen Bach kam; da warf er sich hinein und löschte das Feuer an seinem Körper. Dann rannte er weiter, immer im Schutze des Rauches, bis zu einer Vertiefung und ruhte sich dort aus. Die Stelle heißt seitdem Karis Senke.

Von Skarphedin ist zu berichten, daß er gleich hinter Kari den Querbalken hinauflief. Als er aber an die Stelle kam, wo der Balken am meisten verbrannt war, brach er unter ihm auseinander. Skarphedin kam auf die Füße zu stehen und nahm sofort erneut Anlauf und suchte die Wand zu erklimmen. Da stürzte der Seitenbalken von der Dachkante auf ihn, und er taumelte nach innen zurück. Skarphedin sagte: »Jetzt ist klar, was geschehen soll.« Er stapfte an der Seitenwand entlang. Gunnar Lambissohn sprang auf die Wand hinauf und erkannte Skarphedin und sagte: »Weinst du nun, Skarphedin?« – »Das nicht«, entgegnete Skarphedin,

»aber es ist wahr, daß es in den Augen beißt. Aber mir scheint, du lachst; es ist doch so?« – »Natürlich ist es so«, erwiderte Gunnar, »und ich habe nicht wieder gelacht, seit du Thrain erschlugst.« Da sagte Skarphedin: »Dann ist hier ein wertvolles Andenken für dich.« Und er nahm einen Backzahn aus seinem Beutel, den er Thrain ausgeschlagen hatte, und warf ihn Gunnar genau ins Auge, so daß es sofort draußen auf der Wange hing. Da stürzte Gunnar von der Dachkante hinab.

Skarphedin ging nun zu seinem Bruder Grim. Sie faßten sich an den Händen und traten das Feuer nieder. Und als sie in die Mitte des Raumes kamen, stürzte Grim tot zu Boden. Skarphedin stapfte bis zur Giebelwand des Gebäudes. Da gab es einen großen Krach, und das gesamte Dach brach herunter. Zwischen dessen Teilen und der Giebelwand wurde Skarphedin eingeklemmt, und er konnte sich nicht mehr von der Stelle rühren. (7)

Und die Männer sprachen untereinander, wie stattlich die Frau sei

Die Wikingerfrau tritt mit einer selbstverständlichen Autorität hervor, wie wir sie sonst in Europa nicht kennen. Sie bleibt nach der Hochzeit Mitglied ihrer väterlichen Sippe. Darin liegt ihr sozialer Wert, den sie nie vergißt. Sie ist es, die durch ihre Ehe sowohl ihrem Vater wie ihrem Gatten zu größerem Ansehen, neuen Verwandten und erweitertem Freundeskreis verhilft. Den Familiennamen des Mannes haben nordische Frauen erst im 18. Jahrhundert angenommen. Dem Manne unterwürfig zu sein – das war ihnen völlig fremd. Durch die Bibel kam zwar die orientalische Geringschätzung der Frau nach Europa, aber es gab keinen Grund, mit der neuen Religion einen gesunden Zustand aufzugeben. In dieser Hinsicht blieb das Wikingererbe in Skandinavien weitgehend erhalten, weshalb die nordischen Frauen in der Emanzipation des 20. Jahrhunderts einen beachtlichen Vorsprung haben.

Die Wikinger lebten ganz nach ihrem natürlichen Empfinden. Darin liegt ihre große Stärke. Das gilt auch für das Zusammenleben der Geschlechter. Die Frau war ihrer Natur entsprechend vor Waffenkämpfen geschützt. Streitigkeiten hatte der Mann für sie auszufechten, aber nichts hinderte, daß sie selbst zur Waffe griff, in Notwehr selbstredend, sogar als Rache, aber auch im ernsten Kriegsfall. Die Edda ist voll von Walküren, Kampfmaiden und Amazonen. Unter den Wikingerhäuptlingen gab es auch eine »Rote Maid«, welche Ulster und das nordöstliche Irland verheerte und ganze Scharen von Männern anführte.

Blutfehden, Kriege und Thingverhandlungen besorgten die Männer. Die Frauen hatten ein Recht darauf, von solchen Aufgaben befreit zu sein. Bei der Landnahme auf neuen Inseln haben Frauen ebenso wie Männer Äcker und Felder für sich einfrieden können; dafür gab es eine besondere gesetzliche Regelung. Es erforderte Kraft und Persönlichkeit, in der unruhigen Wikingerzeit einen großen Hof zu versorgen, sei es als Witwe oder während der Zeit, da die Männer zur See unterwegs waren. Gepriesen werden in den Sagen diejenigen Frauen, die den Sippenhaß zu schlichten verstehen, den die Männer eingebrockt hatten. Es kann sogar vorkommen, daß eine Gattin eiligst alle Frauen des Hofes zusammenruft. Ein wilder Zweikampf ist nämlich entbrannt und mitten im Gefecht werfen sie schnell zusammengeraffte Kleider über die gezückten Schwerter. Das macht den Kampf so lächerlich, daß er nicht mehr fortgesetzt werden kann.

Gerade wenn sich Frauen eigenwillig mit ihrer ganzen Persönlichkeit in die Angelegenheiten der Männer einmischen, treten sie uns besonders sympathisch entgegen; wiederholt schaffen sie mit Klugheit Feindseligkeiten aus der Welt und erhalten den kurzen Dank, der mehr ausdrücken kann als lange Reden. Andere Weiber waren haßerfüllt und hochmütig. Hallgerd entbrannte in solch wildem Rachegefühl der ebenfalls boshaften Bergthora gegenüber, daß Njals Saga von dem schrecklichen Geschehen erfüllt ist.

Solche ewig intriganten, rachsüchtigen Frauengestalten eignen sich glänzend dazu, die Handlung einer Saga voranzutreiben. Lady Macbeth würde neben ihnen vor Neid erblassen, obwohl sie gleichen Ursprungs sind, denn nur keltische und nordische Dichtwerke haben so gigantisch in der Seele vergiftete Frauengestalten gezeichnet und sich eingehend mit ihnen befaßt. Voraussetzung dafür ist jedoch die grundsätzlich freie und stolze Persönlichkeit im täglichen Leben.

Galt es die Wikinger schlecht zu machen, haben Verfasser eifrig angeführt, daß sie Vielweiberei trieben. Sie legten unbedenklich unsere christliche Moral als Wertmesser für Tugend und Laster an. Auf diesem Wege können wir nie fremde Völker und vergangene Kulturen verstehen. Die Wikinger waren völlig eins mit ihrer natürlichen, menschlichen Veranlagung. Ihre Sittennorm ergab sich aus Erfahrung und Praxis. Ein junges Mädchen ging von den Eltern wohlbehütet in die Ehe. Der Jüngling bewegte sich frei und war auch nach der Eheschließung frei. Das konnte praktische Gründe haben. Der Mann sorgte für die Vermehrung seines Besitzes, auch in Bezug auf die Sklaven. Das war sein legitimes, wirtschaftliches Interesse. Auch sonst waren Kebsen üblich, sie waren aber immer niederer Abstammung. Die Hausfrau konnte sie leichter dulden, weil sie niemals die Ehe selbst gefährdeten. Anstatt die Ideale so hoch zu schrauben, wie es das Christentum getan hat – wodurch sie vielen Männern unerreichbar wurden – entstand ein in gewisser Weise erträglicher Moralkodex. Die Heiden waren wohl dadurch nicht schlechter als die Christen, aber sie lebten ohne Gewissenskonflikte, ohne Neurosen und ohne schwere eheliche Erschütterungen. Darin liegt immerhin ein natürliches Verhalten dem Leben gegenüber. Wir erfahren, daß Königin Bodil in Dänemark die Geliebten des Königs Erik Ejegod selbst schmückte, damit sie ihm gefallen sollten. Das setzt eine persönliche Kraft und Größe voraus, die ganz der selbständigen Haltung der Wikingerfrauen entspricht. Besonders viele Frauen hatte König Harald Schönhaar, und als er Ragnhild von Jütland heiratete, ließ er sich von neun anderen Frauen scheiden. Das sind nun wirklich rein orientalische Sitten, die auch nur in den höchsten Kreisen Eingang finden konnten. Auf den Bauernhöfen wirkte die Bäuerin uneingeschränkt und duldete allenfalls die eine oder andere Kebse.

Gegenüber Edda und Heldendichtung, welche die tragischen Walküren und Brynhilden allzuhoch preisen, wollen wir lieber der Sprüche gedenken, die zärtliche und schätzende Gefühle verraten. Gerade die Kurzform der Runeninschriften mit ihrer lebensnahen Frische läßt uns das zwischenliegende Jahrtausend überbrücken und die Menschen uns zeitlos nahe kommen. Ein klares Urteil schreibt und dichtet ein Bauer westlich Stockholm:

»Der gute Bauer Holmgöt ließ diesen Stein für Odindisa errichten, seine gute Frau.« Und weiter:

Niemals wird kommen nach Hasemyra
bessere Frau als Odindisa.
Sie war Siegmunds Tochter der das Dorf besaß.
Röd-Baler ritzte diese Runen.

Aus der keinesfalls langen Reihe von Runensteinen, die überhaupt persönliche Bemerkungen dem Epigrammschema hinzufügen, können wir noch zwei nennen. Der eine stammt aus Dynna in Norwegen:

»Gunvor Eriktochter machte diese Brücke für (zur Erinnerung an) ihre Tochter Astrid. Sie war die handfertigste Maid in Hadeland.«

Und dann das Wort eines Sohnes aus Rimsö in Rander:

»Tore, Enraades Bruder, errichtete diesen Stein für seine Mutter und seine Schwester, die guten Frauen. Ihr Tod ist das schlimmste Unglück für den Sohn.«

Viel Menschenklugheit sammelten die Wikinger in ihrem Leben, das von den sonderbarsten Ereignissen erfüllt war. Sie hatten ein unglaubliches Interesse für auftretende Konfliktfälle. Wie jeder sein Schicksal meisterte – das beobachteten sie mit wachsamen Augen. Auch die Götterdichtung bot ihnen Stoff für psychologische Überraschungen. Oftmals blickten sie humoristisch oder gar sarkastisch auf ihre Götter, so in der besonders gescheiten Erzählung von der Riesin Skade.

Die Götter hatten ihren Vater erschlagen. Seine Tochter »Skade nahm Helm und Brünne und alle Kriegswaffen und kam nach Asgard, um ihren Vater zu rächen. Die Asen boten ihr Vergleich und Buße an, und zwar als erstes, daß sie unter den Asen sich einen Mann solle wählen dürfen, doch nur nach den Füßen, ohne mehr zu sehen.«

Das muß ein köstlicher Schönheitswettbewerb gewesen sein. Als Skade ein Paar ausnehmend schöne Mannesfüße sah, fiel sie darauf herein und sagte:

»Diesen wähle ich. An Balder wird nichts Häßliches sein!«

Der milde und edle Balder hatte anscheinend keine so schönen Füße, wie sie gedacht hatte. Sie bekam den Gott Njord als Gatten und mit ihm eine sehr schwierige Ehe – trotz der schönen Füße.

Fragen wir schließlich, wie die Ehe zwischen Skade und Njord mit den schönen Füßen wurde. Ach, sie nahm ihn mit in die Berge, und er, der an der Küste gelebt hatte, klagt bitterlich:

Leid sind mir die Berge.
Nicht lange war ich dort,
neun Nächte nur.
Schöner schien mir
der Schwäne Gesang
als der Wölfe Geheul.

Und er nahm Skade mit zum Meeresstrand, wo sie ebenso bitter klagt:

Nicht schlafen kann ich
vor dem Schreien der Vögel
an der Brandung Bett.
Jeden Morgen
wenn sie vom Meere kommt
weckt die Möwe mich.

Hinter diesem Bild steckt der alte Fruchtbarkeitsritus von dem wechselnden Wohnsitz der Fruchtbarkeitsgöttin, gleichgültig ob wir sie Skade, Persephone, Astarte oder Isis nennen. Der Dichter dieser Göttersage hat mit sicherem Instinkt aus alten Fruchtbarkeitsriten und -erzählungen einen menschlich klugen Zyklus zusammengestellt, der humorvoll, leicht obszön, psychologisch richtig und herzlich verständnisvoll ist, ein Meisterwerk der fein gesponnenen Erzählkunst der Wikinger. (8)

Unn, die Grundgescheite

Unn, die Grundgescheite, war in Caithnes, als ihr Sohn Thorstein fiel. Und als sie das erfuhr, da glaubte sie dort nicht mehr in die Höhe kommen zu können. Sie ließ heimlich im Walde ein Frachtschiff bauen. Als das Schiff ganz fertig war, rüstete sie es zur Fahrt und hatte eine große Menge Geld mit sich. Ihr folgte ihre ganze Verwandtschaft, soweit sie noch am Leben war, und die Leute wissen kaum ein anderes Beispiel dafür zu finden, daß eine Frau aus solcher Kriegswirrnis mit gleichgroßem Reichtum und Gefolge entronnen sei. Daran kann man schon sehen, daß sie hoch über andere Frauen hervorragte. Unn hatte auch mehrere Männer von großer Tüchtigkeit und edler Abstammung mit sich. Koll wird der Mann genannt, der vor allen andern hervorragte im Gefolge der Unn; das machte besonders seine Abkunft, er war ein Herse seinem Stande nach. Dann war auch ein Mann in der Begleitung der Unn, der Hörd hieß. Auch er war von edler Abkunft und tüchtig.

Unn segelte, sobald sie fahrtbereit war, nach den Orkneys. Dort hielt sie sich einige Zeit auf. Hier vermählte sie Gro, die Tochter Thorsteins des Roten. Sie wurde die Mutter der Greilöd, die mit dem Jarl Thorfinn vermählt war. Daher stammt das ganze Geschlecht der Orkneyjarle.

Dann segelte Unn mit ihrem Schiff nach den Färöer und verweilte auch da eine Zeitlang. Dort vermählte sie die zweite Tochter des Thorstein, die Olof hieß. Von ihr stammt das vornehmste Geschlecht auf diesen Inseln.

Nun machte sich Unn fertig zur Abreise von den Färöer und gab ihren Schiffsgenossen bekannt, daß sie beabsichtige, nach Island zu fahren. Sie nahm mit sich Olaf Feilan, den Sohn Thorsteins des Roten, und Olafs Schwestern, die noch unverheiratet waren. Dann ging sie in See, hatte eine gute Fahrt und kam mit ihrem Schiff an die Südküste bei Bimssteinweg. Dort strandete ihr Schiff und ging völlig verloren, alle Menschen und die Ladung wurden geborgen. – Darauf suchte sie mit zwanzig Mann ihren Bruder Helgi auf. Als sie auf seinen Hof gekommen war, trat er ihr entgegen und lud sie zu sich ein mit neun Mann ihrer Begleitung. Sie antwortete ihm zornig und sagte, sie habe nicht gewußt, daß er ein so armseliger Mann sei, und verließ seinen Hof. Sie dachte nun daran, ihren Bruder Björn am Breitfjord aufzusuchen. Als der von ihrer Absicht gehört hatte, ritt er ihr mit großem Gefolge entgegen, empfing sie freundlich und lud sie zu sich ein mit allen ihren Begleitern, denn er kannte wohl den stolzen Sinn seiner Schwester. Das gefiel ihr sehr gut und sie dankte ihm für sein großartiges Anerbieten. Sie blieb bei ihm den Winter über, man bewirtete sie auf das prächtigste, denn die Mittel dazu waren zur Genüge vorhanden, und das Gut wurde nicht gespart.

Im Frühling fuhr sie über den Breitfjord und kam zu einer Landspitze, wo sie mit ihren Begleitern das Tagmahl hielt. Daher der Name Tagmahlkap. Dann besuchte sie das ganze Talgebiet der Gegend und nahm Land in Besitz, so weit als sie Lust hatte. Schließlich fuhr sie mit ihrem Schiff in den innersten Teil des Fjords. Dort waren ihre Hochsitzpfeiler ans Land getrieben. Damit schien es ihr gegeben zu sein, wo sie ihren Wohnsitz nehmen sollte. Sie ließ einen Hof bauen, der seitdem Kessel heißt, und wohnte dort.

In demselben Frühling, in dem Unn den Hof von Kessel einrichtete, verheiratete sich Koll mit Thorgerd, der Tochter Thorsteins des Roten. Die Hochzeit richtete Unn aus; sie gab der Thorgerd das ganze Lachswassertal mit, und Koll baute sich einen Hof südlich des Lachswassers.

Dann vergab Unn mehreren Männern Anteile an dem von ihr in Besitz genommenen Lande. Dem Hörd gab sie das ganze Hördtal bis zum Schartenlaufwasser. Er wohnte auf Hördstätten und war ein ausgezeichneter Mann, mit trefflicher Nachkommenschaft.

Unn sprach zu ihren Leuten: »Nun sollt ihr den Lohn empfangen für eure Arbeit. Es mangeln uns ja nicht die Mittel, euch eure

Mühe und euren guten Willen zu vergelten. Es ist euch bekannt, daß ich dem Manne, der Erp heißt, dem Sohne des Jarl Meldun, die Freiheit gegeben habe: bei einem Mann von so edler Abkunft konnte es nicht meine Absicht sein, ihn Knechtsnamen tragen zu lassen.« Unn verlieh ihm dann das Gebiet von Schafbergen zwischen dem Zungenwasser und Mittwasser. –

Dem Sökkolf gab sie das Sökkolfstal, und dort wohnte er bis in sein Alter.

Einer ihrer Freigelassenen hieß Hundi, er war schottischer Abkunft. Ihm gab sie das Hundital. –

Ein vierter Knecht der Unn hieß Vifil, dem gab sie das Vifilstal. –

Osk hieß die vierte Tochter Thorsteins des Roten. Sie war die Mutter Thorsteins Surts des Klugen, der die Sommerschaltwoche erfunden hat.

Thorhild hieß die fünfte Tochter Thorsteins. Sie war die Mutter des Alf von den Tälern; viele Männer führen ihr Geschlecht auf ihn zurück.

Die sechste Tochter Thorsteins des Roten hieß Vigdis. Von ihr stammen die Leute vom Vorgebirge im Inselfjord.

Olaf Feilan war das jüngste Kind Thorsteins; er war groß und stark, schön von Ansehen und in jeder Weise tüchtig. Ihn schätzte Unn vor allen hoch und erklärte ihren Leuten, daß sie dem Olaf alle ihre Güter in Kessel nach ihrem Ableben zugedacht habe. Unn begann nun sehr die Alterslast zu fühlen; sie rief Olaf Feilan zu sich und sprach: »Es ist mir der Gedanke gekommen, Lieber, daß es für dich Zeit ist, dich zu versorgen und zu heiraten.« – Olaf nahm das wohl auf und sagte, er wolle in dieser Sache ihrem Rate folgen. Unn sprach: »Ich möchte am liebsten, daß deine Hochzeit zu Ende dieses Sommers gefeiert werde, da ist es am leichtesten, alles Nötige anzuschaffen, denn ich vermute, daß unsere Freunde sich in großer Anzahl einfinden werden; es wird ja das letzte Fest sein, das ich ausrichte.« Olaf erwiderte: »Du hast recht, doch ich will nur eine Frau nehmen, die weder dein Gut, noch dein Ansehen vermindert.« Im Herbst desselben Jahres nahm Olaf Feilan die Alfdis zur Frau. Die Hochzeit fand in Kessel statt. Unn hatte große Kosten für das Fest aufgewandt, denn weit und breit auch aus anderen Gegenden hatte sie angesehene Leute einladen lassen.

Das Alter drückte damals Unn schon sehr, so daß sie nicht vor Mittag aufstand und sich früh zu Bett legte. Keinem gestattete sie, mit ihr etwas zu besprechen, von der Stunde an, wenn sie abends zur Ruhe ging bis zu der Zeit, daß sie angekleidet war; zornig antwortete sie, wenn jemand sich nach ihrem Befinden erkundigte.

Am Hochzeitstage schlief Unn ziemlich lange, war aber doch auf, als die Eingeladenen kamen. Sie ging ihnen entgegen und empfing ihre Verwandten und Freunde mit Würde; sie sagte, es sei liebenswürdig von ihnen, daß sie von so weither sie aufgesucht hätten. Dann trat Unn in den Hochzeitssaal ein und mit ihr eine große Gesellschaft. Und als alles im Saale Platz genommen hatte, bewunderten die Gäste, wie prächtig das Fest ausgerichtet war. Da sprach Unn: »Diesen Hof mit allem Hausrat, wie ihr ihn jetzt vor euch seht, übergebe ich meinem Enkel Olaf zum Eigentum und freier Verfügung.« Darauf stand Unn auf und sagte, sie wolle in ihre Kammer gehen, in der sie zu schlafen pflegte; sie bat die Gäste, sich zu vergnügen, wie jeder es am liebsten hätte, und die Menge sollte sich das Hausbräu gut munden lassen. Man erzählt, daß Unn von hohem und kräftigem Wuchs gewesen sei. Sie ging schnell durch den Saal nach der Tür, und die Männer sprachen untereinander, wie stattlich die Frau sei. Die Männer tranken nun am Abend, bis es ihnen Zeit schien, schlafen zu gehen.

Am nächsten Morgen ging Olaf Feilan in das Schlafgemach seiner Großmutter Unn. Und als er in das Gemach eintrat, saß Unn im Bett gegen die Kissen gelehnt. Sie war tot. Olaf ging darauf in den Saal zurück und verkündete diese Neuigkeit. Die Männer sprachen ihre Bewunderung darüber aus, wie Unn ihre Hoheit bis zum letzten Augenblick bewahrt habe. So feierte man nun beides auf einmal, die Hochzeit Olafs und den Leichenschmaus für Unn.

Am letzten Tage des Festes wurde Unn in den Hügel überführt, der für sie bestimmt war. Sie wurde in einem Schiff im Hügel begraben und vieles Gut ihr mitgegeben; dann wurde der Hügel über ihr zugeworfen. (9)

Hallgerds Rache

Gunnars Schlafraum war ganz aus Holz gebaut, und die Bretter des Daches griffen mit den Kanten übereinander. Nahe den Balken an der Längsseite des Daches waren fensterartige Öffnungen, vor die Holzplatten gesetzt waren.

Gunnar schlief in einem durch eine Zwischendecke geschaffenen Obergemach des Schlafraumes, ebenso Hallgerd, seine Frau, und seine Mutter.

Als die Angreifer herankamen, wußten sie nicht, ob Gunnar im Gehöft war, und sagten, einer solle vorausgehen zum Hof und versuchen, das festzustellen. Die übrigen setzten sich auf die Erde. Der Norweger Thorgrim stieg auf die Wand des Schlafhauses hinauf und klomm auf das Dach. Gunnar sah, daß ein roter Rock vor der einen Fensteröffnung erschien, und er stieß mit seinem Hauspieß hinaus mitten auf den Mann. Der Norweger verlor seinen Schild. Er glitt aus und stürzte vom Dach. Dann ging er auf Gizur und seine Schar zu, die da alle auf der Erde saßen. Gizur blickte ihn an und fragte: »Nun, ist Gunnar daheim?« – »Stellt das selbst fest«, erwiderte Thorgrim, »ich bemerkte nur, daß sein Spieß zu Hause war.« Dann fiel er tot hin.

Sie gingen nun auf die Gebäude zu. Gunnar schoß aus der Kammer mit Pfeilen auf sie und wehrte sich erfolgreich, und sie konnten nichts ausrichten. Da kletterten einige auf die Dächer der anderen Gebäude und gedachten von dort anzugreifen. Gunnar erreichte sie auch dort mit seinen Pfeilen, und sie kamen nicht weiter. So ging es eine Zeitlang. Sie verschnauften eine Weile, dann griffen sie zum zweiten Male an. Wiederum schoß Gunnar Pfeile auf sie ab, und die Angreifer richteten nichts aus. Da sagte Gizur der Weiße: »Wir wollen entschlossener angreifen! So erreichen wir nichts!« Da stürmten sie zum dritten Male an und mühten sich lange; danach zogen sie sich zurück.

Gunnar sagte: »Draußen am Dachrand liegt ein Pfeil. Das ist einer von ihren Pfeilen, und den will ich auf sie abschießen. Das ist eine besondere Schande für sie, wenn sie durch ihre eigenen Waffen Schaden erleiden.« – »Unternimm nichts gegen sie, wo sie sich schon entfernt haben«, warf seine Mutter ein. Gunnar aber langte nach dem Pfeil und schoß ihn auf die Schar. Er traf Eilif Önundssohn, und der erhielt eine schwere Wunde. Er hatte etwas abseits gestanden, und die anderen merkten nicht, daß er getroffen war. »Dort kam ein Arm heraus mit einem Goldring«, sagte Gizur, »und griff nach einem Pfeil, der auf dem Dach lag. Man würde sich kaum draußen nach Hilfsmitteln umschauen, wenn sie drinnen ausreichend vorhanden wären. Wir wollen noch einmal angreifen!« Mörd sagte: »Wir wollen das Gebäude anzünden und ihn darin verbrennen.« – »Das soll unter keinen Umständen geschehen«, entgegnete Gizur, »selbst wenn ich wüßte, daß mein Leben auf dem Spiel stünde. Da man dich als gewitzten Mann bezeichnet, muß es dir doch möglich sein, einen brauchbaren Rat zu geben.« Da lagen Seile an der Erde; sie wurden stets benutzt, um die Häuser fester zu verankern. Mörd sagte: »Nehmen wir die Seile und schlingen sie um die Enden der Dachbalken. Auf der anderen Seite befestigen wir die Seile an großen Steinen. Dann setzen wir Windebalken an und winden das ganze Dach vom Schlafhaus.« Sie nahmen die Seile und führten das alles aus. Und ehe Gunnar sich dessen versah, hatten sie das Dach vollständig von seinem Schlafhaus gezogen. Gunnar schoß nun erneut mit dem Bogen, so daß sie nie an ihn herankamen. Da sagte Mörd zum zweiten Mal, sie sollten Gunnar im Hause verbrennen. Gizur antwortete: »Ich weiß nicht, warum du erneut das vorbringst, was keiner von den anderen will. Das soll jedenfalls nicht geschehen.«

In diesem Augenblick sprang Thorbrand Thorleikssohn auf die Wand hinauf und zerhieb Gunnars Bogensehne. Gunnar packte den Hauspieß mit beiden Händen, wandte sich schnell Thorbrand zu und trieb den Spieß durch ihn hindurch und schleuderte ihn von der Wand hinunter. Da sprang sein Bruder Asbrand hinauf. Gunnar stach mit dem Spieß nach ihm, und Asbrand schob den Schild vor sich. Der Spieß fuhr durch den Schild hindurch und zwischen die Armknochen. Dann drehte Gunnar den Spieß so heftig, daß der Schild zerbarst und die Armknochen zersplitterten, und Asbrand fiel von der Wand hinab. Zuvor hatte Gunnar schon acht Mann verwundet und zwei getötet. Jetzt erhielt Gunnar selbst zwei Wunden, aber es sagten alle, daß ihn weder Wunden noch der Tod selbst beeindruckten.

Gunnar sagte zu Hallgerd: »Gib mir zwei Strähnen deines Haares, und dreht sie zusammen, du und meine Mutter, zu einer Bogensehne für mich.« – »Hängt für dich etwas davon ab?« fragte sie. »Mein Leben hängt davon ab«, erwiderte Gunnar, »denn sie werden mich nie überwältigen, solange ich meinen Bogen gebrauchen kann.« – »Dann will ich dir jetzt jene Ohrfeige vergelten«, antwortete sie, »und es ist mir völlig gleichgültig, ob du noch längere Zeit standhältst oder nicht.« – »Jeder verschafft sich Ruhm auf seine Weise«, sagte Gunnar, »du wirst die Bitte nicht noch einmal hören.« – »Es ist schändlich, wie du dich verhältst«, sagte Rannveig, Gunnars Mutter, »und diese deine Schande wird lange im Gedächtnis der Leute bleiben.«

Gunnar wehrte sich klug und tapfer und brachte weiteren acht Mann so schwere Wunden bei, daß mancher dem Tode nahe war. Er wehrte sich so lange, bis er vor Müdigkeit umsank. Da brachten sie ihm viele schwere Wunden bei, doch noch einmal konnte er sich von ihnen lösen und wehrte sich eine Zeitlang. Am Ende aber töteten sie ihn.

Gizur sagte: »Einen bedeutenden und überaus tapferen Mann haben wir zu Fall gebracht, und es ist uns sehr schwer geworden. Sein letzter Kampf wird im Gedächtnis der Leute fortleben, solange das Land bewohnt ist.« Darauf ging er zu Rannveig und fragte: »Gewährst du ein Stück Boden auf deinem Land für unsere beiden Toten, daß sie hier bestattet werden können?« – »Wie sollte ich nicht Platz für zwei geben, wo ich am liebsten für euch alle welchen zur Verfügung stellen würde«, antwortete sie. »Man muß dir deine Worte nachsehen«, sagte Gizur, »denn du hast einen großen Verlust erlitten.« Und er gab Anweisung, daß man auf dem Hof nichts raube und zerstöre. Danach zogen sie ab. (7)

Ludmilla und die beiden Berserker

Mit Ludmilla Ormstochter verhielt es sich seit ihrer frühesten Jugend so, daß Männer ihr nur schwer widerstehen konnten. Sie hatte bleiche Haut, schmale Wangen und dunkle Augenbrauen; und wiewohl ihre Augen von demselben Grau waren wie viele andere auch, so wollte es den Männern, die ihnen nahe kamen und ihrem Blick begegneten, doch leicht scheinen: es fände sich ein solches Augenpaar bei keiner anderen Jungfer der Grenzlande.

Ihre ersten Erfahrungen mit Männern machte sie im Sommer, als sie vierzehn Jahre alt wurde. Da kam Gudmund vom Uvaberg mit zwei Knechten nach Gröning geritten und schlug Orm vor, diese Männer in seinen Dienst zu nehmen.

»Ich komme«, sagte er, »und biete dir die zwei besten Knechte an, die es gibt. Sie sind freie Männer, und jeder von ihnen verrichtet wenigstens soviel Arbeit wie sonst zwei. Daß ich sie dir bringe, ist daher ein großer Freundschaftsdienst, aber allerdings bist auch du mir gefällig, wenn du sie übernimmst. Denn sie sind ganz unvergleichlich große Esser, und nachdem ich sie nun vier Monate lang in meinem Dienst gehabt habe, wage ich nicht, sie noch länger zu behalten. Denn ich habe es nicht so reichlich wie du, und sie durchzufüttern, kommt mir allzu teuer. Und wollte ich ihnen die Kost schmälern, so würden sie gefährlich, das sagen sie selber. Denn sie geraten in Raserei, wenn sie sich nicht jeden Mittag und jeden Abend satt essen können. Aber dem, der sie satt machen kann, zeigen sie sich gefügig, und zwei Arbeiter ihresgleichen hat noch niemand gesehen.«

Orm machte dieses Angebot mißtrauisch, und er fragte Gudmund und auch die Männer genau aus. Sie machten aus ihren Fehlern kein Hehl, sondern sagten gerade heraus, wie es sich mit ihnen verhielt und wie sie es haben wollten; und da Orm starke Knechte gut brauchen konnte, kam es schließlich dazu, daß er sie in Dienst nahm. Gudmund ritt zufrieden von dannen.

Die Männer hießen Ullbjörn und Greip. Sie waren jung, hatten lange Gesichter und Flachshaar, und daß sie stark waren, konnte man ihnen leicht ansehen. Mit ihrem Verstand war es aber nicht ebenso bestellt. Ihrer Sprache war anzuhören, daß sie von weither kamen: sie sagten, sie seien aus einem Lande, das Järbäraland heiße und weit oberhalb von Westgötland liege. Dort, sagten sie, wüchsen die Männer und Bären zu gleicher Stärke heran, und gerieten sie aneinander, so sei das Glück dem einen nicht günstiger als dem anderen. Nun sei dort schwere Hungersnot ausgebrochen, und um sich satt essen zu können, seien sie beide nach Süden gewandert. Sie hätten an vielen Orten in Westgötland und in Schonen gedient, aber sobald das Essen ihnen dort knapp geschienen, hätten sie ihren Brotherrn erschlagen und seien weitergezogen.

Orm meinte: sie müßten an recht zahme Brotherren geraten sein, daß diese sich in das Erschlagenwerden gefunden hätten; aber die Männer blickten ihn ernsthaft an und baten ihn, an das zu denken, was sie gesagt hatten.

»Es ist nichts anderes als Berserkergang, der dann über uns kommt«, sagten sie, »und niemand kann uns standhalten. Bekommen wir aber genug zu essen, so sind wir friedlich und unserm Herrn zu Willen. So steht es nun einmal mit uns.«

»Zu essen sollt ihr so viel bekommen, als ihr in euch hineinbringen könnt«, sagte Orm, »und taugt ihr bei der Arbeit so, wie ihr's behauptet, dann können eure Mahlzeiten gar nicht reichlich genug sein. Aber das sollt ihr wissen: wenn ihr an Berserkergang denkt, so seid ihr hier an den unrechten Ort geraten. Denn mit dergleichen habe ich keine Nachsicht!«

Sie blickten ihn nachdenklich an und fragten, ob es noch lange bis zum Mittagessen dauern werde.

»Denn es kann nun jeden Augenblick so weit sein, daß wir hungrig werden«, sagten sie.

Glücklicherweise wurde gerade, als das Gespräch so weit gekommen war, das Mittagessen aufgetragen. Die Ankömmlinge standen ihren Mann und aßen so gierig, daß alle ihnen staunend zuschauten.

»Jetzt hat jeder von euch für drei gegessen«, sagte Orm, »und nun will ich sehen, daß ihr wenigstens für zwei arbeitet.«

»Ja, das sollst du,« sagten sie, »denn mit diesem Mittag waren wir zufrieden.«

Orm ließ sie zuerst einen Brunnen graben, und er mußte bald zugeben, daß sie nicht zu große Worte von ihrer Tüchtigkeit gemacht hatten; denn bald hatten sie den Brunnen fertig, der breit und tief und bis nach unten hinab mit Steinen ausgelegt war. Oft standen während der Arbeit die Kinder um sie her; die Männer sagten nicht viel, aber es war zu merken, daß sie die Blicke oft auf Ludmilla richteten. Ihr war vor ihnen nicht bange; sie wollte gern wissen, wie denn Berserkergang aussähe. Aber darauf bekam sie keine Antwort.

Dann ließ Orm sie unten am Fluß einen Bootsschuppen bauen, und auch der war bald fertiggestellt und machte ihnen alle Ehre. Ylva verbot ihren Töchtern, sich der Baustelle zu nähern, solange die beiden Fremden beschäftigt waren, denn niemand könne wissen, sagte sie, was solchen Halbtrollen in den Sinn kommen mochte.

Als der Schuppen fertig war, ließ Orm die beiden den Kuhstall auskehren. Alles Vieh war nun auf der Weide, und nur der Stier stand drinnen, da er allzu gefährlich war, um hinausgelassen zu werden. Der Dünger vom ganzen Winter lag noch in den Ständen, so daß es für Ullbjörn und Greip ansehnliche Tagesarbeiten gab.

Ihre Stärke und ihre seltsame Veranlagung ängstigte sowohl die Kinder wie das Hofgesinde. Ullbjörn und Greip hatten mit anderen Leuten nie viel zu reden, aber mitunter, wenn sie gefragt wurden, berichteten sie in Kürze von ihren Kraftproben und wie sie die Männer, die mit dem Essen geknausert, erwürgt oder bloß mit den Händen ihnen den Rücken geknickt hatten. »Niemand kann uns standhalten«, wiederholten sie dann. »Aber hier werden wir satt und haben es gut. Und solange es so bleibt, ist keine Gefahr.«

Ludmilla war die einzige, die keine Furcht vor ihnen hatte. Sie ging oft zum Kuhstall, um ihnen zuzuschauen, bisweilen mit ihren Geschwistern, bisweilen auch allein. Die Männer hielten dann immer die Blicke auf sie gerichtet, und obwohl sie jung war, verstand sie sehr gut, was sie dabei dachten.

Eines Tages, als sie allein dastand, sagte Greip:

»Du bist das rechte Jüngferchen für mich.«

»Für mich auch«, sagte Ullbjörn.

»Wenn du nicht bange bist, will ich gern im Heu mit dir spielen«, sagte Greip.

»Ich kann das besser als Greip«, sagte Ullbjörn.

Ludmilla lachte.

»Gefall ich euch beiden?« fragte sie. »Dann steht es schlimm. Denn ich bin eine Jungfrau und von königlichem Geschlecht, und mit dem ersten besten Landstreicher ist mir nicht gedient. Aber vielleicht gefällt mir einer von euch besser als der andere.«

»Bin ich es?« fragte Greip und stellte die Schaufel beiseite.

»Bin ich es?« fragte Ullbjörn und warf den Besen fort.

»Der gefällt mir von euch beiden am besten«, sagte Ludmilla, »der stärker ist als der andere. Laßt mal sehen, wer das ist.«

Jetzt war Leben in die Männer gekommen. Sie standen da und glotzten einander an.

»Wer den anderen unterkriegt, der darf vielleicht ein wenig mit mir drunten am Fluß sitzen«, sagte Ludmilla leise.

Da begannen sie plötzlich, wie Werwölfe zu heulen, und fielen übereinander her. Sie schienen einander an Kraft gleich zu sein und keiner übermannte den anderen, aber wo sie umhertummelten, knackte es in Gebälk und Wänden. Ludmilla ging zur Tür, um ihnen auszuweichen.

Orm kam vorbei und sah sie dastehen.

»Was ist das für ein Geschrei?« fragte er. »Was stellen sie drinnen an?«

Ludmilla wandte sich ihm lächelnd zu: »Eine Schlägerei.«

»Eine Schlägerei?« fragte Orm und kam näher. »Weswegen denn?«

»Sie schlagen sich um mich«, sagte Ludmilla zufrieden. »Mag sein, daß es Berserkergang ist.«

Damit lief sie geschwind davon, denn sie merkte Orm an, daß er so zornig war, wie sie ihn noch nie gesehen hatte.

An der Wand lehnte ein alter Besen. Orm zog den Stiel heraus und nahm ihn fest in die Hand; und das war seine einzige Waffe, als er jetzt hineinging und die Tür hinter sich schloß. Nun hörte man seine Stimme das Geheul übertönen und drinnen wurde alles still. Aber gleich darauf begann das Geheul von neuem und wurde ärger als zuvor. Die Mägde traten auf den Hofplatz hinaus und lauschten, aber niemand hatte Lust, die Tür des Kuhstalls zu öffnen und nachzusehen, was drinnen vorging. Jemand rief nach Rapp und seiner Axt, aber er war nicht zu finden. Nun flog eine der Türen auf und der Stier kam mit zerrissenem Halfter angstvoll heraus und lief dem Walde zu. Alle, die das sahen, schrien laut auf, und nun wurde Ludmilla bange und fing zu weinen an, denn sie fürchtete Schlimmeres angestellt zu haben, als sie gewollt hatte.

Zuletzt wurde drinnen alles still, und Orm kam heraus. Er keuchte und fuhr sich mit dem Arm über die Stirn. Seine Kleider waren zerrissen, er hinkte, und auf einer Wange fehlten ihm Stükke vom Bart. Als die Mägde ihn schreiend und fragend umringten, warf er ihnen ein Blick zu und sagte, Ullbjörn und Greip brauchten heute kein Nachtessen mehr.

»Und auch späterhin nicht«, sagte er. »Aber wie es um mein eigenes Bein steht, das läßt sich jetzt noch nicht sagen.«

Damit hinkte er ins Haus und überließ sich der Fürsorge Ylvas und des Priesters.

Im Kuhstall war viel zerbrochen und zerschlagen, und in einem Winkel lagen die Berserker. Greip war das spitze Ende des Besenstiels durch den Hals gebohrt und Ullbjörn hing die Zunge heraus. Sie waren beide tot.

Ludmilla ging nun in Angst vor einer guten Tracht Prügel umher, und die hatte sie, wie Ylva meinte, wohl verdient, da sie allein zu den beiden Männern gegangen war. Orm trat jedoch dazwischen, so daß sie besser davonkam, als sie es sich hatte denken können. So, wie sie das Geschehene beschrieb, konnte kein Tadel sie treffen, und Orm war mit dem Ablauf der Sache nicht unzufrieden, sobald sich gezeigt hatte, daß er wenig Schaden genommen hatte. Denn obschon er es für ausgemacht hielt, daß Gudmund ihm die beiden Männer gebracht hatte, um sich zu rächen, so freute er sich doch, daß ihm die Großtat gelungen war: allein und ohne den Beistand scharfer Waffen zwei Berserker zu übermannen.

»Es war recht geschickt von dir angestellt, Ludmilla«, sagte er, »daß du sie gegeneinander hetztest, als sie es auf dich abgesehen hatten; denn es ist nicht sicher, daß ich mit ihnen fertig geworden wäre, wenn sie nicht schon vorher miteinander gerungen hätten. Darum meine ich, Ylva, daß sie für ihren Unverstand keine Prügel verdient. Sie ist noch so jung, daß sie ja wohl kaum versteht, auf was für Gedanken Männer bei ihrem Anblick geraten können.«

Dazu schüttelte Ylva zweifelnd den Kopf, aber es blieb bei dem, was Orm gesagt hatte. (10)

Freiwild

Die Männer gaben es auf, die Tage zu zählen, die seit ihrer Abreise vergangen waren. Jeder Tag glich dem anderen, wie ein Ankerplatz dem nächsten ähnelte. Die stete Wiederkehr des Gleichen führte dazu, daß die Zeit nach Ereignissen gemessen wurde, die sich vom Gewohnten unterschieden. Die Begegnung mit einer Frau, die Dagbjört hieß, war eines jener Ereignisse. Wir schildern den Vorfall so, wie Björn ihn in späteren Jahren am Herdfeuer erzählte.

Eines Abends hätten sie auf einer flachen Felsplatte am Ufer gesessen und einen Topf mit Grütze auf dem Feuer gehabt. Die Felsplatte sei noch warm von der Sonne gewesen. Vom Meer her habe man das Tosen der Brandung hören können, hinter den Schären jedoch sei es beinahe windstill gewesen. Mückenschwärme hätten über ihren Köpfen getanzt. Plötzlich hätten sich Tostis Nasenflügel gebläht; er habe die Luft schnuppernd eingezogen, seinen Kopf zum Land hin gedreht und gesagt, ganz in der Nähe müsse sich eine Frau befinden, dem Geruch nach zu urteilen nicht mehr jung, aber noch gut im Fleisch. Nun seien die Männer aufgesprungen und in die Richtung gegangen, in die Tostis Nase wies. Hinter einem Stein sei eine Frau hervorgekommen und vor den Männern davongelaufen. Alle, sogar der faule Ketil, hätten sich an die Verfolgung gemacht. Nur Thormod und Hedin seien beim Schiff zurückgeblieben. Die Frau habe, obwohl sie ziemlich dick gewesen sei, sehr schnell laufen können, aber einige der Männer seien noch schneller gewesen; sie hätten der Frau, kurz bevor sie den Wald habe erreichen können, den Weg abgeschnitten. Nun sei die Frau stehengeblieben und habe sich umgewandt. Trotz ihres Alters sei die Frau noch schön gewesen, sie habe langes braunes Haar und große Brüste gehabt. Die Männer hätten einen Kreis um die Frau gebildet, und die Frau habe heftig atmend einen nach dem anderen angeblickt. Dann habe sie ihr Kleid bis zu den Hüften hochgehoben, habe sich rücklings in das Moos gelegt und die Beine gespreizt. Die Männer seien unschlüssig gewesen, wer von ihnen den Anfang machen sollte, aber dann habe Torkel Hakenlachs seine Hose fallen lassen und sich auf die Frau gelegt. Als nächster sei Egbert drangekommen und nach diesem die anderen. Die Frau habe sich währenddessen nicht bewegt, auch keinen Laut von sich gegeben, sie habe nur so dagelegen und die Beine breitgemacht. Als alle ihren Samen losgeworden seien, habe sie sich mit dem Rocksaum abgewischt und aufgerichtet. Sie hätten dann noch eine Weile miteinander im Moos gesessen, und die Frau habe erzählt, daß sie Dagbjört heiße und in den Wald gegangen sei, um Beeren zu sammeln. Dann habe sie die Männer gefragt, wer sie seien und woher sie kämen, und als alles gesagt gewesen sei, habe Dagbjört gefragt, ob man sie nun gehenlassen würde, und die Männer hätten nichts dagegen gehabt. (4)

Orms und Ylvas Heirat

Ylva trat ein. Es war dämmrig in der Kammer, denn man hatte noch kein Licht angemacht; aber sie sah Orm sofort und sprang mit einem Schrei auf ihn zu. Trotz seines Alters war der Bischof schnell auf den Beinen und trat mit ausgebreiteten Armen dazwischen.

»Nicht doch, nicht doch«, rief er beschwörend. »In Gottes Namen, beruhige dich. Hänge dich nicht in Gegenwart von Priestern und im geheiligten Raum eines Klosters ihm an den Hals! Du mußt bedenken, daß er noch nicht getauft ist.«

Ylva versuchte, den Bischof aus dem Wege zu schieben, aber er hielt tapfer stand, und Bruder Willibald sprang ihm bei und fiel ihr in den Arm. Sie gab nach und strahlte Orm über die Schulter des Bischofs hinweg glückselig an.

»Orm!« sagte sie. »Ich sah die Schiffe heranrudern, mit Männern von daheim, und auf dem einen sah ich neben dem Mann am Steuer einen roten Bart. Da fing ich zu weinen an. Denn er sah aus wie du, aber du konntest es ja nicht sein. Und die Alte wollte mich nicht hinauslassen.«

Sie lehnte den Kopf an den Arm des Bischofs und wurde von Schluchzen geschüttelt.

Orm trat näher und streichelte ihr Haar, aber er wußte nichts Rechtes zu sagen, denn er verstand sich wenig auf Frauentränen. »Wenn du willst, werde ich sie durchprügeln«, sagte er. »Sei nur nicht traurig.«

Der Bischof versuchte, ihn beiseite zu schieben und Ylva dazu zu bringen, sich zu setzen, während er tröstende Worte sprach. »Armes Kind«, sagte er, »weine doch nicht. Du bist allein unter Fremden gewesen, aber Gott meint es gut mit dir. Setz dich nun hierher auf die Bank, dann wirst du warmen Wein mit Honig bekommen. Bruder Willibald wird ihn gleich holen mit viel Honig drin; und auch schöne Kerzen dazu. Und du darfst auch von wunderlichen Nußkernen kosten, die Mandeln heißen und die ich, von meinem Bruder, dem Abt, bekommen habe. Davon darfst du essen, soviel du willst.«

Ylva setzte sich und strich sich mit dem Ärmel über das Gesicht und brach in lautes Lachen aus. »Der törichte Alte ist ebenso dumm wie du, Orm«, sagte sie, »wenn er auch der beste aller heiligen Männer ist. Er glaubt, daß ich traurig bin und will mich mit Nüssen trösten. Aber nicht einmal im Himmel der Heiligen kann es viele geben, die ganz so froh sind wie jetzt ich.«

Nun wurden brennende Wachskerzen hereingebracht, die schön leuchteten, und Bruder Willibald kam mit dem warmen

Wein. Er goß ihn in Becher von grünem Glas, während er mit strenger Stimme verkündete, daß er schnell getrunken werden müsse, um mit voller Wirkung und größtem Wohlgeschmack genossen zu werden, und niemand wagte ihm darin zu widersprechen.

Orm sagte:

Schön schimmert Glanz
von Kerzenflammen,
von welschem Glas und
des Frommen Güte;
schöner doch
ist Glanz, aufflammend
hinter Tränen
in Mädchenaugen.

»Und das ist seit langer Zeit der erste Vers, der mir in den Sinn gekommen ist«, fügte er hinzu.

»Wenn ich derlei zusammensetzen könnte«, sagte Ylva, »würde auch ich gern einen Vers über diesen Augenblick machen. Aber ich kann es nicht, das weiß ich nun, seit ich einmal drei Tage bei Gebet und Fasten sitzen mußte und die ganze Zeit versuchte, Schmählieder auf die Äbtissin zu dichten, ohne doch damit zustande zu kommen. Aber es ist ja einerlei, denn nun werde ich nie mehr von alten Weibern bewacht werden.«

»Nein, das hast du nun nicht mehr nötig«, sagte Orm.

Plötzlich fiel Ylva dem Bischof um den Hals, und während sie ihm Mandeln in den Mund stopfte, fing sie zu betteln an, er möge sie jetzt gleich segnen und trauen. Der Bischof bekam vor Schreck die Mandeln in die falsche Kehle und wehrte mit beiden Händen ab.

»Ich denke wie du«, sagte Orm. »Gott selber hat uns geholfen, uns wiederzusehen, und nun wollen wir uns nicht mehr trennen.«

»Ihr wißt nicht, was ihr redet«, sagte der Bischof. »Das ist eine Eingebung des Teufels.«

»Zu der Alten geh ich nicht mehr zurück«, sagte Ylva, »und hier kann ich nicht bleiben. Ich gehe mit Orm. Und da ist es besser, du sprichst zuerst ein Gebet über uns.«

»Er ist ja noch ungetauft«, sagte der Bischof verzweifelt. »Kann ich dich, mein eigenes Taufkind, mit einem Heiden trauen? Und es ist wirklich schamlos, daß ein junges Mädchen sich so entflammt zeigen kann! Hast du nie auch nur ein wenig Schamhaftigkeit gelernt?«

»Nein«, antwortete Ylva bestimmt. »Mein Vater konnte mich vieles lehren, aber von Schamhaftigkeit wußte er nicht viel. Kann denn etwas Böses daran sein, daß ich gern verheiratet sein will?«

Orm nahm sechs Goldmünzen aus dem Gürtel, die er aus Andalusien mitgebracht hatte und legte sie vor dem Bischof auf den Tisch.

»Dem einen Bischof zahle ich dafür, daß er mich tauft«, sagte er, »und ich stehe mich gut genug, um einem anderen Bischof dafür zu zahlen, daß er mich verheiratet. Und wenn du bei Gott gut für mich redest und für das Geld Kerzen für seine Kirche kaufst, so kann es nicht viel ausmachen, ob ich zuerst verheiratet oder zuerst getauft werde.«

»Der ›Weitgreifende‹ ist sein Vorfahr«, sagte Ylva stolz. »Und wenn es dir schwerfällt, einen ungetauften Mann zu trauen, so kannst du ihn ja jetzt gleich taufen. Laß Wasser bringen und tue genau, wie du daheim die Kranken zu taufen pflegtest. Was macht es denn, daß er später noch einmal mit den anderen im Beisein des Königs getauft wird? Zweimal kann nicht schlechter sein als einmal.«

»Man soll die Sakramente nicht mißbrauchen«, sagte der Bischof. »Und ich weiß nicht, ob er völlig bereit ist.«

»Er ist bereit«, sagte Bruder Willibald. »Und er könnte vielleicht jetzt die Vorweihen empfangen, obschon das in unseren Tagen nicht oft zu geschehen pflegt. Dann darf eine Christin mit ihm in den Ehestand treten.«

Orm und Ylva blickten Bruder Willibald bewundernd an, und der Bischof faltete die Hände und sah froher aus. »Mein Alter fängt an, mich vergeßlich zu machen«, sagte er. »Oder es ist vielleicht dieser gute Wein, obschon der sonst sehr bekömmlich ist. Früher war es üblich, daß Leute, die sich nicht taufen lassen wollten, aber sich doch in Ehren zu Christus hielten, die Vorweihen erhielten. Wie schön ist es doch für uns alle, daß wir an Bruder Willibald eine so gute Hilfe haben!«

Der Bischof ließ nun den Abt und einige Domherren holen, und sie kamen gern, um behilflich zu sein und auch, um den fremden Häuptling zu sehen. Als der Bischof seinen Ornat angelegt hatte, tauchte er die Hand in Weihwasser und machte über Orms Stirn, Brust und Händen das Zeichen des Kreuzes, während er Segensworte dazu sprach.

»Ich fange nun an, mich daran zu gewöhnen«, sagte Orm, als das vorüber war; »denn dieses war nicht so schwer auszuhalten wie damals die Besprengung mit dem Besen, die der andere Bischof vornahm.«

Alle waren sich darüber einig, daß es unmöglich war, einen Ungetauften in der Klosterkapelle zu trauen, und daß es daher in der Kammer des Bischofs zu geschehen hatte. Orm und Ylva mußten auf Betschemeln vor dem Bischof niederknien.

»So etwas bist du kaum gewohnt«, meinte Ylva.

»Ich habe mehr als die meisten auf den Knien gelegen«, sagte Orm, »als ich bei den Andalusiern war, und es ist schön, daß ich hier nicht die Stirn an den Boden zu schlagen brauche.«

Als der Bischof bis zu den kirchlichen Ermahnungen gekommen war und ihnen anbefahl, sich zu mehren und im Zusammenleben verträglich zu sein, nickten beide zustimmend, aber als er Ylva befahl, ihrem Mann in allem untertänig zu sein, sahen sie einander an.

»Ich werde mein Bestes tun«, sagte Ylva.

»Damit mag es anfangs gehen, so gut es eben will«, sagte Orm,

»denn mit dieser Gewohnheit ist es schwach bestellt. Aber wenn es nötig wird, werde ich versuchen, dich an dieses Gebot zu erinnern.«

Als alles vorüber war und man ihnen Glück und dazu viele Kinder gewünscht hatte, zeigte sich der Bischof besorgt wegen ihrer Brautnacht. Denn im Kloster konnte sie nicht vor sich gehen und auch nicht in der Klosterherberge, und er wußte nicht, wo in der Stadt sie ein Unterkommen finden würden.

»Ich gehe mit Orm«, sagte Ylva sorglos. »Was für ihn gut genug ist, taugt auch für mich.«

»Du kannst nicht mit ihm mitten unter den Männern an den Lagerfeuern liegen«, sagte der Bischof ängstlich. Aber Orm sprach:

Der über Meere
weithergereiste
fleißige Pflüger
der Alkvogelflur
hat besseres Brautbett
der Knytlingetochter
zu bieten als Polster
und Betten und Stroh.

Bruder Willibald folgte ihnen zum Stadttor, damit ihnen die Seitenpforte geöffnet würde. Dort schieden sie mit Danksagungen von ihm und gingen zu den Schiffsbrücken hinab. Rapp hatte zwei Männern aufgetragen, das Schiff vor Dieben zu bewachen; sie hatten in ihrer Einsamkeit fleißig getrunken, und man hörte schon von weitem, daß sie schliefen. Orm brachte Leben in sie und befahl ihnen mitzuhelfen, das Schiff auf den Fluß hinauszubringen; und obschon sie sich dabei recht tölpelhaft anstellten, gelang es schließlich. Mitten im Fluß wurde der Anker ausgeworfen und das Schiff lag nun gegen den Strom.

»Jetzt brauche ich euch hier nicht mehr«, sagte Orm.

»Wie kommen wir aber an Land?« fragten sie.

»Für ein wenig behende Leute ist die Strecke, die ihr zu schwimmen habt, nur kurz«, war Orms Antwort, und als beide erklärten, sie seien betrunken und das Wasser sei kalt, sagte er:

»Ich kann nicht warten, bis sich das ändert.« Dabei griff er den einen an Gurt und Nacken und warf ihn kopfüber in den Fluß, und da folgte ihm der andere, ohne auf längere Überredung zu warten. Aus dem Dunkeln hörte man sie prustend und schnaubend an Land schwimmen.

»Jetzt stört uns niemand mehr«, sagte Orm.

»Das ist ein Brautbett, über das ich nicht klagen kann«, sagte Ylva.

Sie fielen an diesem Abend spät in Schlaf und schliefen gut. (10)

Von Berserkern und bösem Zauber

Berserker waren rasende, halb wahnsinnige Raufbolde, die im Kampfesrausch gewaltige Kräfte entwickelten und nachher in Ohnmacht fielen. Vermutlich versetzten sie sich durch Pilze in einen rauschartigen Zustand. »Sie waren toll wie Hunde oder Wölfe, bissen in ihre Schilde und waren stark wie Bären oder Stiere. Sie mähten alles nieder, und weder Feuer noch Eisen taten ihnen etwas an.« (Snorri) Die moderne Forschung sieht in ihnen Psychopathen, die, wenn sie zu mehreren auftraten, einander in der Schlacht bis zum Wahnsinn aufhetzten.

Grettir besiegt die Berserker in Haramarsey

Im nächsten Sommer wollte der Jarl Eirik Hakonarson das Land verlassen und westwärts nach England reisen, um König Knut Riki, seinen Schwager, zu besuchen. Doch ehe Jarl Eirik das Land verließ, rief er die Lehnsmänner und mächtigen Bauern zu sich; sie sprachen viel über Gesetze und Landrecht. Die Leute fanden, es sei ein großer Übelstand im Lande, daß Freibeuter oder Berserker angesehene Männer zum Zweikampf um Geld oder Frauen forderten. Von zwei Brüdern wird gesagt, daß sie die Schlimmsten waren; der eine hieß Thorir Thömb und der andere Ögmund Illi; sie waren größer und stärker als andere Männer. Sie gerieten in Berserkerwut und schonten nichts, wenn sie wild wurden. Sie nahmen Männern die Frauen und Töchter weg und gebrauchten sie eine oder zwei Wochen lang nach Belieben und brachten sie dann wieder jenen zurück, denen sie gehörten; sie raubten, wohin sie kamen, oder verübten andere Gewalttaten. Thorfinn setzte sich am meisten von allen dafür ein, daß sie geächtet wurden; sie fanden, sie müßten ihm seine offene Feindschaft heimzahlen.

Gegen das Julfest zu machte sich Thorfinn auf die Reise zu seinem Hof, dorthin, wo es Slysfjördr heißt, das ist auf dem Festland. Er hatte dorthin viele von seinen Freunden eingeladen. Die Hausfrau Thorfinns konnte nicht mit dem Bauern fahren, denn ihre schon erwachsene Tochter war krank, und die beiden Frauen blieben daheim. Grettir war zu Hause und acht Hausknechte. Nun kommt der Tag vor dem Julfest; da war klares und ruhiges Wetter. Da sah Grettir, daß ein Schiff auf die Insel zu ruderte; das war nicht groß und von vorne bis hinten dicht mit Schilden bestückt; das Schiff war oberhalb des Wassers bemalt. Sie ruderten kräftig und hielten auf die Bootshäuser Thorfinns zu, und als das Schiff auf den Strand auflief, sprangen sie über Bord. Grettir zählte diese Männer, es waren zusammen zwölf. Sie schienen ihm nicht friedlich gesinnt zu sein. Sie nahmen ihr Schiff und trugen es aus dem Wasser. Danach liefen sie zum Bootshaus; da stand das Boot Thorfinns drin, das große. Nie setzten es weniger als dreißig Männer ins Wasser, doch die Zwölf zogen es gleich heraus auf den Steinstrand. Dann nahmen sie ihr Schiff und trugen es in das Bootshaus hinein. Da glaubte Grettir, daß sie beabsichtigten, sich selbst einzuladen. Er ging ihnen entgegen und begrüßte sie gut und fragt, wer sie seien und wie ihr Anführer heiße. Der antwortet schnell und sagt, er heiße Thorir und werde Thömb genannt, und sein Bruder Ögmund. »Ich nehme an«, sagte Thorir, »daß Thorfinn, euer Hausherr, von uns gehört hat, aber ist er wohl zu Hause?« Grettir antwortet: »Große Glückspilze müßt ihr sein, denn ihr habt hier eine gute Ankunft, wenn ihr die Männer seid, die ich meine; der Bauer ist weggereist mit allen Hausknechten, die frei sind, und will nicht früher als nach dem Julfest heimkommen; die Hausfrau ist daheim und die Tochter des Bauern; und hier gibt es alles, was man braucht, Bier und andere Zerstreuung.« Thorir schwieg, während Grettir seine Rede führte. Dann sagte er zu Ögmund: »Ging etwas anders, als ich vermutete?« und »ich hätte Lust, mich an Thorfinn dafür zu rächen, daß er uns friedlos machte; dieser Mann ist gut, um Neuigkeiten zu erfahren; wir brauchen ihm nicht die Worte aus der Nase zu ziehen.« – »Jeder bestimmt über seine Worte«, sagte Grettir, »und ich werde euch Hilfe erweisen, so gut ich kann, und geht mit mir zum Hof.« Sie bedankten sich bei ihm; sie sagten, sie würden seine Einladung annehmen. Und als sie auf den Hof kamen, nahm Grettir Thorir bei der Hand und führte ihn zur Stube; da war Grettir sehr munter und gesprächig. Die Hausfrau war in der Stube und ließ sie behängen und alles gut vorbereiten. Doch als sie Grettir hörte, blieb sie auf der Diele stehen und fragt, wen Grettir so herzlich begrüßte. Er antwortet: »Es ist Pflicht, Hausfrau, Gäste gut zu empfangen; hier ist der Bauer Thorir Thömb gekommen mit seinen Leuten, und die Zwölf haben die Absicht, über das Julfest hier zu bleiben; das ist ausgezeichnet, denn wir waren bisher ziemlich wenig Leute.« Sie antwortet: »Ich rechne die nicht zu den Bauern oder guten Männern, denn sie sind die schlimmsten Räuber und Bösewichter; ich hätte gern einen großen Teil meines Besitzes gegeben, daß sie nicht zu dieser Zeit gekommen wären. Du lohnst es Thorfinn auch schlecht, daß er dich mittellos vom Schiffbruch aufnahm und dich den Winter über wie einen freien Mann gehalten hat.« Grettir antwortet: »Besser ist es, erst einmal den Gästen die nassen Kleider abzunehmen, statt mir Vorwürfe zu machen; dazu ist noch lange Gelegenheit.« Da sagte Thorir: »Sei nicht böse, Hausfrau; du sollst nichts entbehren, wenn auch der Bauer nicht zu Hause ist, denn man wird dir einen Mann geben an seiner Stelle, und auch deiner Tochter und allen Frauen auf dem Hof.« – »Das ist männlich gesprochen«, sagte Grettir; »sie werden dann nicht unzufrieden sein mit ihrem Los.« Jetzt stürzten alle Frauen hinaus und es überkam sie große Angst und Weinen. Grettir sagte zu den Berserkern: »Übergebt mir, was ihr ablegen wollt, Waffen und nasse Kleider, denn die Leute werden uns nicht willig gehorchen, solange sie Angst haben.« Thorir sagte, er kümmere sich nicht darum, was Frauen murrten – »doch werden wir einen großen Unterschied machen zwischen dir und den anderen Männern auf dem Hof; ich glaube, du wirst unser Vertrauensmann werden.« – »Das ist eure Sache«, sagte Grettir, »doch ich behandle nicht alle Leute gleich.« Danach legten sie die allermeisten Waffen ab. Darauf sagte Grettir: »Ich würde vorschlagen, daß ihr zu Tisch geht und etwas trinkt, denn ihr müßt Durst haben vom Rudern.« Sie erklärten sich durchaus bereit dazu, doch sie sagten, sie wüßten den Weg zum Keller nicht. Grettir fragt, ob sie sich mit seiner Hilfe und Fürsorge zufrieden geben würden; die Berserker meinten, das wollten sie gerne tun. Grettir geht nun und holt Bier und gibt ihnen zu trinken; sie waren sehr müde und tranken viel. Er schenkte großzügig nach vom stärksten Bier, das da war, und das ging lange so; er erzählt ihnen auch viele lustige Geschichten; all das führte dazu, daß man sie laut schreien hörte. Die Leute vom Hof wagten nicht, zu ihnen zu kommen. Da sagte Thorir: »Nie habe ich einen Unbekannten gefunden, der uns so gut behandelte wie dieser Mann, welchen Lohn willst du von mir und meinen Gefährten haben für deine Dienste?« Grettir antwortet: »Ich erwarte keinen Lohn für das, was ich getan habe, doch falls wir solche Freunde sind, wenn ihr wegfahrt, wie es jetzt aussieht, dann will ich mich euch anschließen; und wenn ich auch weniger leisten kann als irgendeiner von euch, werde ich doch nicht von großen Unternehmungen abraten.« Sie wurden sehr froh darüber und wollten gleich die Freundschaft mit ihm durch Eid bekräftigen. Grettir sagte, das sollten sie nicht tun – »denn es ist wahr, was gesagt wird: Bier ist ein anderer Mann, und man soll das nicht überstürzen.« Der Abend verging nun, so daß es sehr dunkel wurde. Da sieht Grettir, daß sie etwas müde werden vom Trinken. Er sagte darauf: »Findet ihr es nicht an der Zeit, schlafen zu gehen?« Thorir sagte, so solle es sein – »und es soll gehalten werden, was ich der Hausfrau versprochen habe.« Grettir ging hinaus und sprach laut: »Geht ins Bett, Frauen«, sagt er, »so will es der Bauer Thorir haben.« Sie wünschten ihm Böses dafür; man hörte sie heulen wie die Wölfe. Die Berserker kamen in dem Augenblick heraus. Grettir sagte: »Ich werde euch die Kleiderkammer Thorfinns zeigen.« Sie waren damit einverstanden; sie kamen zu einem riesigen Nebengebäude. Das hatte eine Außentür und ein starkes Schloß daran; das war ein sehr fest gebautes Haus. Daneben war ein großer und fest gebauter Abort, und eine Bretterwand zwischen den Gebäuden; die Häuser standen hoch, und man mußte eine Treppe hinaufgehen. Die Berserker wurden jetzt übermütig und stießen Grettir. Er machte den Spaß mit und wich aus, und als sie es am wenigsten erwarteten, lief er aus dem Haus hinaus und packte den Riegel und schlägt die Tür zu und schließt ab. Thorir und seine Gefährten glaubten zuerst, die Tür sei von selbst zugeschlagen, und achteten nicht darauf. Denn Grettir hatte ihnen viele kostbare Dinge gezeigt, die Thorfinn besaß; die schauten sie eine Weile an. Grettir rennt eilends zum Wohnhaus, und als er in die Tür tritt, ruft er laut und fragt, wo die Hausfrau sei. Sie schwieg, denn sie wagte nicht zu antworten. Er sagte: »Hier gibt es einen Fang zu machen, sind ein paar Waffen da, die etwas taugen?« Sie antwortet: »Es sind Waffen da, aber ich weiß nicht, wozu du sie willst.« – »Sprechen wir später darüber«, sagt er; »jetzt soll jeder helfen, so gut er kann; es wird keine bessere Gelegenheit mehr geben.« Die Hausfrau sagte: »Jetzt wäre Gott in unserem Haus, wenn etwas unsere Lage verbessern könnte. Über dem Bett Thorfinns hängt der große Hakenspeer, der Kar dem Alten gehörte; dort ist auch Helm und Brünne und das gute Schwert, und die Waffen werden nicht versagen, wenn dir der Mut taugt.« Grettir ergreift den Helm und den Speer und schnallt sich das Schwert um und geht schnell hinaus. Die Hausfrau ruft die Hausknechte und sagte, sie sollten dem tapferen Mann folgen. Vier liefen zu ihren Waffen, doch die anderen vier wagten nicht, in die Nähe zu kommen.

Jetzt ist von den Berserkern zu erzählen, daß sie fanden, Grettir verzögere seine Rückkehr; sie vermuten nun, daß Verrat im Spiel sein könnte. Sie laufen zur Tür und finden, daß sie verschlossen war; sie drücken jetzt gegen die Holzwände, daß es in allen Balken kracht. Es kommt schließlich dazu, daß sie die Zwischenwand durchbrechen können, und sie gelangten so hinaus auf die Galerie und von dort aus auf die Treppe; da kommt die Berserkerwut über sie und sie heulen wie die Hunde. In dem Augenblick kam Grettir dazu; er stieß den Speer mit beiden Händen gegen Thorirs Mitte, als der die Treppe hinunter wollte, so daß es ihn gleich durchbohrte. Das Blatt des Speeres war lang und breit. Ögmund der Böse ging hinter Thorir und drängte ihn von hinten, so daß die Waffe ganz bis zu den Haken eindrang; da stand der Speer Thorir aus der Schulter heraus und drang Ögmund von vorne in die Brust. Sie fielen beide vom Speer getötet um. Dann liefen alle die Treppe herunter, die gekommen waren. Grettir griff jeden einzelnen an, hieb entweder mit dem Schwert oder stach mit dem Speer, doch sie wehrten sich mit Holzstücken, die auf dem Boden lagen, und allem, was sie erwischen konnten; es war eine lebensgefährliche Sache, mit ihnen zu kämpfen, wegen ihrer Stärke, wenn sie auch keine Waffen hatten. Da kamen die vier Hausknechte heraus; sie waren sich nicht darüber einig geworden, welche Waffen jeder von ihnen nehmen sollte; sie griffen dann an, als sich die Berserker zurückzogen, doch als sie sich ihnen entgegenstellten, flohen die Hausknechte zu den Gebäuden zurück. Sechs Wikinger fielen dort, und Grettir tötete sie alle. Darauf machten sich die anderen sechs davon; sie liefen dann hinunter zum Bootshaus und in das Bootshaus hinein; da wehrten sie sich mit Rudern. Grettir erhielt große Schläge von ihnen, so daß sie ihn beinahe ernstlich verletzten. Die Hausknechte gingen dann zum Haus und erzählten viel von ihrer Tapferkeit. Die Hausfrau sagte, sie sollten nachsehen, was aus Grettir geworden sei, doch dazu konnte man sie nicht bewegen. Zwei tötete Grettir im Bootshaus, doch vier entkamen ihm. Jeweils zwei rannten in dieselbe Richtung; er verfolgte die, die ihm am nächsten waren. Jetzt brach die dunkle

Nacht herein. Sie liefen in einen Getreidespeicher auf dem Hof. Dort kämpften sie lange miteinander, doch schließlich tötete Grettir beide; da war er schrecklich müde und steif, und die Nacht war fortgeschritten. Es war sehr kaltes Wetter mit Schneetreiben. Da hatte er keine Lust, die beiden Wikinger zu suchen, die noch übrig waren; er ging nun heim zum Hof. Die Hausfrau ließ Licht anzünden an den Fenstern in den obersten Stuben, damit er einen Wegweiser hätte; es war auch so, daß er deshalb nach Hause fand, weil er das Licht sah. Aber als er in die Tür trat, ging die Hausfrau zu ihm hin und hieß ihn willkommen, – »und du hast«, sagt sie, »viel Ruhm erworben und mich und mein Gesinde vor dem Schaden bewahrt, den man nie wieder hätte gut machen können, wenn du uns nicht gerettet hättest.« Grettir sagt: »Ich glaube, ich bin ziemlich derselbe wie heute abend, als ihr mich beschimpft habt.« Die Hausfrau sagte darauf: »Wir wußten nicht, daß du ein solcher Held seist, wie wir jetzt erfahren haben; dir soll alles auf dem Hof zur Verfügung stehen, was sich anzubieten schickt und du in Ehren annehmen kannst; aber ich erwarte, daß Thorfinn dich besser belohnen wird, wenn er nach Hause kommt.« Grettir antwortet: »Wenig wird man nun erst einmal brauchen an Lohn, doch werde ich dein Angebot annehmen, bis der Bauer nach Hause kommt; und ich rechne damit, daß ihr in Ruhe vor den Berserkern schlafen könnt.« Grettir trank an dem Abend wenig und lag die Nacht über mit seinen Waffen. Am Morgen, als es anfing hell zu werden, wurden die Männer auf der Insel zusammengerufen; dann ging man, die Berserker zu suchen, die am Abend entkommen waren. Sie wurden gegen Ende des Tages unter einem Stein gefunden und waren da tot vor Kälte und Wunden. Darauf wurden sie zum Strand gebracht und dort unter einem Steinhaufen begraben. (11)

Von Wiedergängern und anderen Dämonen

Die Grenzen zwischen der Welt der Menschen und jener der Dämonen waren nicht klar erkennbar. Verschiedene Arten von Dämonen lebten ja in nächster Nähe des Menschen; daneben gab es auch Menschen, die zur Geisterwelt gehörten. Der Zauberer ging mit Geistern um, der Berserker und der Ulfhedin konnten sich in Tiere verwandeln. Der Großvater des Skalden Egil wurde »Abendwolf«, geheißen, weil er sich bei hereinbrechender Nacht in einen Wolf verwandeln konnte. Nicht nur die Götter konnten also die Gestalt wechseln, auch einige Menschen vermochten dies zu tun. Dies gab Anlaß zum Glauben an die *hamingia,* womit sowohl ein konkreter Schutzgeist als auch ein abstraktes »Glück«, zuweilen auch »Macht« gemeint sein konnte. Der Ausdruck *fylgja* war üblicher; er bezeichnete eine Art dämonischen Doppelgänger des Menschen. Eines Menschen Fylgja konnte anderen in ihren Träumen erscheinen, mitunter auch dem Besitzer selber; ihr Erscheinen kündigte gewöhnlich ein wichtiges Ereignis, wie Totschlag oder Unheil an. Die Fylgja erschien dann in der Gestalt eines Tieres oder einer Frau.

Totendämonen scheinen bei den Germanen vielerlei Gestalten angenommen zu haben. Im Norden war der Draug besonders gefürchtet. Er zeigte sich oft als die aufgedunsene Leiche eines Ertrunkenen. In dieser Gestalt ging er um und machte den Menschen das Leben dermaßen zur Qual, daß sie keine Ruhe bekamen, ehe der Draug endgültig unschädlich gemacht worden war. Gespensternde Tote waren gewöhnlich solche, die schon zu ihren Lebzeiten von ihren Mitmenschen gemieden worden waren. Sie hatten sich meistens schwerer Verbrechen schuldig gemacht oder waren auf gewaltsame Weise ums Leben gekommen. Nur durchgreifende Maßnahmen, wie das Enthaupten oder Verbrennen der Leiche, konnten einem solchen Spuk ein Ende setzen. Wie viele andere Völker zogen die Germanen keine scharfe Grenze zwischen Körper und Seele, ja, sie machten nicht einmal einen klaren Unterschied zwischen diesen beiden Begriffen. Sie stellten sich das Fortbestehen nach dem Tode lediglich in einer stofflichen Erscheinungsform vor. Ein Toter konnte als »lebender Leichnam« fortleben. Blieb er ruhig in seiner »Wohnung«, dem Grabhügel, so war alles in Ordnung; er konnte dann sogar seines guten Einflusses wegen, den er auch nach seinem Tode ausübte, verehrt werden. Zeigte er sich jedoch weiterhin in Haus und Hof, so geschah das meist mit üblen Absichten. (12)

Grettir kämpft gegen einen Wiedergänger

Thorhall hieß ein Mann, der in Thorhallsstadir wohnte. Dort spukte es sehr, und er bekam kaum einen Schafhirten, der ihm zu taugen schien. Er suchte bei vielen klugen Männern um Rat, was er tun solle, aber keiner konnte ihm einen Rat geben, der nützte. Es war eines Sommers auf dem Althing, daß Thorhall zur Bude des Gesetzessprechers Skapti Thoroddsson ging. Skapti war ein sehr kluger Mann und gab gute Ratschläge, wenn er darum gebeten wurde. Er nahm Thorhall gut auf und fragte, was es Neues gäbe. Thorhall sagte: »Guten Rat möchte ich von dir haben. Es ist so, daß ich wenig Glück habe mit Schafhirten; sie erleiden ziemlich leicht Schaden, und manche bringen es nicht zu Ende; jetzt will keiner bei mir anfangen, der gehört hat von dem, was vorgeht.« Skapti antwortet: »Da wird ein böser Geist dahinterstekken, daß die Leute weniger Lust haben, deine Schafe zu hüten als die Schafe anderer Leute. Da du dich jetzt um Rat an mich gewandt hast, werde ich dir den Schafhirten geben, der Glam heißt und groß und stark ist und nicht sehr nach dem Geschmack der Leute.« Thorhall sagte, das sei ihm gleich, wenn er die Schafe gut hüte. Dann ging Thorhall hinaus. Das war gegen Ende des

Things. Thorhall fehlten zwei hellbraune Pferde und er ging selber, sie zu suchen. Er ging hinauf zum Sledaass und nach Süden an dem Berg entlang, der Armannsfell heißt. Da sah er, wie ein Mann aus dem Godaskogr herunterkam und Reisig führte auf einem Pferd. Bald trafen sie zusammen. Thorhall fragte ihn nach seinem Namen, und er sagte, er heiße Glam. Dieser Mann war von hohem Wuchs und seltsamem Aussehen, mit großen grauen Augen und Haaren von wolfsgrauer Farbe. Thorhall erschrak ein wenig, als er diesen Mann sah. »Willst du meine Schafe hüten?« sagt Thorhall; »Skapti hat dich an mich abgetreten.« – »Dir wird mein Dienst dann am meisten nützen, wenn ich selbst bestimmen kann, denn ich bin unausstehlich, wenn mir etwas nicht paßt«, sagte Glam. »Dagegen habe ich nichts« sagt Thorhall, »und ich will, daß du zu mir kommst.« – »Das kann ich tun«, sagt Glam; »aber sind irgendwelche Schwierigkeiten dabei?« – »Spuken soll es dort«, sagte Thorhall. »Ich habe keine Angst vor solchen Geistern«, sagte Glam, »und finde es weniger langweilig.« – »Das wirst du brauchen können«, sagt Thorhall, »und da paßt es besser, nicht allzu schwächlich zu sein.« Darauf wurden sie sich einig, und Glam sollte zum Winteranfang kommen. Dann trennten sie sich, und Thorhall fand seine Pferde, wo er eben gesucht hatte.

Der Sommer verging, und Thorhall hörte nichts von dem Schafhirten, und niemand wußte Bescheid über ihn, doch zur verabredeten Zeit kam er nach Thorhallsstadir. Der Bauer nimmt ihn gut auf, doch alle anderen konnten ihn nicht leiden, die Hausfrau am wenigsten. Er übernahm das Schafehüten, und es fiel ihm leicht; er hatte eine laute und tiefe Stimme und die Schafe liefen alle zusammen, wenn er rief. Eine Kirche war in Thorhallsstadir; Glam wollte sie nicht betreten; er ging nicht zum Gottesdienst und war ungläubig, eigensinnig und unwirsch; allen war er verhaßt.

Nun ging es so, bis der Tag vor dem Julfest kommt; da stand Glam früh auf und rief nach dem Essen. Die Hausfrau antwortet:

»Es ist bei Christen nicht Brauch, an diesem Tag zu essen, denn morgen ist der erste Jultag«, sagt sie, »und deshalb ist es vor allem Pflicht, heute zu fasten.« Er antwortet: »Manchen Aberglauben habt ihr, von dem ich sehe, daß er nichts nützt; ich wüßte nicht, daß es den Leuten jetzt besser ginge als damals, als die Leute sich noch nicht mit so etwas abgaben; ich fand die Sitten besser, als die Leute Heiden genannt wurden, und ich will mein Essen haben und keine Albernheiten.« Die Hausfrau sagte: »Ich bin sicher, daß es dir heute schlecht ergehen wird, wenn du diese Untat begehst.« Glam verlangte, sie solle sofort Essen holen, er sagte, sie werde es sonst bereuen. Sie wagte nicht, anders zu tun als er wollte; und als er satt war, ging er hinaus und roch ziemlich schlecht. Das Wetter war so geworden, daß es dunkel war, wo man hinschaute, und der Schnee trieb, und der Wind heulte, und es wurde immer schlimmer im Laufe des Tages. Die Leute hörten den Schafhirten früh am Tag, doch weniger, als der Tag verging; da fing es an, heftig zu schneien und am Abend gab es einen Sturm. Die Leute kamen zum Gottesdienst, und so verging die Zeit bis zum Ende des Tages. Glam kam nicht heim. Darauf wurde darüber gesprochen, ob man ihn nicht suchen sollte, doch weil Sturm war und Dunkelheit wie bei Neumond, wurde nichts aus der Suche. Er kam nicht nach Hause in der Julnacht; die Leute warteten bis nach dem Gottesdienst. Als es hell genug war, gingen die Leute auf die Suche und fanden die Schafe weit verstreut im Schnee, durchgepeitscht vom Unwetter oder ins Gebirge hinauf gelaufen. Danach kamen sie zu einer deutlichen Fährte weiter oben im Tal; es schien ihnen so auszusehen, als ob dort ein ziemlich heftiger Ringkampf stattgefunden hätte, denn die Steine waren weithin aufgewühlt und auch die Erde. Sie schauten genau nach und sahen, daß Glam nicht weit weg von ihnen lag. Er war tot und schwarz wie die Hölle, und aufgeschwollen wie ein Stier. Es ekelte sie sehr vor ihm, und es schauderte sie innerlich, als sie ihn sahen; aber sie versuchten dennoch, ihn zur Kirche zu tragen, und brachten ihn nicht weiter als bis zum Rand einer Schlucht, und gingen darauf nach Hause und erzählten dem Bauern diesen Vorfall. Er fragte, was die Ursache von Glams Tod gewesen sei. Sie sagten, sie hätten Spuren gefunden, so groß, als ob der Boden eines Fasses niedergestoßen worden wäre, und es wären große Blutflecke dabei. Man schloß daraus, daß der böse Geist, der vorher dort gewesen war, Glam getötet habe, er ihm aber eine Wunde versetzte, die völlig ausreichte, denn von diesem Geist hat man seitdem nichts mehr gehört. Am zweiten Jultag ging man wieder, um zu versuchen, Glam zur Kirche zu bringen; es wurden Zugpferde vorgespannt, doch sie konnten ihn nicht von der Stelle bringen, da gingen sie unverrichteteter Dinge weg. Am dritten Tag ging der Priester mit ihnen, und sie suchten den ganzen Tag, und Glam wurde nicht gefunden. Der Priester wollte nicht mehr mitgehen, doch der Schafhirte wurde gefunden, als der Priester nicht dabei war. Da gaben sie es auf, ihn zur Kirche zu bringen und begruben ihn dort, wo sie ihn hingebracht hatten, unter einem Steinhügel. Wenig später bemerkten die Leute, daß Glam nicht ruhig lag. Den Leuten brachte das großen Schaden, so daß viele in Ohnmacht fielen, wenn sie ihn sahen, und manche verloren den Verstand. Bald nach dem Julfest glaubte man, ihn dort daheim auf dem Hof zu sehen. Die Leute bekamen schreckliche Angst; da flohen viele Leute davon. Danach fing Glam an, nachts auf den Häusern zu reiten, so daß sie beinahe ganz zerstört wurden; dann ging er fast Nacht und Tag um. Die Leute wagten kaum, ins Tal hinauf zu gehen, auch wenn sie genug zu erledigen hatten. Die Leute dort in der Gegend fanden, daß dies ein großes Unglück war.

Im Frühjahr begann der Spuk nachzulassen, während der Lauf der Sonne am größten war; so verging die Zeit bis zum Mittsommer. Diesen Sommer kam ein Schiff heraus zum Hunavatn; darauf war ein Mann, der Thorgaut hieß. Er stammte aus dem Ausland, und war groß und stark; er hatte die Kraft von zwei Männern; er wollte irgendeine Arbeit annehmen, denn er hatte kein Geld. Thorhall ritt zum Schiff und fragte Thorgaut, ob er arbeiten wolle für ihn. Thorgaut sagte, das könne gut sein, er habe nichts dagegen. »So sollst du darauf gefaßt sein«, sagt Thorhall, »daß es Feiglinge dort nicht aushalten können wegen der Gespenster, die dort eine Zeitlang gewesen sind, denn ich will dich nicht betrügen.« Thorgaut antwortet: »Ich gebe mich nicht verloren, wenn ich auch ein paar Gespensterchen sehe; es wird für andere nicht einfach, wenn ich Angst bekomme, und ich breche meinen Aufenthalt deswegen nicht ab.« Jetzt werden sie rasch handelseinig und Thorgaut übernahm die Schafe zum Winteranfang; alle konnten ihn gut leiden. Immer kam Glam auf den Hof und ritt auf den Häusern. Das fand Thorgaut sehr lustig und sagte, der Knecht müsse näher kommen, – »wenn ich Angst bekommen soll.« Thorhall sagte, er solle wenig darüber sprechen; »es ist am besten, wenn es zu keiner Kraftprobe zwischen euch kommt.« Thorgaut sagte: »Aus euch ist wirklich die Kraft geschüttelt, doch ich falle nicht gleich um bei solchem Geschwätz.« Nun ging es so den Winter über bis zum Julfest. Am Vorabend des Jultages ging der Schafhirte zu den Schafen. Da sagte die Hausfrau: »Mir schiene nötig, daß es jetzt nicht in der alten Weise geht.« Er antwortet: »Hab deshalb keine Angst, Hausfrau«, sagte er; »es wird etwas geschehen, was wert ist, erzählt zu werden, wenn ich nicht zurückkomme.« Darauf ging er wieder zu seinen Schafen. Es war ziemlich kaltes Wetter und starkes Schneetreiben. Thorgaut hatte die Angewohnheit heimzukommen, wenn es dunkel war, doch jetzt kam er nicht heim um diese Zeit. Die Kirchgänger kamen, wie gewöhnlich. Der Bauer wollte nach dem Schafhirten suchen lassen, doch die Kirchgänger machten Ausflüchte und sagten, sie würden sich bei Nacht nicht hinauswagen und in die Gewalt von Unholden begeben, und der Bauer traute sich nicht zu gehen. Am Jultag, als die Leute satt waren, machten sich die Leute auf und suchten den Schafhirten; sie gingen zuerst zum Steinhügel Glams, denn man nahm an, daß er schuld wäre am Verschwinden des

Schafhirten. Und als sie in die Nähe des Steinhügels kamen, fanden sie dort den Schafhirten, und es war ihm das Genick gebrochen, und jeder Knochen in ihm zerschlagen. Darauf brachten sie ihn zur Kirche, und kein Mensch erlitt später von Thorgaut Schaden. Doch Glam fing an, von neuem kräftig zu spuken; er trieb es so toll, daß alle Leute von Thorhallsstadir flohen, bis auf den Bauern allein und die Hausfrau. Der Rinderhirt war dort lange derselbe gewesen; Thorhall wollte ihn nicht gehen lassen wegen seiner Aufrichtigkeit und Sorgfalt. Er war schon alt, und es fiel ihm sehr schwer wegzugehen; er sah auch, daß alles zugrunde ging, was der Bauer besaß, wenn keiner danach schaute. Und einmal nach der Mitte des Winters war es eines Morgens, daß die Hausfrau zum Stall ging, um die Kühe zu melken wie gewöhnlich; da hörte sie einen großen Lärm im Stall und fürchterliches Brüllen; sie lief schreiend hinein und sagte, sie wisse nicht, was Schreckliches vor sich gehe im Stall. Der Bauer ging hinaus und kam zu den Rindern, und die stießen sich gegenseitig mit den Hörnern; er ging weiter hinein zur Scheune. Er sah, wo der Rinderhirte lag, und er hatte den Kopf in einem Ständer und die Füße in einem anderen; er lag auf dem Rücken. Der Bauer ging zu ihm hin und betastete ihn, er merkte bald, daß er tot ist und sein Rückgrat auseinander; es war über den Stein zwischen den Ständern gebrochen. Nun fand der Bauer, es sei nicht mehr auszuhalten, und er verließ den Hof mit allem, was er wegschaffen konnte; doch Glam tötete das ganze Vieh, das zurückblieb, und danach ging er durch das ganze Tal und zerstörte alle Höfe oberhalb von Tunga. Thorhall war bei seinen Freunden über den Rest des Winters. Kein Mensch durfte ins Tal hinauf gehen mit einem Pferd, denn das wurde gleich getötet. Doch als der Frühling kam und der Lauf der Sonne am größten war, ließ der Spuk ziemlich nach. Thorhall wollte nun wieder auf sein Land ziehen. Es war nicht einfach für ihn, Gesinde zu bekommen, aber er begann dennoch mit der Wirtschaft in Thorhallsstadir. Es ging alles genauso wie früher; als der Herbst kam, fing der Spuk wieder an zuzunehmen. Am meisten wurde die Tochter des Bauern angegriffen, und es ging so, daß sie daran starb. Viele Möglichkeiten wurden versucht, und es half nichts. Den Leuten schien es so auszusehen, als ob der ganze Vatnsdalr verödet würde, wenn man keine Mittel dagegen fände.

Jetzt ist davon zu erzählen, daß Grettir den Herbst über daheim in Bjarg war. Und als es nicht mehr lange bis zum Winteranfang war, ritt Grettir nach Norden zum Vatnsdalr und kam auf Besuch nach Tunga. Dort wohnte damals Jökul Bardarson, der Bruder von Grettirs Mutter. Damals hörte man so viel von den Spukereien Glams, daß die Leute über nichts anderes so viel redeten. Grettir fragte genau nach den Vorfällen, die sich ereignet hatten. Jökul sagte, darüber würde nicht mehr erzählt, als geschehen sei, – »aber hast du etwa Lust, Verwandter, dorthin zu gehen?« Grettir sagte, daß das wahr sei. Jökul bat ihn, das nicht zu tun, – »denn das ist ein großes Wagnis, und Übles rührt vom Üblen her, wo Glam dabei ist; es ist auch viel besser, gegen menschliche Menschen zu kämpfen, als gegen solche Ungeheuer.« Grettir meinte, er habe im Sinn, nach Thorhallsstadir zu gehen und zu sehen, wie es dort zuginge. Jökul sagte: »Ich sehe nun, daß es nichts nützt, dir abzuraten, aber es ist wahr, was gesagt wird: es sind verschiedene Dinge, Glück und Tapferkeit.« – »Dem einen steht das Unheil vor der Tür, wenn es beim anderen schon drinnen ist, und denke daran, wie es dir selber gehen wird, ehe es zu Ende ist«, sprach Grettir. Jökul antwortet: »Kann sein, daß wir beide etwas in die Zukunft sehen, doch keiner von uns etwas dagegen tun kann.« Darauf trennten sie sich, und keinem gefielen die Weissagungen des anderen.

Grettir ritt nach Thorhallsstadir, und der Bauer nahm ihn gut auf. Er fragte, wohin Grettir wolle, und er sagte, er wolle die Nacht über da bleiben, wenn der Bauer nichts dagegen hätte. Thorhall wurde froh darüber und nahm ihn mit offenen Armen auf; das Pferd Grettirs wurde sorgfältig im Stall eingeschlossen.

Sie gingen schlafen, und die Nacht verging so, daß Glam nicht zum Haus kam. Da sagte Thorhall: »Es hat sich zum Guten gewendet durch dein Kommen, denn Glam hat die Angewohnheit, jede Nacht auf den Häusern zu reiten oder Türen aufzubrechen, wovon du Spuren sehen kannst.« Grettir sagte: »Dann wird es entweder so sein, daß er sich nicht lange ruhig verhalten wird, oder er wird mehr als eine Nacht aufhören; ich will eine zweite Nacht bleiben und sehen, wie es geht.« Darauf gingen sie zum Pferd Grettirs, und es war nicht angegriffen worden. Nun bleibt Grettir eine zweite Nacht da, und der Knecht kam nicht zum Haus. Da fand der Bauer, es sähe gut aus; dann ging er, nach Grettirs Pferd zu sehen. Da war der Stall aufgebrochen, als der Bauer hinkam, und das Pferd zur Tür heraus gezogen, und ihm alle Knochen zerschlagen. Thorhall erzählte Grettir, was geschehen war, und sagte, er solle sich davonmachen, – »denn der Tod ist sicher, wenn du auf Glam wartest.« Grettir antwortet: »Ich will nicht weniger für mein Pferd haben, als den Knecht zu sehen.« Der Bauer sagte, daß es kein Gewinn sei, ihn zu sehen, – »denn er ist jeder menschlichen Gestalt unähnlich; doch ich freue mich über jede einzelne Stunde, die du hierbleiben willst.« Nun vergeht der Tag, und als man schlafen gehen sollte, wollte Grettir seine Kleider nicht ausziehen und legte sich hin auf die Bank gegenüber der Schlafkammer des Bauern; er hatte einen zottigen Pelz über sich und klemmte den einen Zipfel unter seine Füße und den anderen steckte er unter seinen Kopf und schaute zum Halsausschnitt heraus. Ein sehr starker Balken war vor der Bank, und dagegen stemmte er sich. Der ganze Türrahmen war von der Haustür weggebrochen, doch nun war eine notdürftig zusammengezimmerte Tür davorgebunden und ohne große Sorgfalt befestigt. Die Querwand, die dort davorgewesen war, war ganz herausgerissen aus der Stube, oberhalb vom Querbalken wie unterhalb. Alle Betten waren von der Stelle gerückt; es war dort ziemlich ungemütlich. Licht brannte die Nacht über in der Stube. Und als etwa ein Drittel der Nacht vorüber war, hörte Grettir draußen lautes Dröhnen; dann stieg etwas auf die Häuser und ritt auf der Stube und schlug mit den Fersen, so daß es in allen Balken krachte. Dann ging es von den Häusern herunter und zur Tür; und als es die Tür aufmachte, sah Grettir, daß der Knecht den Kopf hereinstreckte, und der schien ihm gräßlich groß und seltsam ungeschlacht. Glam ging langsam und richtete sich auf, als er in die Tür trat; er ragte hinauf bis zum Dach, geht zur Stube und legte die Arme auf den Querbalken und beugte sich hinein über die Stube. Der Bauer ließ nichts von sich hören, denn ihm schien es schon genug, als er hörte, was draußen los war. Grettir lag ruhig und rührte sich nicht. Glam sah, daß irgendein Haufe auf der Bank lag und ging nun weiter in die Stube hinein und packte den Mantel sehr fest. Grettir stemmte sich gegen den Balken, und er gab deshalb nicht nach. Glam zog ein zweites Mal viel fester, und der Mantel bewegte sich nicht. Ein drittes Mal griff er mit beiden Händen so fest danach, daß er Grettir von der Bank emporzog; nun rissen sie den Mantel zwischen sich auseinander. Glam schaute auf den Fetzen, den er in der Hand hielt, und wunderte sich sehr, wer so stark gegen ihn ziehen konnte. Und in dem Augenblick lief Grettir ihm unter die Arme und packte ihn nun um die Mitte und umfaßte seinen Rükken so fest er konnte, und er wollte, daß Glam sich nach hinten beugte; doch der Knecht griff die Arme Grettirs so fest, daß er völlig den Halt verlor gegen diese Kräfte. Grettir wich dann auf verschiedene Bänke aus, da lösten sich die Balken und alles zerbrach, was in den Weg kam. Glam wollte hinausgehen, doch Grettir stemmte sich mit den Füßen dagegen, wo er konnte, aber Glam konnte ihn dennoch aus der Stube hinauszerren. Sie hatten dann einen sehr harten Kampf, denn der Knecht wollte ihn aus dem Haus hinausbringen, aber so schlecht mit Glam auch im Haus zu kämpfen war, so sah Grettir doch, daß es noch schlechter wäre, draußen mit ihm zu tun zu haben, und deshalb wehrte er sich mit aller Kraft dagegen. Glam strengte sich noch mehr an und preßte ihn an sich, als sie in den Flur kamen. Und als Grettir sieht, daß er sich nicht dagegen stemmen konnte, tut er beides zugleich, daß er, so heftig er kann, dem Knecht in die Arme rennt und sich mit beiden Füßen gegen einen Stein stemmt, der an der Tür fest in der Erde stand. Damit rechnete der Knecht nicht; er hatte sich gestreckt, um Grettir an sich zu ziehen, und deshalb beugte er sich nach hinten und flog rückwärts gegen die Tür, so daß die Schultern gegen den Türbalken stießen, und das Dach ging entzwei, sowohl die Holzsparren wie die gefrorenen Rasenstücke; er fiel dann rückwärts aus dem Haus hinaus, und Grettir über ihn. Es war heller Mondschein draußen und abwechselnd dichte Wolken und klarer Himmel; manchmal wurde der Mond verdeckt, manchmal wurde er frei. Jetzt in dem Augenblick als Glam fiel, zog eine Wolke vom Mond weg, Glam aber schaute mit durchdringendem Blick auf, und Grettir hat selber gesagt, daß dies der einzige Anblick war, der ihn je schaudern machte. Da wurde er so überwältigt von allem zusammen, der Erschöpfung und dem, daß er sah, wie Glam seine Augen rollte, daß er das Schwert nicht ziehen konnte und fast zwischen Leben und Tod lag. Doch darin war mehr unheilvolle Macht in Glam als in den meisten Wiedergängern, daß er Folgendes sprach: »Viel Mühe hast du darauf verwandt, Grettir«, sagte er, »mich zu treffen, und man wird nicht für verwunderlich halten, daß du nicht viel Glück hast bei mir. Aber das kann ich dir sagen, daß du jetzt die Hälfte von der Kraft und Reife erlangt hast, die dir bestimmt war, wenn du mich nicht getroffen hättest; jetzt kann ich dir die Kraft nicht wegnehmen, die du dir schon erworben hast, doch ich kann bewirken, daß du nie stärker wirst als du jetzt bist, und du bist dennoch stark genug, und das werden viele verspüren. Du bist bisher berühmt geworden durch deine Taten, doch von jetzt an werden dir Verbrechen und Mordtaten zufallen, und die allermeisten von deinen Taten sich dir zu Mißgeschick und Unglück verwandeln. Du wirst für friedlos erklärt werden und immer allein draußen wohnen müssen. Dann verfluche ich dich dazu, daß du immer diese Augen vor dir siehst, wie ich sie habe, und da wird es dir schwerfallen, allein zu sein, und das wird dich zum Tode ziehen.« Und als der Knecht das gesagt hatte, da verließ Grettir die Kraftlosigkeit, die auf ihm gelegen hatte. Er zog darauf das Schwert und hieb Glam den Kopf ab und legte ihn ihm an die Hinterbacken. Der Bauer kam dann heraus, aber er wagte nicht näherzukommen, bevor Glam gefallen war. Thorhall lobte Gott dafür und dankte Grettir sehr, daß er diesen unreinen Geist besiegt hatte. Dann gingen sie daran und verbrannten Glam zu kalten Kohlen. Darauf füllten sie seine Asche in einen Balg und vergruben ihn dort, wo am wenigsten Schafweiden oder Menschenwege waren; darauf gingen sie heim, und da war es schon sehr hell geworden. Grettir legte sich hin, denn er war sehr steif. Thorhall schickte zu den nächsten Höfen, um Leute holen zu lassen, und zeigte und erzählte, was geschehen war. Alle, die es hörten, fanden diese Tat sehr bedeutend; es wurde dann allgemein gesagt, daß es keinen solchen Mann im ganzen Land gäbe, was Kraft betraf und alle Tüchtigkeit, wie Grettir Asmundarson. [(11)]

Händler und Räuber

Die wichtigste Voraussetzung für den Seehandel und die Plünderungsfahrten bildeten die Schiffe der Nordmänner. Aufschlüsse über Schiffstypen ergaben vor allem die aufwendigen skandinavischen Schiffsbestattungen, bei denen Schiffe bei Personen von hohem Rang als Grabbeigabe mit eingingen, so zum Beispiel die bekannten Grabfunde vom Oslofjord, Gokstad und Oseberg sowie der Fund von Ladby bei Kerteminde auf Fünen oder das Bootkammergrab von Haithabu.

Typische Merkmale der nordischen Schiffe waren der klinkergebaute Rumpf, der niedrige Kiel und die hochgeschwungenen, fast gleich ausgeformten Vorder- und Achtersteven. Ebenso charakteristisch war der mittschiffs angebrachte, oft umlegbare Mast mit einem mächtigen Rahsegel. Außerdem konnten zumindest die Schiffe der Kriegsflotten gerudert werden.

Diesen generellen Merkmalen zum Trotz war kein Schiff dem anderen gleich. Jedes Schiff war für ganz bestimmte Anforderungen gebaut. Die Spanne der Schiffstypen reichte von kleineren Fahrzeugen für die Fischerei und den Fährbetrieb bis zu Kriegsschiffen, die 60 Mann oder mehr Besatzung trugen. Es gab Fahrzeuge, die speziell für die Binnenschiffahrt konstruiert waren und breitbauchige Frachtensegler, die den extremen Bedingungen der Hochsee angepaßt waren. Sie überquerten den Atlantischen Ozean. Der größte Typ, die Knarr, konnte sogar 24 Tonnen und mehr laden. Nachbauten haben die Seetüchtigkeit und die hervorragenden Segeleigenschaften der Wikingerschiffe bestätigt.

Je nach Schiffstyp erreichten sie bei günstigen Windverhältnissen eine Geschwindigkeit von drei bis neun Knoten. Und die drehbare Rah ließ sogar das Kreuzen zu.

Der zumeist geringe Tiefgang der Fahrzeuge machte es möglich, die Schiffe direkt auf den Strand zu ziehen. So konnten sie auch Küstenstriche ohne eigentliche Häfen anlaufen. Eine Eigenschaft, die oft von den Schiffsführern der Kriegsschiffe und den noch größeren Langschiffen bei Überfällen ausgenutzt wurde. Die bis zu 30 Meter langen, aber kaum mehr als drei Meter breiten Fahrzeuge hatten nämlich einen Tiefgang von kaum einem Meter. Entlang der Reling setzten sie zum Schutz gegen Sturzseen und den Pfeilregen ihrer Feinde ihre Schilde. Für diese schnittigen, mit über 25 Riemenpaaren ausgerüsteten Schiffe werden sogar Spitzengeschwindigkeiten von neun bis zwölf Knoten angenommen. (3)

Die Schiffskörper waren unterhalb der Wasserlinie besonders stabil, zugleich aber so elastisch gebaut, daß sie dem starken Druck der Wogen standhalten konnten. Indes, so seetüchtig diese Schiffsbauten auch immer waren, oberseitig blieben sie offen und ohne jeglichen Komfort. Wenn die Schiffe in See stachen, war ihr Deck mit Vorrats- und Trinkwasserbehältern vollgepfropft. Jedes Besatzungsmitglied besaß zwar eine eigene Seekiste. Aber was an Handelsgütern mitgenommen wurde, mußte an Deck zu Haufen gestapelt werden. Jeder an Bord arbeitete, schlief und aß an einem gleich beengten und ungeschützten Platz, gedeckt vielleicht durch ein aufgespanntes Zelttuch. Es konnte bitterkalt werden, so daß sich immer zwei Mann in einen Schlafsack legen mußten, um sich gegenseitig zu wärmen. Die Notdurft wurde über die Reling verrichtet. Navigatorische Kentnisse waren ebenso nötig wie die der Seemannschaft. Zu Recht haben die Entdeckungen der Nordvölker im nördlichen Atlantik große Bewunderung erregt. Und tatsächlich waren die Wikinger die einzigen Seefahrer im Europa des frühen Mittelalters, die weit ab von jeder Sichtmarke an Land segeln konnten. Am Flug der Seevögel konnte man im Frühjahr mit geübtem Blick ablesen, daß irgendwo in der Ferne Land liegen mußte. Das sachgerechte Navigieren auf dem Atlantik hing freilich nicht von den Seevögeln ab. In sternklaren Nächten orientierten sich die Wikinger auch nach dem Nordstern, doch war dieses Verfahren in den hellen Nächten des hohen Nordens äußerst schwierig. Deshalb richtete man sich in den Sommernächten nach der Sonne. Das war möglich, weil die Wikinger durch unzählige und ganzjährige Beobachtungen des Sonnenunterganges und -aufganges den Bewegungsablauf dieses Gestirns am Himmel genau kannten. (13)

Zwei Kaufleute berichten dem König

Ohtere erzählte seinem Herrn, dem König Alfred, daß er von allen Nordmannen am nördlichsten wohne. Er sagte, er wohne in dem nördlich gelegenen Lande an der Westsee. Er sagte jedoch, daß dieses Land sich lang nach Norden erstrecke; aber es ist ganz wüst, nur an einigen Stellen verstreut wohnen Finnen, die den Winter mit der Jagd und den Sommer mit Fischfang an der See verbringen.

Er erzählte, er habe einmal erforschen wollen, wie weit sich das Land nach Norden erstrecke, oder ob irgend jemand im Norden der Einöde wohne. Da fuhr er unter Land in nördlicher Richtung: er ließ auf der ganzen Fahrt das wüste Land an Steuerbord und die offene See an Backbord, drei Tage lang. Da war er so weit nördlich wie die Walfischjäger am weitesten fahren. Dann fuhr er noch weiter nach Norden, soweit er in den nächsten drei Tagen segeln konnte. Dort bog sich das Land in östlicher Richtung, oder die See in das Land hinein – er wußte nicht, welches von beiden –; aber er wußte, daß er dort auf Westwind wartete und ein wenig Nordwestwind, und von dort segelte er unter Land ostwärts, soviel er in vier Tagen segeln konnte. Dann mußte er auf direkten Nordwind warten, denn das Land bog dort nach Süden um, oder die See landeinwärts, er wußte nicht, welches von beiden. Von dort segelte er dann südwärts unter Lande, so weit wie er in fünf

Tagen segeln konnte. Dann führte ein großer Strom aufwärts in das Land hinein. Dann wandten sie sich aufwärts in den Strom hinein, weil sie aus Besorgnis vor Feindseligkeiten nicht an dem Strom vorbei zu segeln wagten; denn das Land an der anderen Seite des Stromes war vollständig bewohnt. Die Bjarmer hatten ihr Land wohl bestellt, und sie wagten nicht, dort anzulegen. Aber das Land der Ter-Finnen war ganz wüst, abgesehen von den Jägern, Fischern oder Vogelfängern, die dort wohnten.

Die Bjarmer erzählten ihm viel sowohl über ihr eigenes Land, wie über die Länder, die um sie herum lagen; aber er wußte nicht, was der Wahrheit entsprach, da er es selbst nicht gesehen hatte. Die Finnen – so dünkte ihn – und die Bjarmer sprachen fast die gleiche Sprache. Hauptsächlich fuhr er hierher, weil er einmal das Land erforschen wolle, dann aber auch wegen der Walrosse, denn sie haben sehr kostbares Bein in ihren Zähnen – von den Zähnen brachten sie einige dem Könige mit – und ihre Haut ist sehr gut für Schiffstaue. Der Wal ist viel kleiner als andere Wale: er ist nicht mehr als sieben Ellen lang.

Er (Ohtere) war ein sehr wohlhabender Mann an den Besitztümern, auf denen ihr Vermögen beruht, nämlich an Wild. Er hatte, als er den König aufsuchte, noch 600 unverkaufte Stück Wild. Diese Tiere nennen sie »Rentiere« (hránas); unter diesen waren sechs Lock-Rentiere, die bei den Finnen sehr geschätzt sind, weil sie die wilden Rentiere damit fangen. Er gehörte zu den ersten Männern in jenem Lande, obschon er nicht mehr als 20 Rinder, 20 Schafe und 20 Schweine hatte und das wenige, das er beackerte, mit Pferden beackerte. Ihr Einkommen aber beruht größtenteils auf der Abgabe, die die Finnen ihnen entrichten. Diese Abgabe besteht aus Tierfellen, Vogelfedern, Walbein und aus den Schiffstauen, die aus der Haut des Wales und des Seehundes verfertigt sind; ein jeder zahlt nach seinem Stande.

Er erzählte, das Nordmännerland sei sehr lang und sehr

schmal. Alles was seine Bewohner entweder abweiden lassen oder beackern können, liegt nach der See zu; und selbst dies ist an manchen Stellen sehr felsig; nach Osten zu liegen wilde Moore, ebenso oberhalb längs des bebauten Landes. Auf den Mooren wohnen Finnen. Und das bebaute Land ist nach Osten zu am breitesten und werde je nördlicher je schmaler. Und im Norden, so sagte er, wo es am schmalsten sei, dürfte es bis zum Moore drei Meilen breit sein, und das anschließende Moor sei an einigen Stellen so breit, daß man es in zwei Wochen überqueren könne; und an einigen Stellen (nur) so breit, daß man es in sechs Tagen überquere.

Von dort aus liegt auf der anderen Seite des Moores Swealand, das bis an das Land nordwärts reicht, und anschließend an das Land nordwärts Kwänland. Die Kwänen bekriegen sich zuweilen mit den Nordmännern jenseits des Moores. Es gibt dort sehr große frische Seen jenseits der Moore; die Kwänen tragen ihre Schiffe über Land auf die Seen, und von da aus bekriegen sie sich mit den Nordmännern; sie haben sehr kleine und sehr leichte Schiffe.

Ohtere berichtete, der Gau, in dem er wohne, heiße Haalogaland. Von dort aus südwärts hat das Land einen Hafen, den man Sciringesheal (Scirings Bucht) nennt. Dorthin, sagte er, könne man nicht in einem Monat segeln, wenn man bei Nacht raste und täglich günstigen Wind habe; und diese ganze Zeit müsse man unter Land segeln.

Von Sciringesheal segelte er, so berichtete er, in fünf Tagen zu dem Hafen, den man »an den Heiden« (Haithabu) nennt; er liegt zwischen Wenden, Sachsen und Angeln und gehört den Dänen. Als er von Sciringesheal hierhin segelte, da hatte er drei Tage lang nach Backbord Dänemark und nach Steuerbord die offene See; und dann, zwei Tage bevor er nach Haithabu kam, hatte er nach Steuerbord zu Jütland und Sillende und viele Inseln; in diesen Landschaften wohnten die Angeln. Nach Backbord zu hatte er dann zwei Tage lang die Inseln, die zu Dänemark gehören.

Wulfstan berichtete, er sei von Haithabu ausgefahren und in sieben Tagen und Nächten in Truso gewesen, während das Schiff auf der ganzen Fahrt unter Segel lief. Wendland hatte er nach Steuerbord zu, nach Backbord zu lagen Langeland, Laaland, Falster und Schonen, und all diese Länder gehören zu Dänemark. Darauf lag das Burgundenland für uns nach Backbord; dort haben sie selbst einen König. Darauf hatten wir nach Backbord zuerst die Länder, die Blekinge, Meore, Öland und Gotland heißen; diese Länder gehören zu Schweden. Wendland lag für uns auf der ganzen Fahrt nach Steuerbord bis zur Weichselmündung. Die Weichsel ist ein sehr großer Strom, und sie trennt Witland und Wendland; und das Witland gehört den Esten.

Das Estenland ist sehr groß, und es sind dort viele Burgen, und auf jeder Burg ist ein König. Dort gibt es auch sehr viel Honig und Fischfang; der König und die reichsten Männer trinken Stutenmilch, die Unbemittelten und die Unfreien trinken Met. Dort gibt es viel Krieg untereinander. Bei den Esten wird kein Bier gebraut, aber es gibt dort Met genug. Bei den Esten herrscht der Brauch, wenn ein Mann gestorben ist, daß er unverbrannt drinnen bei seinen Verwandten und Freunden einen Monat, oder unter Umständen zwei, liegen bleibt – die Könige und die andern vornehmen Männer aber um so länger, je größeren Reichtum sie haben, zuweilen dauert es ein halbes Jahr, daß sie unverbrannt bleiben – und sie liegen über der Erde in ihren Häusern. Und die ganze Zeit, während der die Leiche drinnen liegt, soll Trunk und Spiel herrschen bis an den Tag, an dem sie ihn verbrennen. Und an demselben Tage, an dem sie ihn zum Feuerstoß tragen wollen, teilen sie seinen Besitz, der zum Erbe gehört, nach dem Gelage und dem Spiel in fünf oder sechs – zuweilen auch mehr Teile, – je nachdem im Verhältnis zum Vermögen. Sie legen dann ungefähr eine Meile vom Gehöft den größten Teil hin, dann den zweiten, dann den dritten, bis daß es allesamt auf der Meile niedergelegt ist; und der kleinste Teil soll am nächsten bei dem Gehöft liegen, in dem der

Tote ruht. Dann sollen sich alle Männer versammeln, die die schnellsten Rosse im Lande haben, ungefähr fünf oder sechs Meilen von dem Schatz entfernt. Dann rennen sie alle auf das Schatzgut zu: und so gelangt der Mann, der das schnellste Roß hat, zu dem ersten und größten Vermögensteile, und so jeder nach dem andern, bis daß alles genommen ist; und der bekommt den kleinsten Teil, der am nächsten beim Gehöft das Schatzgut im Laufe erreicht. Darauf reitet ein jeder mit seinem Schatz seines Weges, und alle müssen ihn behalten. Und wenn sein Schatz auf diese Weise ganz verteilt ist, dann bringt man den Toten heraus und verbrennt ihn mit seinen Waffen und seiner Rüstung. Und alsbald geben sie all seine Schätze dem langen Grab des toten Mannes bei, und in der Reihenfolge, wie sie es an dem Wege hingelegt hatten, die es im Wettlauf erlaufen und genommen hatten. Es gibt bei den Esten auch eine Kunst, daß sie nämlich Kälte erzeugen können; und darum liegen die Toten dort so lange, ohne zu faulen, weil sie die Kälte auf sie einwirken lassen. Und wenn man zwei Gefäße voll Bier oder Wasser hinsetzt, so bewirken sie, daß beide überfroren sind, sei es nun Sommer oder Winter. (14)

Kroks Ausfahrt

Im vierzehnten Jahre der Herrschaft des Königs Harald Blauzahn, sechs Sommer vor der Heerfahrt der Jomswikinger nach Norwegen, liefen vom Lande Lister drei wohlbemannte Schiffe mit neuen Segeln aus und hielten gen Süden, um bei den Wenden zu plündern. Sie wurden von einem Häuptling namens Krok geführt. Er war dunkel, lang und gelenkig und sehr stark; und er hatte in seiner Gegend großes Ansehen, denn es fiel ihm leicht, kühne Pläne zu ersinnen. Über Leute, denen es schlimm ergangen war, pflegte er sich lustig zu machen und dann zu erklären, wie er an ihrer Stelle es besser gemacht hätte. Er selbst hatte noch nie viel ausgerichtet, sondern gefiel sich darin, zu erzählen, was er vorhabe; aber jetzt hatte er die Jugend jener Gegend so lange mit Reden von der Beute, die behende Männer auf einer kurzen Wendenfahrt gewinnen könnten, aufgereizt, daß sich eine Mannschaft zusammenfand und Schiffe ausgerüstet wurden. Er selbst wurde für diese Fahrt zum Häuptling gewählt. Bei den Wenden, hatte er gesagt, könne viel gewonnen werden, und man könne gewiß sein, einen guten Fang an Silber, Bernstein und Sklaven zu machen.

Krok und seine Mannen gelangten zur wendischen Küste; sie kamen zu einer Flußmündung und ruderten gegen den reißenden Strom flußauf, bis sie zu einer hölzernen Burg kamen, deren Pfahlwerk quer über den Fluß stand. Hier gingen sie in der ersten Morgendämmerung an Land und rückten rund um das Pfahlwerk der Wenden vor. Aber diese schossen fleißig mit Pfeilen, und Kroks Leute waren vom angestrengten Rudern müde; es gab harten Kampf, bevor die Wenden flohen. Krok hatte einige seiner besten Mannen verloren, und als die Beute zusammengezählt wurde, zeigte es sich, daß sie aus einigen eisernen Kesseln und ein paar Schafpelzen bestand. Sie ruderten wieder flußab und versuchten es an einer anderen Stelle; aber auch hier war das Dorf gut verteidigt, und nach schwerem Kampf mit neuen Verlusten gewannen Kroks Männer einige Speckseiten, ein durchlöchertes Panzerhemd und ein Halsband aus kleinen abgenutzten Silbermünzen.

Sie begruben ihre Toten am Strande und hielten Rat; und es fiel Krok nicht leicht zu erklären, warum die Fahrt nicht so geraten war, wie er es beschrieben hatte. Aber es gelang ihm, seine Leute mit klugen Worten zu beschwichtigen; auf Zufälle und Mißgeschick, sagte er, müsse man immer gefaßt sein; der echte Wikinger gebe der einen oder anderen Kleinigkeit wegen seine Sache nicht gleich auf; und es sei nun nicht mehr so leicht wie einst, den Wenden das Fell über die Ohren zu ziehen. Nun aber wolle er einen Vorschlag machen, der ihnen allen zu Nutz und Frommen gereichen werde. Er rate, es mit Bornholm zu versuchen, denn die

Reichtümer dieser Insel seien allen wohlbekannt, und sie sei arm an streitbaren Leuten, da letzthin viele von dort nach England gefahren seien. Ein Überfall dort werde bei geringer Mühe reichen Gewinn an Gold, Geweben und Waffen bringen.

Das schien allen wohl gesprochen und machte sie wieder zuversichtlich; sie setzten Segel, hielten auf Bornholm zu und erschienen dort eines Morgens in der Frühe. Bei Windstille und steigendem Nebel ruderten sie die Ostküste entlang, um einen guten Landungsplatz zu finden. Sie hielten die Schiffe dicht beisammen und waren bei guter Laune; doch um unbemerkt an Land zu kommen, verhielten sie sich still. Da hörten sie vor sich den Laut von Rudergabeln und das gleichmäßige Eintauchen von Rudern, und durch den Nebel konnten sie ein Langschiff unterscheiden, das allein hinter einer Landzunge hervorkam und gerade auf sie zuhielt, ohne die Fahrt zu verlangsamen. Alle starrten zum Schiff hin, das schön und groß war, zwanzig Paar Ruder führte und ein rotes Drachenhaupt hatte, und sie freuten sich, daß es allein daherkam. Krok befahl allen, die nicht an den Rudern saßen, ihre Waffen zu nehmen und bereit zu sein, denn hier könne viel gewonnen werden. Aber das einsame Schiff kam näher, wie wenn man sie dort nicht bemerkt hätte, und ein dicker Mann am Vordersteven mit breitem Bart unter einem gebuckelten Helm setzte, als sie nahe herangekommen waren, die Hand an den Mund und rief mit rauher Stimme: »Aus dem Wege, oder es gibt Kampf!«

Krok lachte und seine Männer mit ihm, und er rief zurück: »Hast du je drei Schiffe vor einem einzigen ausweichen sehen?« »Ich habe mehr als das gesehen«, schrie ungeduldig der dicke Bewohner des Vorderstevens, »denn Styrbjörn gehen die meisten aus dem Wege. Aber wähle nun schnell das eine oder das andere.« Da sagte Krok nichts mehr, sondern hielt zur Seite und ließ die Ruder still liegen, während das fremde Schiff vorbeifuhr, und nirgends auf Kroks Schiffen war ein Schwert entblößt. Sie sahen einen hochgewachsenen jungen Mann in blauem Mantel und mit hellem Flaum am Kinn, einen Speer in der Hand, dastehen und sie mit blinzelnden Augen betrachten. Er hatte sich von seinem Ruheplatz neben dem Mann am Steuer erhoben und gähnte nun herzhaft; dann stellte er den Speer beiseite und legte sich wieder nieder. Kroks Leute begriffen, daß das Björn Olofsson war, genannt Styrbjörn, der vertriebene Neffe des Uppsalakönigs, der selten einen Sturm und nie einen Kampf scheute und dem wenige Männer gern auf dem Meere begegneten. Sein Schiff setzte die Fahrt fort und verschwand im Dunst. Aber bei Krok und seinen Mannen wollte die gute Laune nur langsam wiederkommen. Sie ruderten nun zu den östlichen Schären, wo keine Menschen wohnten; dort gingen sie an Land, kochten sich Essen und hielten lange Rat; viele meinten, daß man nun am besten täte heimzusegeln, da das Mißgeschick ihnen sogar bis nach Bornholm gefolgt sei. Denn wenn Styrbjörn sich in diesen Gewässern aufhalte, sei die Insel sicher voll von Jomswikingern, und dann gebe es hier für andere nichts auszurichten. Einige sagten, daß es vielleicht nicht viel für sie auf dem Meere zu tun gebe, solange sie nicht einen Häuptling hätten wie Styrbjörn, der anderen nicht ohne weiteres aus dem Wege gehe.

Krok war zu Anfang weniger redelustig als sonst; aber er ließ für alle Bier an Land bringen, und als sie getrunken hatten, fing er an, ihnen ermunternd zuzureden. Die Begegnung mit Styrbjörn sei einerseits kein glücklicher Zufall gewesen, das wolle er zugeben; aber andererseits sei es gut, daß sie gerade so ausgefallen sei. Denn wenn sie schon, so erklärte er ihnen, an Land gegangen und dort an seine Leute oder andere Jomswikinger geraten wären, so hätte großer Schaden daraus entstehen können. Alle Jomswikinger und besonders Styrbjörns eigene Mannen seien als halbe Berserker zuzeiten eisenfest; und ebenso gut wie die besten Kämpen von Lister schlügen sie mit beiden Händen drauflos. Daß er Styrbjörns Schiff nicht habe angreifen wollen, könne einem Gedankenlosen vielleicht wunderlich scheinen; er jedoch finde, er habe zu solcher Enthaltsamkeit guten Grund gehabt, und es sei ein Glück, daß er sich noch beizeiten besonnen habe. Denn ein landloser Seeräuber habe ja wohl schwerlich so viel zusammengespart, daß ein harter Kampf lohnend gewesen wäre; und sie selber seien ja nicht auf See gegangen, um eitel Ehre zu gewinnen, sondern um Beute zu machen. Darum habe er es für richtiger gehalten, zunächst an das zu denken, was ihnen allen zum Besten gereiche, statt an sein eigenes Ansehen; und nach einigem Nachdenken würden sie alle zugeben, daß er hier so gehandelt habe, wie es sich für einen Häuptling gehöre.

Während Krok also bemüht war, den Mißmut seiner Leute zu zerstreuen, fühlte er sich selbst durch seine Worte gekräftigt, und er fuhr damit fort, ihnen von der Rückreise abzuraten. Denn die Leute daheim in Lister, sagte er, seien ein spitzzüngiges Geschlecht; und besonders das Wiedersehen mit den Frauen werde seine Unzuträglichkeiten haben. Denn die würden viel nach dem fragen, was sie ausgerichtet und was sie erbeutet hätten, und würden den Grund ihrer schnellen Heimkehr wissen wollen. Solchem Geplapper könne ein Mann, der auf sein Ansehen halte, sich nicht gut aussetzen, und die Heimreise müsse daher noch anstehen, bis man etwas gewonnen habe, womit man sich sehen lassen könne. Einstweilen gelte es für sie, zusammenzuhalten und Ausdauer zu zeigen und ein gutes Ziel für weitere Fahrten zu finden; und bevor er selbst noch mehr sage, wolle er gern die Ansicht verständiger Männer in dieser Sache hören. Einer schlug vor, zum Lande der Kuren und Liven zu fahren, wo es lohnende Beute gebe; aber das fand keinen Anklang, denn solche, die besser Bescheid wußten, sagten, daß große Scharen aus Svealand jeden Sommer in diesen Ländern plünderten und wohl nur ungern andere in gleichen Geschäften dort sähen. Ein zweiter hatte gehört, daß es nirgend auf der Welt so viel Silber gebe wie auf Gotland, und meinte, man solle es dort versuchen; aber andere, die es noch besser wußten, sagten, daß die Gotländer nun, da sie reich geworden seien, in stark befestigten Dörfern wohnten, und die könnten nur mit großer Heeresmacht genommen werden.

Darauf nahm ein dritter das Wort, ein Mann namens Berse, der bedächtig sprach und seiner Klugheit wegen allgemein geachtet war. Er sagte, es fange nun an, in der Ostsee eng und kärglich zu werden: denn gar zu viele seien auf Plünderungszügen begriffen, und das habe sogar die Wenden gelehrt, sich zur Wehr zu setzen. Da man nicht nach Hause fahren könne – denn hierin denke er ebenso wie Krok –, sei zu erwägen, ob man nicht westwärts segeln solle. Er selbst sei noch nie dort gewesen, aber Leute aus Schonen, mit denen er im vorigen Sommer auf einem Markt geredet habe, seien mit Toke Gormsson und dem Jarl Sigvalde in England und Bretland gewesen und hätten viel zum Lobe dieser Fahrten zu sagen gehabt. Sie hätten mit Goldringen und kostbaren Kleidern geprunkt, und die Wikinger, die – um im Innern des Landes zu plündern – sich des längeren an den Flußmündungen Frankreichs aufhielten, hätten oft Bürgermeister und Äbte zu Sklaven und Grafentöchter sich zur Lust im Bette gehabt. Allerdings könne er nicht wissen, ob seine Gewährsmänner aus Schonen sich mit diesen Behauptungen streng an die Wahrheit gehalten hätten, und mit Hinsicht auf die Zuverlässigkeit der Schonländer im allgemeinen sei es vielleicht klug, die Hälfte abzustreichen. Sicher sei doch dies, daß jene Heimgekehrten den Eindruck größter Wohlhabenheit gemacht und sogar ihn, einen Fremden aus Blekinge, zu einer großen Menge Starkbier eingeladen hätten, ohne nachher, als er eingeschlafen war, seine Sachen zu stehlen. Alles könne daher nicht gelogen sein, was man ja auch von anderer Seite her recht gut wisse. Wo es Leuten aus Schonen so gut ergehe,würden wohl auch Blekinger gedeihen können, und darum, schloß Berse, wolle er es gern mit einer Fahrt gen Westen versuchen, wenn die meisten so dächten wie er.

Viele riefen ihm Beifall zu, aber andere sagten, daß die Eßvorräte kaum reichen dürften, bis sie zu den fetten Ländern im Westen gelangt seien.

Da nahm Krok wieder das Wort und sagte, Berse sei gerade mit dem Vorschlag gekommen, den er selbst habe machen wollen. Dem, was Berse von Grafentöchtern und reichen Äbten gesagt habe, wolle er noch etwas hinzufügen, was unter bereisten Männern allgemein bekannt sei, nämlich, daß es auf Irland nicht weniger als hundertsechzig größere und kleinere Könige gebe, von denen jeder Schätze und schöne Frauen besitze und deren Krieger im Kampf bloß Leinenkleider trügen, so daß es also nicht schwer sein könne, mit ihnen zurechtzukommen. Die einzige Schwierigkeit sei, durch den Öresund zu gelangen, wo man leicht auf zudringliche Leute stoßen könne. Aber drei wohlbemannte Schiffe, an die sich nicht einmal ein Styrbjörn gewagt habe, dürften auch dort Respekt finden. Zudem seien um diese Jahreszeit die meisten Wikinger schon gen Westen unterwegs, und überdies kämen nun mondlose Nächte. Was an Eßvorräten fehle, könne leicht angeschafft werden, wenn man erst einmal glücklich durch den Sund gekommen sei.

Alle waren nun wieder bei guter Laune; der Plan schien ihnen gut, und sie hielten Krok an Verstand und Wissen für den besten der ihren; dazu waren sie stolz auf ihre Verwegenheit, nun nach Westen zu segeln, denn niemand in ihrer Heimat konnte sich eines Schiffes erinnern, das es mit einer solchen Fahrt versuchte hatte. (10)

Der Überfall

Gegen Mittag des nächsten Tages sahen sie das Kloster. Es lag auf einer flachen Schäre, ein Klotz aus grauem Gestein, der sich allein durch seine regelmäßige Form als ein Werk von Menschenhand zu erkennen gab. Thormod wies die Männer an, ihre Waffen zu verbergen und sich dem Kloster auf eine Weise zu nähern, die keinen Argwohn weckte. So stiegen sie, eine Schar zerlumpter und ausgemergelter Gestalten, zum Strand hinunter und wateten durch das knietiefe Wasser zu der Stelle, wo eine eisenbeschlagene Tür in das Gemäuer eingelassen war. Dort ließen sie sich auf einem Tanghaufen nieder, nachdem Thormod einige Male, zaghaft zunächst, dann vernehmlicher, an das Tor geklopft hatte. Drinnen rührte sich nichts, aber das Wasser begann zu steigen und drang langsam zu dem Platz vor, auf dem die Männer lagerten. Hemmo der Kurze faßte die Tür ins Auge und sagte: »Mir scheint, daß sich das Sprichwort bestätigt, nach dem Reichtum harthörig macht, Thormod. Soll ich hineingehen und den Mönchen unseren Besuch ankündigen?«

Da hörten sie, wie die Tür entriegelt wurde. Sie tat sich einen Spaltbreit auf, und in diesem erschien das runde Gesicht eines Mönchs.

»Gelobt sei Jesus Christus«, sagte Egbert. Der Mönch lächelte, gab aber keine Antwort.

Nun trat Thormod vor und bat den Mönch, ihn zu taufen. In höchster Not, den Tod vor Augen, habe er das Gelübde getan, den heidnischen Göttern abzuschwören und den wahren Glauben anzunehmen, falls der Gott der Christen ihn und seine Männer vor dem Schlimmsten bewahre. Da der eine und allmächtige Gott ihn erhört habe, sei es nun an ihm, sein Gelübde zu erfüllen. Der Mönch nickte abermals, sein rundes Gesicht glänzte vor Freude, er öffnete die Tür und wedelte einladend mit der Hand.

Sie folgten ihm durch einen langen schmalen Gang, der in einen Innenhof mündete. In seiner Mitte befand sich ein Brunnen, und auf seinem gemauerten Rand saßen einige Mönche, die hölzerne Becher in den Händen hielten. Sie erwiderten Thormods Gruß mit einem Kopfnicken, und als er den Prior zu rufen bat, ging einer von ihnen fort und kehrte bald darauf mit einem Greis zurück, der sich, obwohl er vor Gebrechlichkeit wankte, sehr aufrecht hielt.

Thormod zog sein Schwert aus dem Hosenbein hervor und setzte die Spitze auf die Brust des Priors. »Zeig uns, wo ihr eure

Schätze versteckt habt«, sagte er. Im gleichen Augenblick begann eine Glocke laut und gellend in rasch aufeinanderfolgenden Schlägen zu läuten.

»Mach, daß es aufhört!« schrie Thormod Hemmo zu. Dieser stürzte in eines der angrenzenden Gebäude; wenig später brach das Läuten ab, aber noch lange hielt sich der letzte Ton im Gemäuer; es war, als hätten die Steine zu singen begonnen, nachdem die Glocke verstummt war.

Hemmo kam zurück. Sein Gesicht war mit Blutspritzern übersät. Er wischte die Schneide seiner Axt an der Kutte eines der Mönche ab und sagte zu Thormod, indem er auf den Prior deutete: »Soll ich ihn zum Reden bringen?«

»Ich verlange nicht, daß er redet«, antwortete Thormod. »Es genügt, daß er mich versteht und tut, was ich sage.«

Der Prior blickte Thormod unverwandt aus seinen vom Alter getrübten Augen an, nichts deutete darauf hin, daß er Angst hatte, ja, es schien, als recke er seine Brust bereitwillig der Schwertspitze entgegen. Thormod wich seinem Blick aus, er spürte, daß der Greis nicht einzuschüchtern war, nicht mit Drohungen, die ihn selbst betrafen. Und als Thormod dies erkannt hatte, drehte er sich mit jähem Schwung um die eigene Achse und hieb sein Schwert einem der Mönche in den Hals.

»Du hast die Wahl«, sagte er zum Prior. »Führe mich zu euren Schätzen, oder ich werde einen nach dem anderen töten und als letzten dich selbst.«

Der Prior kniete neben dem sterbenden Mönch nieder und faltete die Hände. Dann streckte er die Arme aus, ließ sich von zwei herbeieilenden Mönchen aufhellen und machte Thormod ein Zeichen, ihm zu folgen.

Sie kamen in einen Raum, der durch das Licht zweier Altarkerzen dürftig erhellt wurde. Ein schwacher Luftzug strich über die Kerzen und ließ die Flammen erzittern. Dem Flackern antwortete aus dem Dunkel ringsumher ein hastiges Funkeln. Überall waren Schalen aufgestellt, und diese quollen über von Münzen und Schmuck aus Gold und Silber, aus Bernstein und Glas. Armreife und Ringe, Fibeln, Spangen und Ketten: all das lag ungeordnet da, als sei es nie wieder berührt worden, seitdem es die Spender dort zurückgelassen hatten.

Thormod nahm eine Kerze vom Altar und ging von Schale zu Schale. Die Augen der Männer folgten ihm, starr vor Staunen. Niemand wagte zu sprechen; es war, als fürchteten sie, ein lautes Wort könne den Anblick all dieser Kostbarkeiten wie ein Trugbild zerstieben lassen.

Als erster streifte Egbert seinen Mantel ab, verwandelte ihn mit wenigen Handgriffen in einen Sack und füllte diesen mit glitzerndem Geschmeide. Die anderen folgten seinem Beispiel, und wer keinen Mantel mehr besaß, benutzte seine Hose als Beutel. Dies ging ohne Hast vor sich, in wortlosem Einverständnis, der Überfluß machte sie großzügig, Neid und Habgier wurden von der Sorge verdrängt, daß man sich mehr auflade, als man zu tragen vermöge. Aber Thormod erinnerte sie daran, daß ihm die Hälfte der Beute gehöre; jetzt zogen einige auch ihre Hemden aus und stopften sie mit edlem Metall, bis die Nähte zu platzen drohten.

Als sie schwerbeladen in den Innenhof zurückkamen, war es dämmrig geworden. Nacheinander tauchten sie in die von Fledermäusen durchhuschte Finsternis des Ganges ein; das Geräusch ihrer Schritte mischte sich mit dem Rauschen der Wellen, die nun, da die Flut aufgelaufen war, gegen die Mauern des Klosters brandeten.

Das Meer schloß sich kalt um ihre Glieder, während sie, bis zu den Hüften im Wasser, zum Ufer hinüberstapften. Als sie den Strand erreicht hatten, löste sich ein grauer Fleck aus dem Dunkel der Felswand und nahm, je näher er kam, desto deutlicher menschliche Gestalt an. Es war ein Mann, ein vierschrötiger Mann. Er ging breitbeinig und wiegte sich leicht in den Hüften. Seine Arme schimmerten weiß vor dem Dunkel, und als sie ihn lachen hörten, wußten sie, wer er war.

»Kommt her und laßt mich sehen, was ihr den Mönchen gestohlen habt!« rief Thorgeir Bryntroll.

Wie Tiere, die plötzlich erkennen, daß sie in eine Falle geraten sind, verharrten die Männer in steinerner Reglosigkeit. Der Gedanke, daß sie, die das Schicksal eben erst mit Reichtum überhäuft hatte, nun wieder alles verlieren sollten, lähmte sie mehr noch als die Angst vor dem Tod.

Groß und stattlich stand der Wikinger vor ihnen. Sie sahen das Muskelspiel seiner tätowierten Arme, das Lachen auf seinem von roten und blauen Ätzungen entstellten Gesicht.

»Mir ist, als hätte ich euch schon einmal gesehen«, sagte, noch einen Schritt näher tretend, Thorgeir Bryntroll. Er faßte Hedin ins Auge: »Bist du nicht der Sohn meines Freundes Gudmundur Einarsson?«

»Er ist es«, antwortete Thormod an Hedins Stelle. »Du hast schon einmal bewiesen, daß du deine Freundschaft auch auf den Sohn deines Freundes und dessen Gefährten überträgst, Thorgeir Bryntroll. Wir haben später noch oft und gut von dir gesprochen. Laß uns auch diesmal wie Freunde miteinander umgehen.«

»Besitzt ihr mehr als das, was ihr den Mönchen abgenommen habt?« fragte der Wikinger.

»Nein«, antwortete Thormod. »Aber du wirst uns nicht knauserig finden, wenn du einen Anteil verlangst.«

»Dann werde ich nicht umhinkönnen, euch totzuschlagen«, seufzte Thorgein »Die stummen Mönche dort«, er deutete zu den in der Dunkelheit verschwimmenden Umrissen des Klosters hinüber, »würden es mir sehr verübeln, wollte ich mit Räubern wie euch gemeinsame Sache machen.«

»Du könntest den Mönchen erzählen, wir seien mit der Beute entkommen«, schlug Thormod vor.

»Das könnte ich wohl, nur wäre es nicht klug«, antwortete Thorgeir. »Außer diesem haben sich noch drei weitere Klöster unter meinen Schutz gestellt. Die Mönche bezahlen gut. Auf Dauer gesehen bringt es mehr ein, die Klöster zu beschützen, als sie auszurauben. Überdies ist es gefahrloser, sich mit ein paar Strauchdieben herumzuschlagen als mit einem ganzen Heer. Denn die Mönche haben mächtige Gönner.«

Thormod holte einen Armreif aus einem seiner Beutel hervor und hielt ihn Thorgeir hin. »Nimm das als Anzahlung«, sagte er.

»Ich will alles!« entgegnete der Wikinger hart.

Da ließ Thormod den Armreif zu Boden fallen, bückte sich und warf dem Wikinger emporschnellend eine Handvoll Sand in die Augen. Thorgeir schrie auf, taumelte ins Dunkel zurück, und nun hasteten die Männer, so rasch es ihre Last erlaubte, über den steinigen Strand. Sie hörten, wie Thorgeir Befehle brüllte, hörten Waffengeklirr und knirschende Schritte, aber die Dunkelheit verhalf ihnen zu einem winzigen Vorsprung vor den ungestüm nachsetzenden Wikingern. Sie warfen sich in das kaum kniehohe Seegras, und als ihre Verfolger an ihnen vorübergestürmt waren, rafften sie sich wieder auf und stiegen durch eine Schlucht zum Rand der Felsküste empor. Oben war ein flacher Talkessel; auf seinem Grund lagen große Steine, die ein gutes Versteck boten. Dort verbrachten Thormod und seine Männer schlaflos die Nacht. (4)

Auf Raubfahrt in Friesland

Arinbjörn hatte einen guten Bestand an Schiffen; im Frühjahr ließ er drei Langschiffe ausrüsten, alle drei waren groß. Er hatte dreihundert Mann, die Hausleute hatte er auf seinem eigenen Schiff und das war sehr gut ausgerüstet; er hatte auch viele Bauernsöhne bei sich. Egil entschloß sich zur Fahrt mit ihm; er befehligte ein Schiff, und mit ihm fuhren viele aus der Mannschaft, die er aus Island mitgebracht hatte. Arinbjörn und Egil steuerten mit ihren Langschiffen südwärts am Lande entlang; dann nahmen sie mit ihrer Mannschaft Kurs nach Saxland im Süden und heerten dort während des Sommers und gewannen Beute für sich. Und als der Herbst anfing, steuerten sie wieder nach Norden und lagen vor Friesland. In einer Nacht, als das Wetter ruhig war, fuhren sie in einer weiten Flußmündung aufwärts, wo es keinen guten Hafenplatz gab und sehr flaches Uferland; dort waren auf dem Lande oben große ebene Flächen, nahe am Wald; die Felder waren durchweicht, denn es hatte großen Regen gegeben. Da entschlossen sie sich an Land zu gehen und ließen ein Drittel der Mannschaft zurück, um die Schiffe zu bewachen. Die anderen gehen am Fluß aufwärts, zwischen ihm und dem Wald; bald lag ein Dorf vor ihnen, und viele Bauern wohnten dort; sobald sie die Kriegsschar gewahrten, rannten die Leute aus dem Dorf weiter ins Land hinein, die Wikinger aber verfolgten sie. Danach war noch ein zweites Dorf und ein drittes; die Leute flohen alle, sobald sie in die Nähe kamen. Es gab dort ebenes Land und große Felder; weitum im Land waren Gräben gegraben, in denen Wasser stand; damit hatten sie ihre Acker und Wiesen umgeben. An einigen Stellen aber waren große Stangen eingesteckt, wo man über die Gräben gehen konnte; dort waren Brücken, nämlich darübergelegte Balken. Das Landvolk floh in den Wald. Als aber die Wikinger weit ins bewohnte Land gekommen waren, sammelten sich die Friesen im Wald, und als sie wieder auf mehr als dreihundert Mann angewachsen waren, wenden sie sich gegen die Wikinger und entschließen sich zum Widerstand gegen sie. Es gab da einen harten Kampf und er ging so aus, daß die Friesen flohen und die Wikinger die Fliehenden verfolgten. Die Leute von den Bauernhöfen, die davonliefen, zerstreuten sich weitum in alle Richtungen, und das gleiche taten die, die sie verfolgten; so kam es, daß nur immer wenige zusammen blieben. Egil stürmte hinter den Friesen her und wenige Mann waren bei ihm, aber sehr viele liefen vor ihnen davon; da kamen die Friesen zu einer Stelle, wo ein Graben vor ihnen war, und sie liefen darüber; dann nahmen sie die Brücke weg.

Da kommt Egil mit seinen Leuten auf die andere Seite; Egil nahm gleich Anlauf und sprang über den Graben, aber das war kein Sprung für andere Männer, und keiner versuchte es. Und als die Friesen das sehen, da greifen sie ihn an, er aber verteidigte sich. Elf Mann griffen ihn da an, aber ihr Kampf ging so zu Ende, daß er sie alle tötete. Danach schob Egil die Brücke hinüber und ging wieder über den Graben; da sah er, daß sich die ganze Schar wieder zu den Schiffen gewandt hatte, er stand da nahe am Wald. Dann ging Egil am Wald entlang und zu den Schiffen, so daß er den Wald als Schutz da hatte, wenn er es brauchte.

Die Wikinger hatten an Land viel Beute gemacht und Vieh geraubt, und als sie zu den Schiffen kamen, schlachteten einige das Vieh, einige brachten ihre Beute auf die Schiffe, einige standen weiter oberhalb und bildeten eine Schildburg, denn die Friesen waren vom Land her gekommen und hatten große Mannschaft und schossen auf sie; die Friesen hatten nun noch eine zweite Schar. Und als Egil vom Land herunter kam und sah, was hier vor sich ging, rannte er so schnell wie möglich dorthin, wo die Masse der Feinde stand; die Kesja hatte er vor sich und faßte sie mit beiden Händen, den Schild aber warf er sich auf den Rücken. Er stieß die Kesja vor und alles, was vor ihm stand, sprang zurück, und so verschaffte er sich Raum durch die Kriegsschar. So drang er zu seinen Männern hinunter; die meinten, sie hätten ihn aus der Hel zurückbekommen. Darauf gehen sie auf ihre Schiffe und segeln vom Lande weg; sie steuerten nun nach Dänemark. (6)

Die Eroberung von Canterbury

Zu dieser Geschichte gehört der Mann, der Thorkel Strutharaldsson hieß; er wurde »der Lange« genannt. Thorkel war Anführer einer Wikingerschar und befehligte eine Flotte; einige Geschichtenerzähler rechnen ihn zu den Jomswikingern, in englischen Büchern aber gilt er als Schwede. Er war mit seiner Schar weit umhergezogen und hatte viele Schlachten geschlagen, entweder auf eigene Faust oder als Verbündeter fremder Könige und Herzöge; sie nahmen ihren Sold im voraus und ihren Beuteanteil nach dem errungenen Sieg. Wenn sie vorauszusehen glaubten, daß der König, dem sie Beistand leisteten, den kürzeren ziehen würde, so pflegten sie sich mit seinen Feinden zu verbünden und sich ebenso tapfer gegen ihre früheren Freunde zu stellen, wie sie ihnen vorher beigestanden hatten; sie legten es stets darauf an, dort zu sein, wo Beute geteilt wurde.

Thorkel der Lange war in Schlachten stets siegreich, und seiner Schar schlossen sich viele Beutemacher an, die mit wenigen Schiffen fuhren und nicht stark genug waren, dort Strandraub zu begehen, wo es eine Verteidigung gab. Dennoch fehlte es Thorkel oft an Leuten, weil das Leben seiner Mannen kürzer währte als ihr Ruhm; vielen brachten die Unbilden des Wetters und die Entbehrungen den Tod, auch die vielerlei Krankheiten, von denen Schiffsleute befallen werden; manche wurden auf Raubzügen erschlagen oder gefangengenommen, auch wurden viele fahnenflüchtig. Deswegen schickte Thorkel ständig Leute aus, die ihm Mannschaft anwerben sollten, um die Lücken zu füllen. Dabei wurden besonders nordische Vagabunden zusammengetrieben, die auf Abenteuer und Ruhm erpicht waren, jedoch wenig oder nichts besaßen.

Zu der Zeit herrschte über England der König, der in nordischer Sprache Adalrad genannt wurde. Als Verteidiger der Engländer gegen ihre Feinde war er schwach, dafür aber um so stärker als Steuereintreiber gegenüber seinen Untertanen. Den Engländern schienen nicht alle Steuern gleichermaßen notwendig, die er von ihnen verlangte, und er mußte, wie es manch einem König erging, einige Steuern mit Härte und Folter eintreiben. Wenn fremde Gewalttäter das Land überfielen, pflegte er sich von ihnen freizukaufen; für fremde Banden gab es hier eine sichere Geldquelle.

Adalrad liebte Emma, seine Königin, über alles, und in all den Stunden, die er nicht auf Steuereintreibung verwendete, saß er in seinem Schloß, und wenn er nicht gerade diese Frau betrachtete, schnitzte er Vögel aus Bein.

Es ist nun auf diesen Blättern nicht möglich, allen Händeln zwischen Thorkel dem Langen und Adalrad nachzugehen. Sie waren fast alle von derselben Art. Thorkel wurde nicht müde, mit seinen Mannen nach England hinüberzufahren und Adalrad zum Kampf herauszufordern. Sie gingen stets dort an Land, wo der geringste Widerstand geleistet wurde, und nahmen Geiseln. Dann forderten sie Adalrad auf, die Geiseln auszulösen und Friedensgeld zu zahlen oder zu kämpfen. Wenn Adalrad von einem fremden Heer Bedingungen gestellt wurden, wurde er gewöhnlich von einer schweren Krankheit mit heftigem Erbrechen und schrecklichem Durchfall befallen; von ihm war nichts anderes zu erlangen als die Botschaft, daß er bereit sei, das Friedensgeld zu zahlen, das seine Feinde forderten; solches Geld nennen die Engländer Dänengeld.

Als diese Geschichte bis hierher gediehen war, hatte Adalrad bereits eine Unmenge Dänengeld gezahlt. Es kam so weit, daß die englischen Bauern es müde wurden, ihr Geld an Adalrad abzuführen; sie zogen es vor, ihr Eigentum vor ihm zu schützen, oder sie stellten von sich aus Truppen auf, um Stadt und Land gegen die Räuber zu verteidigen, die ihren König besteuern wollten. Solche Taten bezeichnete König Adalrad als größte Dummheit in England und als Landesverrat. Ihm schien von einem fremden feindlichen Heer geringere Bedrohung auszugehen als von seinen Untertanen, denn er befürchtete, daß diese ihm über den Kopf wachsen, seine Kriegsscharen befehligen, ihn vom Königsthron stürzen und ihm alle Macht nehmen könnten.

Nun trug es sich wie schon öfter zu, daß Thorkel und seine Mannen Adalrad auferlegten, ihnen eine Unsumme in Silber zu zahlen, und um ihrer Forderung Nachdruck zu verleihen, hatten sie auf den Themseufern ein Heer gelandet; wie gewohnt erklärte sich Adalrad bereit, alles zu tun, was sie verlangten, doch hatte er Schwierigkeiten mit der Erfüllung. Und als es den Wikingern mit der Auszahlung zu lange dauerte, erklärten sie, Adalrad habe sie betrogen, und lenkten ihre Mannschaft auf Canterbury, die Hauptstadt des Königs und den Sitz des Erzbischofs. Thorkel hatte dort eine große Streitmacht aus Irland, von den Inseln und aus den nordischen Ländern zusammengezogen; alle Leute in der Mannschaft erhofften sich viel von einem Krieg mit Adalrad, wie schon seit eh und je. Und als Adalrad von ihrem Aufmarsch erfuhr, und daß sie wohl vorhätten, Canterbury zu nehmen, da brach er nicht etwa mit seiner Gewohnheit, sondern bekam zunächst gewaltiges Erbrechen; doch danach sammelte er sein Heer zum Kriegszug. Er zog aber nicht gegen Thorkel und die nordischen Wikinger, seine Feinde, sondern unternahm einen Feldzug gegen die Bauern in Wales, seine Untertanen, in der Hoffnung, daß es gelingen könnte, aus ihnen das Friedensgeld für Thorkel herauszupressen; er selber leitete den Kriegszug und erklärte, die Leute aus Wales seien bestimmt keine richtigen Christen, was auch zutraf; aus diesem Grund wollte er das Geld der Bauern haben, reines Silber, geprägtes und ungeprägtes, verarbeitetes und unverarbeitetes, und andere gute Wertgegenstände, und alle Menschenkinder totschlagen, wenn sie nichts hergeben wollten.

Von Thorkel dem Langen aber ist zu berichten, daß es ihm und seinen Kumpanen leid wurde, untätig auf das Friedensgeld Adalrads zu warten. Sie gingen dazu über, Raubzüge durch die benachbarten Grafschaften zu machen und alle Dinge von Wert wegzunehmen, die ihnen in die Hände fielen, so auch Rinder und Butter, und dennoch machten sie geringere Beute, als sie gehofft hatten; die Bauern waren schon oft ausgeplündert worden, und nichts war mehr übrig als ihre Halsknochen. Und als Adalrad noch immer nicht mit dem Friedensgeld zurückkehrte, kam es dahin, daß es den Wikingern über wurde, Habenichtse zu berauben, und sie beschlossen, Canterbury anzugreifen. Und da für die Verteidigung der Stadt die Zahl der Bürger allzu gering war, die Wikinger aber mit zweihundert zwölfrudrigen Schiffen gekommen waren, eroberten sie Canterbury ohne Kampf und raubten alles, was Wert hatte; Kirchen und Klöster wie auch die Königsburg legten sie in Asche. Und die Häupter der Geistlichkeit, die ein Born der rechten Lehre und ein Vorbild an Reinheit in England waren, nahmen sie als Geiseln; es war eine große Menge, sowohl Mönche wie Nonnen; sie ergriffen den Bischof Gudvini und die Äbtissin Ljufrun und viele andere hervorragende Leute, wie auch den Burggrafen des Königs, Jarl Alfvard, und eine Anzahl von Ratsherren; und schließlich nahmen sie Herrn Alfegus, den Erzbischof selbst, gefangen, den angesehensten und gelehrtesten Mann und Freund Christi, den es je in England gegeben hat; er war damals achtzig Jahre alt.

In englischen Büchern verlautet, daß danach die Nordländer alle Häuser der Stadt niederbrannten und alle, denen nicht die Flucht gelang, niedermachten; tote Menschen trieben scharenweise die Themse hinunter; das Wasser wie die Erde in der Stadt war von Blut gefärbt, berichten die Bücher; Frauen aber und Jugendliche schleppten die Wikinger auf Schiffe und betrachteten sie als ihre Handelsware. Als endlich Adalrad von seinem Feldzug zurückkehrte, nachdem er aus den Bauern in Wales Geld herausgepreßt hatte, und die Königsburg abgebrannt und die Klöster zerstört fand, da erhöhten Thorkel und seine Mannen ihre Geldforderung auf das Doppelte und verlangten Lösegeld für jede einzelne Geisel. Nun wußte sich Adalrad keinen Rat, wie er einen solchen Aufschlag auf die vereinbarte Summe bezahlen sollte, und bat Thorkel um Schonung; Thorkel jedoch erklärte, er und seine Gefährten seien darauf aus, sich mit ihren Schiffen Geld zu verschaffen, und nicht, sich zu vergnügen; es sei seine Pflicht und Schuldigkeit gegenüber seiner Gefolgschaft, allerorten auf Raub auszugehen, solange noch etwas zu holen war; er sagte, das sei von Anbeginn an die Art von Beutemachern und tüchtigen Kerlen gewesen, und sie seien nicht gewohnt, die Klagen von Leuten zu hören, denen es an Kraft gebreche, das Ihre zu behaupten. Und da Adalrad die Bevölkerung schon bis aufs Hemd ausgeplündert hatte, wußte er jetzt nicht, wohin er sich wenden sollte; und ihn überkam starkes Erbrechen. Wie schon früher wurden Thorkel und seine Mannen des Wartens überdrüssig; Thorkel ließ am Palmsonntag bei Tagesanbruch zu einem Treffen vor der Stadt blasen und befahl, Geiseln aus den Kerkern dorthin zu bringen; die Bewohner der Gegend sollten zu dem Treffen erscheinen, und der König wollte seine Vögte dorthin schicken. Thorkel ließ nun jene Männer aus den Schiffsmannschaften zu sich kommen, die am besten befähigt waren, mit Ahlen, Zangen, Scheren, Messern und Beilen umzugehen; die Folterungen sollte ein Jüngling aus Vestfold in Norwegen leiten; dieser Bursche hatte eine bleiche Gesichtsfarbe, war klein von Wuchs, doch äußerst fett, und hatte größere Hinterbacken als die meisten anderen Menschen, so daß er beim Gehen watschelte. Er hieß Olaf Haraldsson und wurde von den Schiffsleuten »der Dicke« genannt. Dieser Bursche hatte sehr kleine Hände und trug an jedem Finger einen Ring oder sogar zwei und drei; er hatte sich zwei silberne Gürtel umgeschnallt, den einen über den anderen, doch wegen seiner Gestalt waren diese Gürtel gerissen; die Gliederplatten waren mit Schnüren aneinandergebunden.

Jetzt wurden die Geiseln herbeigebracht; da kam eine große Zahl von Männern und Frauen zusammen, und fast alle trugen geistliche Gewänder. Olaf Haraldsson gebot, daß die Menschen je nach ihrem Wert in Silber oder Butter gefoltert werden sollten und in der Reihenfolge aufwärts, wie es ihrem Rang und ihrer Würde entsprach: Als erste und am maßvollsten sollte man die peinigen, die am wenigsten Geld oder Butter einbringen würden, wie Laienbrüder oder arme Nonnen und auch einfache Kleriker; danach folgten Chorbrüder und Kanoniker, und darauf kamen Äbtissinnen, schließlich Äbte und Bischöfe an die Reihe, und mit ihnen Jarle und Ratsherren, wie auch deren Frauen. Die Menschen wurden auf verschiedene Weise verstümmelt, den einen wurden Hände oder Füße abgehauen, den anderen die Nase oder die Ohren abgeschnitten; und wer so verletzt wurde, der wird in nordischer Sprache Stummel oder Stumpf genannt; nicht wenigen Leuten wurden die Augen ausgestochen. Den ganzen Tag über wurden König Adalrad Botschaften gesandt, er möge Lösegeld schicken, doch die Antwort lautete stets unverändert, daß alle Schatzkammern in England leer seien und ebenso die Butterkeller. An jenem Tag verloren Hände, Nasen und Augen Jarl Alfvard, Burggraf des Königs, und verschiedene andere englische Vornehme, wie auch Bischof Gudvini und Äbtissin Ljufrun und eine große Zahl von Menschen aus dem geistlichen und gelehrten Stand. Nachdem die Geiseln verstümmelt waren, wurden sie weggeführt und zu Adalrad geschickt; von dem Tage an waren fast alle Leute, die in England in größtem Ansehen standen, Stummel oder Stumpfe.

Als letzter wurde Alfegus, Erzbischof von Canterbury, auf den Platz geführt. Er war bereits sehr hinfällig und hatte das Augenlicht verloren; zu seiner Rechten ging ein blasser Jüngling, der mit schriller Stimme in herrlicher Verzückung aus einem Psalter sang.

Thorkel der Lange sagte: »Wir halten es für unnötig, einem blinden und ergrauten Greis wie diesem die Augen auszustechen, und wir erwarten, daß Adalrad darin mit uns übereinstimmt; geht hin und sagt dem König, daß wir diesen Mann unverletzt freilassen werden, doch sollen uns zuerst achtzig Großhundert in Silber als Lösegeld für ihn gezahlt werden.«

Da trat der Mann vor, der im Auftrag König Adalrads verhandelte, er verneigte sich vor Thorkel dem Langen und sagte: »Der Greis und Meister, der dort in Ketten steht, ist nicht nur der Lehrvater und geistliche Vertraute König Adalrads, sondern auch der Bruder und Gefährte des Apostels Petrus in Rom, der für Christus selbst spricht, und für diesen Mann wird jede Summe gezahlt werden, die ihr nennt; das erklären wir im Namen des Königs und der Heiligen Kirche.«

Diese Worte des Königsmannes wurden von seiten der Wikinger mit großem Jubel aufgenommen; sie sagten wie aus einem Munde, der Erzbischof Alfegus sei wahrscheinlich ein sehr vornehmer Herr; das Rufen und Händeklatschen der Wikinger wollte kein Ende nehmen. Doch als es sich legte, konnte man einen Mann hören, der mit dünner, heiserer und zittriger Stimme sich Gehör zu verschaffen suchte; er bat die Abgesandten König Adalrads, zu verweilen und ihn anzuhören. Da sprach in Ketten Meister Alfegus selber.

»Überbringt diese meine Worte«, sagte er, »König Adalrad, meinem Sohn, und Sergio papae, meinem Bruder: Für mich soll nie und nimmer ein anderes Lösegeld gezahlt werden als das, welches Christus am Kreuz aufbrachte, als er meine Seele von der Hölle loskaufte. Sollte ich für weniger freigekauft werden, so könnte ich nie wieder meine Augen erheben, weder im Diesseits noch im Jenseits.«

Die Mannen im Heer wurden sichtlich unfroher, als sie eine solche Antwort von den Lippen des Erzbischofs hörten, Thorkel der Lange aber sagte, in dem alten Alfegus stecke ein Mann mit einem stolzen Herzen. »Mehr soll jetzt nicht getan werden«, sagte er, »bringt den Alten wieder in seinen Turm.«

Nach vollbrachter Tagesarbeit waren die Nordländer nicht von selber froh, sondern sie ließen sich reichlich berauschende Getränke bringen und viel Geschlachtetes zubereiten; sie veranstalteten dort an den Ufern der Themse ein großes Festmahl und zündeten Feuer an. Während des Gelages kamen sie oft darauf zu sprechen, daß der alte Alfegus wahrhaftig ein gemeiner Kerl sei, da er wackere Männer aus Hochmut um achtzig Großhundert in Silber bringen wolle; sie nannten es eine große Schande, daß lasterhafte Mönche Christus, ihren Galgentoten, als schützenden Schoß betrachteten und rechtschaffene Männer in Geldgeschäften zu übertölpeln versuchten; sie ärgerten sich um so mehr, je länger sie diese Sache beredeten. Schließlich sagten alle wie aus einem Munde, daß sie keine weiteren Herausforderungen von seiten der Christen hinnehmen wollten, um nicht ihren Beuteanteil zu verlieren. Und als sie viel gegessen und getrunken hatten und das Fest seinen Höhepunkt erreicht hatte, erklärten einige treffliche Männer aus der Mannschaft, es sei eine große Dummheit, den alten Narren zu verschonen, der es heute mit ihnen hätte aufnehmen wollen. Die Anführer der Mannschaft befahlen, Erzbischof Alfegus wieder vorzuführen; der Befehl wurde ausgeführt. Der Greis war festlich in einen roten Bischofsmantel gekleidet und hatte seinen Bart zurechtstutzen lassen; an seiner Seite stand der Jüngling Grimkel und sang. Sie führten Alfegus mitten auf den Platz und rissen ihm den Bischofsmantel von den Schultern; da stand der Greis im bloßen Hemd; es war aus grobem Garn geknüpft und hatte viele Knoten; er trug Ketten an Händen und Füßen. Jetzt begannen sie, den Bischof mit großen Rinderknochen und abgenagten Knorpeln zu bewerfen wie auch mit Kuhhörnern und anderem Zeug, das ihnen geeignet schien. Da erscholl eine Stimme aus der Mannschaft, es war Olaf der Dicke Haraldsson.

Er sagte: »Es soll wahr sein, daß es unter den Wikingern mehr lasterhafte Männer gibt als anderswo; doch wo sind sie jetzt, daß ihr stillschweigt, wenn Knochen und Knorpel einen so mädchenhaften Burschen treffen wie den, der da steht und singt?«

Diese Worte bewirkten, daß einige der Männer den Burschen unter lautem Gelächter von der Seite des Erzbischofs zogen und ihn zwangen, sich zu ihnen zu setzen. Der Greis stand jetzt in Ketten allein auf dem Platz. Zuerst stand er aufrecht und hatte die Augen zum Himmel erhoben, obwohl er blind war, und murmelte etwas, was niemand verstehen konnte; doch als er oftmals von großen Knochen getroffen worden war – so verlautet in englischen Büchern –, sank er auf die Erde; da hatte er schwere Verletzungen an Rumpf und Gliedmaßen, und der Schädel war gebrochen; so schlugen an jenem Tage nordische Männer Alfegum archiepiscopum venerabilem zu Tode. (5)

Die Haupteslösung

Wie hoch wohlgesetzte Worte, zumal in Form einer »Drapa«, eines Gedichts, von den Wikingern geschätzt wurden, läßt sich daraus ersehen, daß eine besonders gelungene Drapa selbst einem notorischen Totschläger wie dem Skalden Egil das Leben retten konnte. Man nannte dies im alten Island eine »Haupteslösung«.

Als der Sommer heran kam, erklärte Egil, er wolle sein Schiff zur Fahrt fertigmachen. Er wollte nach England segeln; auf dem Schiff waren dreißig Mann. Asgerd blieb diesmal zurück und sorgte für den Hof, Egil aber wollte König Adalstein aufsuchen und sich um die Versprechungen kümmern, die er Egil beim Abschied gemacht hatte. Sie segelten südwärts an Schottland entlang und hatten einen Sturm und Gegenwind. Sie mußten vor Schottland und auch vor Nordengland gegen den Wind kreuzen. Aber gegen Ende des Tages, als es zu dunkeln anfing, gab es scharfen Sturm. Sie bemerken nichts, bis an der Seeseite Grundwellen und Brecher waren und vor ihnen auch. Es gab nun keine andere Wahl als an Land zu steuern, und das taten sie auch; sie fuhren das Schiff zu Bruch und kamen an der Mündung des Humra an Land. Alle Männer und der größte Teil der Fracht wurden gerettet, nicht aber das Schiff; das brach in Trümmer. Und als sie Leute trafen und mit ihnen sprachen, erfuhren sie die Neuigkeiten, die Egil gefährlich erschienen: daß König Eirik Blodöx hier herrschte und Gunnhild und daß sie das Gebiet unter sich hätten und nicht weit von hier in der Stadt Jorvik wären. Er erfuhr auch, daß der Herse Arinbjörn beim Könige war und in großer Gunst bei ihm stand.

Und als Egil diese Nachrichten erfahren hatte, machte er seinen Plan; er hielt es für unwahrscheinlich, daß sie hier entkommen könnten, selbst wenn er versuchte sich zu verstecken und verhüllten Hauptes einen so weiten Weg zu gehen, wie es nötig wäre, um aus dem Herrschaftsbereich König Eiriks zu entkommen. So faßte er einen mutigen Plan und besorgt sich ein Pferd und reitet gleich zur Stadt. Am Abend dieses Tages kam er dort an und ritt gleich in die Stadt hinein. Er hatte eine Kappe über den Helm gezogen und hatte alle seine Waffen. Egil fragte, wo in der Stadt das Haus wäre, das Arinbjörn gehörte; man sagte es ihm. Er ritt dorthin in den Hof, und als er zur Stube kam, stieg er von seinem Pferd und traf einen Mann und redete ihn an; der sagte ihm, Arinbjörn säße beim Essen. Egil sagte: »Ich möchte, lieber Freund, daß du in die Stube gehst und Arinbjörn fragst, ob er lieber draußen oder drinnen mit Egil Skalla-Grimsson sprechen will.« Der Mann sagt: »Das macht mir nicht viel Mühe, diese Botschaft zu bestellen.« Er ging in die Stube und sagte sehr laut: »Draußen vor die Tür ist ein Mann gekommen«, sagt er, »groß wie ein Troll; der hieß mich hereingehen und fragen, ob du draußen oder drinnen mit Egil Skalla-Grimsson sprechen möchtest.« Arinbjörn sagt: »Geh und bitte ihn draußen zu warten, es wird nicht lange nötig sein.« Der Mann tat, was Arinbjörn gesagt hatte. Arinbjörn hieß die Tafel aufheben, dann ging er hinaus und alle seine Hausleute mit ihm, und als Arinbjörn Egil traf, begrüßte er ihn und fragte, warum er hierher gekommen sei. Egil berichtet mit wenigen Worten über seine Fahrt, »aber falls du mir irgendeine Hilfe geben willst, sollst du dich für mich danach umsehen, wie ich jetzt weiter vorgehen soll.« – »Hast du irgendeinen Mann in der Stadt getroffen«, sagt Arinbjörn, »der dich erkannt haben könnte, bevor du hierher ins Haus gekommen bist?« – »Niemanden«, sagt Egil. »Dann sollen die Männer ihre Waffen nehmen«, sagt Arinbjörn. Das taten sie, und als sie und alle Hausleute Arinbjörns bewaffnet waren, ging er zum Königshof, und als sie zur Halle kamen, pochte Arinbjörn an die Tür und hieß sie aufmachen und sagt, wer da war; die Türwächter öffneten sogleich die Tür. Der König saß an der Tafel. Arinbjörn sagte, daß zwölf Männer hineingehen sollten, und er benannte dazu Egil und zehn andere Männer. »Jetzt sollst du, Egil, dem König deinen Kopf anbieten und seine Füße umfassen, und ich werde deine Sache vertreten.« Dann gehen sie hinein; Arinbjörn ging vor den König und grüßte ihn; der König hieß ihn willkommen und fragte ihn, was er wolle. Arinbjörn sagte: »Ich begleite einen Mann hierher, der einen langen Weg gemacht hat, um Euch aufzusuchen und sich mit Euch auszusöhnen. Es ist eine große Ehre für Euch, Herr, daß Eure Feinde freiwillig aus anderen Ländern kommen und meinen, sie könnten Euren Zorn nicht ertragen, auch wenn Ihr nicht nahe seid. Erweise dich nun königlich gegenüber diesem Mann. Laß ihn rechte Versöhnung von dir dafür erlangen, daß er deinen Ruhm so hoch geschätzt hat, wie man nun sehen kann, da er von seinem Hause über viele Meere und mit Schwierigkeiten hierher gefahren ist. Ihn trieb keine Notwendigkeit zu dieser Fahrt, nur die gute Gesinnung gegen Euch.« Da blickte sich der König um und sah über die Köpfe der Männer hinweg dorthin, wo Egil stand, und er richtete die Augen scharf auf ihn und sagte: »Wie konntest du so dreist sein, Egil, daß du es wagtest, mich aufzusuchen? Das letzte Mal schiedest du so von mir, daß du dir keine Hoffnung auf dein Leben von mir machen konntest.« Da ging Egil zu dem Tische und umfaßte des Königs Füße. Er sprach da:

Gekommen bin ich langen
Wellenweg auf Ivis Pferd,
dem meerkreuzenden, zu treffen
englischen Landes Herrn.
Mit großer Kühnheit fand des
Wundenfeuers häufiger
Beweger aus Haralds
Sippe den stärksten Strang.

Ivis Pferd = Schiff; Wundenfeuer = Schwert; des Wundenfeuers häufiger Beweger = Krieger; der stärkste Strang aus Haralds Sippe = Eirik

König Eirik sagte: »Ich brauche nicht deine Verbrechen für dich aufzuzählen; es sind so viele und so schwere, daß ein jedes für sich als Grund dafür gelten kann, daß du niemals hier lebend davonkommst. Du hast nichts anderes zu erwarten als hier zu sterben. Du hättest das vorher wissen können, daß du von mir keine Versöhnung erhältst.« Gunnhild sagte: »Warum soll man Egil nicht sofort erschlagen, oder erinnerst du dich jetzt nicht daran, König, was Egil getan hat: deine Freunde und Verwandten hat er erschlagen und über alles andere deinen Sohn, und dich selbst hat er geschmäht – oder wo hat man schon von solchen Vergehen gegen einen königlichen Mann gehört?« Arinbjörn sagt: »Wenn Egil Böses gegen den König gesprochen hat, so kann er das mit Lobesworten büßen, die für alle Zeit bestehen bleiben werden.« – Gunnhild sagte: »Wir wollen nicht sein Lob hören; laß Egil hinausfahren, König, und ihn niederhauen. Ich will seine Worte nicht hören und ihn nicht sehen.« Da sagte Arinbjörn: »Der König wird sich nicht zu allen deinen Neidingstaten aufhetzen lassen; er wird Egil nicht in der Nacht töten lassen, denn Tötung zur Nacht ist Mord.« Der König sagt: »So soll es sein, Arinbjörn, wie du es erbittest; Egil soll in der Nacht am Leben bleiben. Nimm ihn zu dir nach Hause und bringe ihn mir am Morgen her.«

So geschah es nun, und als sie in das Haus kamen, gehen sie zu zweit in ein kleines Zimmer im oberen Stockwerk und sprechen über die Sache. Da sagt Arinbjörn dies: »Der König war jetzt überaus zornig, aber mir schien, daß sich seine Gesinnung gegen das Ende zu ein wenig besänftigte, und nun wird das Schicksal bestimmen was geschieht. Ich weiß, daß Gunnhild alles Sinnen darauf richten wird, deine Sache zu Fall zu bringen. Nun will ich dir den Rat geben, daß du in der Nacht wach bleibst und ein Lobgedicht auf König Eirik machst. Mir schiene es gut, wenn es eine Drapa von zwanzig Strophen würde und du sie am Morgen vortragen könntest, wenn wir vor den König kommen.« – Egil sagt: »Ich werde es nach deinem Rat versuchen, wenn du willst, aber ich habe mich nicht darauf eingestellt, etwas zum Lobe König Eiriks zu dichten.« Arinbjörn bat ihn es zu versuchen, dann ging er weg zu seinen Männern; sie saßen da beim Trunk bis um Mitternacht. Dann ging Arinbjörn zum Schlafhaus und seine Mannschaft auch, aber ehe er sich entkleidete, ging er hinauf ins Obergeschoß zu Egil und fragte ihn, wie es mit dem Gedicht ginge. Egil sagt, es wäre noch nichts gedichtet – »hier saß eine Schwalbe beim Fenster und hat die ganze Nacht gezwitschert, so daß ich niemals Ruhe vor ihr finden konnte.« Darauf ging Arinbjörn fort und durch eine Tür hinaus, und von dort konnte man außen am Hause hinaufgehen, und er setzte sich an das Fenster im oberen Stock, wo vorher der Vogel gesessen hatte; da sah er, wie sich jemand in zauberisch veränderter Gestalt auf einem anderen Weg vom Hause wegbewegte. Arinbjörn saß da beim Fenster die ganze Nacht, bis es hell wurde; aber nachdem Arinbjörn dorthin gekommen war, dichtete Egil die ganze Drapa und konnte sie so gut auswendig, daß er sie am Morgen vortragen konnte, als er mit Arinbjörn zusammentraf.

König Eirik ging nach seiner Gewohnheit zu Tisch, und es waren da sehr viele Männer bei ihm, und als Arinbjörn das gewahrte, ging er mit seiner ganzen Schar vollbewaffnet in den Königshof, wo der König bei Tische saß. Arinbjörn forderte Eintritt in die Halle für sich, das wurde ihm auch gleich gewährt; er und Egil gehen hinein mit der Hälfte ihrer Mannschaft, die andere Hälfte stand draußen vor den Türen. Arinbjörn begrüßte den König, und der König empfing ihn gut; Arinbjörn sagte: »Nun ist Egil hergekommen, er hat nicht in der Nacht zu fliehen versucht. Wir möchten nun wissen, Herr, was sein Los sein soll; ich erhoffe Gutes von Euch.« Da sagte Gunnhild: »Hör auf, Arinbjörn, es kommt dir nicht zu, darum zu bitten, daß Egil straflos von König Eirik fortzieht, nach allem was er verschuldet hat.« – Da sagt Arinbjörn: »Wenn du, König, und du, Gunnhild, schon allein beschlossen habt, daß Egil hier keine Aussöhnung erreichen soll, so kommt es einem wahren Herrn zu, ihm Fahrterlaubnis und eine Frist von einer Woche zu geben, so daß er sich retten kann. Denn er ist aus eigenem Willen hierher gefahren, um Euch aufzusuchen, und er erhoffte sich Frieden davon; von dann an können Eure Entscheidungen sein, wie sie mögen.« – Gunnhild sagte: »Ich kann daraus sehen, Arinbjörn, daß du Egil höher schätzt als König Eirik. Wenn Egil von hier aus eine Woche in Frieden reiten kann, so wird er in dieser Zeit zu König Adalstein kommen. Aber König Eirik braucht es nicht vor sich selbst zu verbergen, daß ihm jetzt alle Könige an Macht überlegen sind; noch vor kurzem hätte man nicht damit gerechnet, daß König Eirik nicht Willen und Tatkraft genug dazu hätte, eine Beleidigung an einem solchen Manne zu rächen, wie Egil einer ist.« – Arinbjörn sagt: »Kein Mensch wird Eirik deshalb einen größeren Mann nennen, weil er einen ausländischen Bauernsohn erschlug, der sich in seine Gewalt gegeben hat. Wenn er aber davon Ruhm erhalten will, so will ich ihm dazu verhelfen, daß man dieses Geschehnis für erzählenswert halten wird, denn Egil und ich halten nun zueinander, und man muß jetzt gleich mit uns beiden kämpfen. Du wirst Egils Leben teuer erkauft haben, König, wenn wir alle hier auf dem Boden liegen, ich und meine Männer.« Da sagt der König: »Großen Eifer legst du darein, Arinbjörn, um Egil Unterstützung zu leisten. Nur gegen meinen Willen würde ich dir Schaden zufügen, wenn es dazu kommen sollte, daß du lieber dein Leben hingibst als zuläßt, daß er getötet wird. Aber es gibt genug gegen Egil vorzubringen, was immer ich auch mit ihm geschehen lasse.«

Und als der König dies gesprochen hatte, trat Egil vor ihn und begann das Gedicht, und er trug es laut vor und fand gleich Gehör.

König Eirik saß aufrecht da und richtete die Augen scharf auf ihn, und als die Drapa zu Ende war, sprach der König: »Das Gedicht ist vortrefflich vorgetragen worden, und jetzt habe ich es mir überlegt, Arinbjörn, wie es in der Sache zwischen mir und Egil weitergehen soll. Du hast Egils Sache mit großem Eifer vertreten, da du sogar willens warst, dich gegen mich zu stellen. Nun soll es deinetwegen so geschehen, wie du gebeten hast: Egil soll heil und unverletzt von mir ziehen. Du aber, Egil, wenn du mich hier in dieser Halle verlassen hast, richte deine Fahrten so ein, daß du mir und meinen Söhnen niemals mehr vor die Augen kommst und nie mehr vor mir oder meinen Leuten erscheinst. Diesmal aber will ich dir deinen Kopf schenken. Aber das sollst du wissen, daß dies keine Aussöhnung ist mit mir oder meinen Söhnen oder irgendwelchen von unseren Verwandten, wenn sie gerechte Rache üben wollen.«

Arinbjörn dankte dem König mit schönen Worten für die Ehre und Freundschaft, die der König ihm erwiesen hatte. Dann gehen Arinbjörn und Egil heim zu Arinbjörns Hof. Und als sich Arinbjörn und Egil trennten, gab Egil Arinbjörn die zwei Goldringe, die König Adalstein ihm gegeben hatte, von denen jeder eine Mark wog, und Arinbjörn gab Egil das Schwert, das Dragvandil hieß. Es war das schärfste von allen Schwertern. (6)

Am Rand des ewigen Eises

Über Grönland

Es gibt aber noch mehrere andere Inseln im Ozean, von denen keine der geringsten Grönland ist, welches tiefer im Ozean den schwedischen oder riphäischen Gebirgen gegenüberliegt. Nach dieser Insel soll man in fünf bis sieben Tagen vom Ufer der Nordmannen aus hinsegeln können, sowie nach Island. Die Menschen dort sind von der Salzflut blaugrün, woher auch das Land den Namen hat. Sie führen ein ähnliches Leben wie die Isländer, nur daß sie blutgieriger sind und als Räuber die Seefahrenden anfallen. Auch zu ihnen soll, wie man sich erzählt, neuerdings das Christentum im Flug hingelangt sein. (1)

Erik der Rote und seine Landnahme auf Grönland

Ein Landsuchender wurde um 900 auf dem Weg nach Island westwärts verschlagen und sichtete einige Inseln, die er nach sich benannte: die Gunnbjörninseln. Es sollte jedoch bis 982 dauern, ehe jemand sich dieses oft erwähnten aber noch unbekannten Landes annahm; es war Erik der Rote, ein leicht gereizter Mann, der ständig mit seinen Nachbarn in der Nordwestecke Islands im Streit lebte. Schließlich schlug er in einem Kampf zwei Söhne seines Gegners tot, und da er zu wenig Fürsprecher auf dem Thing hatte, wurde er für drei Jahre friedlos erklärt.

Die Zeit hat er klug ausgenutzt, um das Land westwärts so planmäßig zu untersuchen, wie es die Forschungsreisenden im letzten Jahrhundert nicht hätten besser machen können. Er wird an der Ostküste Grönlands entlang südwärts gesegelt sein und gemerkt haben, daß die Insel von riesigem Ausmaß und ganz unwirtlich ist. Südwärts konnte es nur anheimelnder und wärmer werden, und kurz nachdem er die Südspitze Kap Farvel umsegelt hatte, stieß er auch auf die freundliche Fjordlandschaft von Julianehaab, die er Österbygden (die Ostsiedlung) nannte, obwohl sie an der Westküste liegt. Sie liegt immerhin östlicher als die andere Landnahmegegend bei Gotthaab, die den Namen Vesterbygden erhielt. Erik ernährte sich als Fischer, Jäger und Vogelfänger, drang in jeden Fjord hinein, hütete sich aber, landeinwärts zu überwintern, da er dann vom Packeis hätte eingesperrt werden können. Er ließ sich Zeit, bis die drei Jahre verstrichen waren, kehrte dann nach Island zurück und konnte von zwei geeigneten Siedlungsräumen berichten. Holz fehle dort allerdings, aber die winzigen Baumbestände auf Island waren ja auch schon längst abgeholzt. Es gäbe fruchtbare Weiden und viel Wild für diejenigen, die auf Island zu kleine Schollen erhalten hatten. Er nannte das neue Land *Grönland* (= Grünland), »denn er meinte, daß viele dorthin würden reisen wollen, falls es einen guten Namen trage.«

Schon darin liegt ein psychologischer Weitblick. Erik der Rote und Zanksüchtige entwickelte sich zu einem glänzenden Leiter und Organisator, der seinen Überschuß an Tatkraft jetzt richtig einsetzen konnte. Die Begeisterung für das neue Land war groß, und im Frühling 986 liefen 25 Schiffe westwärts zu einer planmäßigen neuen Landnahme aus. 500 bis 700 Menschen werden an Bord gewesen sein, Männer, Frauen und Kinder. Der Rest des Schiffsraumes wurde für Vieh, Pferde, Werkzeuge, Holz und Küchengerät gebraucht. Es ist eine fabelhafte Leistung, in dieser Weise über den Ozean vorzustoßen, zumal wenn wir die drohenden Gefahren unterwegs bedenken. Sie blieben auch nicht aus. Ein gewaltiger Sturm überfiel die Umsiedler, und nur 14 Schiffe erreichten das Ziel. Die anderen wurden zurückgetrieben oder verunglückten.

Erik der Rote war selbstverständlich der Leiter, nahm das beste Land am Innerende des Eriksfjords auf Österbygden, baute dort seinen Hof Brattahlid und verteilte das Land, sorgte für die Thingstätte und schuf eine freie Bauernrepublik nach isländischem Vorbild. Bis zu 200 Höfe wird es allmählich auf Österbygden und 100 auf Vesterbygden gegeben haben. Zeitweilig kann die Gesamtbevölkerung mehr als 3000 Menschen gezählt haben.

Das Leben in der Nähe des Inlandeises, am Fuße riesiger Berge, an einem schmalen, grünen Küstenstreifen der Fjorde hatte immerhin arktisches Gepräge. Von Oktober bis Mai war die Bevölkerung sowieso von der Außenwelt abgeschnitten und ihr fehlte manches, was in der Heimat als lebensnotwendig galt, vor allem Getreide, Holz und Eisen. Eisen konnte regelmäßig aus Island herbeigeschafft werden, und angespültes Holz spielte eine große Rolle. Lebensentscheidend waren die Viehweiden, natürlich mit Stallfütterung im Winter. Bei Ausgrabungen der alten Siedlungen können wir an den Abfallknochen feststellen, wie wichtig die Jagd war. Das Land hatte einen natürlichen Reichtum an Fischen, Wal, Robben, Vögeln, Hasen, Bären und Ren, während der Wolf wie immer weniger gern gesehen war. So war das Leben zwar hart aber doch erträglich, ergänzt durch Tauschhandel und regelmäßige Segelfahrten nach Island und Norwegen. (8)

Das Leben auf Grönland

In Grönland, so meint man, hat sich das menschenärmste Gemeinwesen der Welt befunden, denn dieses Land bewohnten Nordländer aus Island durch zwölf Geschlechter, bis sie ausstarben; der letzte Überlebende stürzte zu Boden und hatte den Geist aufgegeben und konnte nicht begraben werden; damals fehlten wenige Jahre am vollen Hundert, seit das letzte Schiff das Land angelaufen hatte.

Als Thormod Kolbrunarskalde nach Grönland kam, bestanden dort seit einem Menschenalter nordische Ansiedlungen, und der natürliche Reichtum des Landes war im Vergleich zu später erst wenig angegriffen, und fast jedes Jahr wurde das Land von Schiffen angelaufen. Es gab eine östliche und eine westliche nordische Siedlung.

Es wird berichtet, daß Thormod, als er in die Ostsiedlung kam, den Mann aufsuchte, der dort in den Fjorden der angesehenste war und Thorgrim Trölli hieß; Neuankömmlinge pflegten den Häuptling aufzusuchen, der in der Siedlung den größten Einfluß hatte. Den Einheimischen kam es etwas sonderbar vor, als ein berühmter Mann von Osten aus Island ankam, der seinen Hof und die Glücksgüter am Isafjardardjup verlassen hatte und in Brattahlid an Land gestiegen war wie irgendein Schiffsmann, ohne anderes Gepäck als die Kleider am Körper und mit keineswegs großartigen Waffen; und es war sein Anliegen, zwei armselige Kerle aufzuspüren, die es wenige Jahre zuvor von Island nach hier verschlagen hatte, den Kuhtrinker Butraldi Brusason und dessen Gefährten Lusoddi; und er sagte, daß er nicht eher ruhen wollte, als bis er diese beiden Elenden umgebracht hätte.

Es wird berichtet, die Nordländer in Grönland seien keine großen Kämpfer gewesen, außer wenn sie darangingen, die Trolle abzuschlachten, die am Ende der Welt wohnten und die sie Skrälinge nannten; allzu gering erschien ihnen ihre Zahl, auch ohne daß einer den anderen erschlug; sie lebten in ständiger Furcht, daß es ihnen an Mannschaft fehlen könnte, wenn die Trolle sie ernstlich angriffen.

Thormod Kolbrunarskalde gab sich wenig mit der Bevölkerung in Grönland ab, auch wurde er nur selten von vornehmen Leuten bewirtet. Er kümmerte sich auch nicht um die Sommerarbeiten, die in Grönland unerläßlich waren: Man stand früh auf und ging spät schlafen und hatte bei der Heumahd nur wenig eisernes Gerät; manche schnitten die Halme mit ihrem Messer oder rupften sie mit bloßen Händen ab; einige bewachten des Nachts ihre kleinen Kornäcker und breiteten in Frostnächten Lodenstoff über die

Ähren; andere wieder trieben Fische in flache Buchten und griffen sie mit Händen oder gingen mit Knüppeln auf Seehunde los. Und wenn ein Vormann Thormod danach fragte, welche Arbeit er sich auf den Höfen Thorgrim Tröllis auswählen wolle, so sagte er, er sei hier, um Ruhmestaten zu vollbringen, nicht, um Nahrungssorgen zu haben; dadurch machte er sich vielen Leuten in der Ostsiedlung sehr mißliebig. Die Vorarbeiter sagten, es sei Gesetz in Grönland, daß, wer nicht arbeiten wolle, auch kein Essen haben solle, und den Einheimischen sei mehr daran gelegen, ihre Ernährung zu sichern als Heldentum zu betreiben oder Preisliedchen anzuhören; in den Gesprächen mit dem Skalden klang ihre Verärgerung durch, und er hatte es schwer, unterzukommen.

Durch seine unablässigen Fragen nach Butraldi und Lusoddi erhielt Thormod Kenntnis davon, daß diese Herumtreiber den Grönländern ziemlich zuwider waren und bisher keinen festen Wohnsitz gewonnen hatten, zumal sie lieber betteln gingen, als sich den Leuten nützlich zu machen; einflußreiche Männer hatten sie im Frühjahr in die Westsiedlung bringen lassen, wo das Leben härter war und Bettler schneller umkamen als in der östlichen Niederlassung.

Thormod hat selber erzählt, daß er seinen ersten Winter in der Ostsiedlung in Grönland unter Entbehrungen und Krankheit verbrachte und das harte Leben zu spüren bekam, das die Menschen in diesem Land in jedem Winter ertragen mußten, weil dort in den letzten Wintermonaten stets Nahrungsmangel eintrat und nur wenige Dinge zur Verfügung standen, die zum Lebensunterhalt gehörten; beißende Kälte schmerzte die Menschen, und es gab wenig Feuerung; wenn im Lenzmonat das Heu ausging, stand das Milchvieh trocken, und viele Schafe verendeten, wenn sie auf verharschte Weiden getrieben wurden, und Kühe konnten im Stall nicht mehr aufstehen; man hatte nur alten Quark zu essen, wenn man sich nicht durch Fischfang versorgen konnte; man hatte zu wenig Fanggerät, und das Meer war an der Küste gefroren; es fehlte auch an Kleidung und Ausrüstung, um auf dem Eis auf Beute zu lauern; an Mehl für Brot und Brei bestand so großer Mangel, daß man Samen und Körner verschiedener Art in Gesträuch und Beerenheiden sammelte und kaute, um sich gesund zu erhalten; das größte Festessen bestand in altem Seehundsfleisch, doch diese Speise bekam man über, weil man nichts hatte, um sie genießbarer zu machen. Durch diese Entbehrungen im Winter magerten die meisten Menschen ab und wurden krank; in schlechten Jahren starben viele mit ihrem Vieh. Auch wurden in Grönland keine Weihnachten gefeiert, um so inbrünstiger rief man den guten Nikolaus von Bari an, den Heiligen, an den die Grönländer am meisten glaubten, nachdem Thor gestorben war; seine Kirche stand in Gardar auf Gebot des Herrn Papstes.

Selten kommt in Grönland früher als erhofft die Zeit, in der das Eis bricht, die Fjorde sich leeren und die Schiffahrt beginnt; doch schließlich ist es immer wieder soweit. Und als es Frühling wurde, bekam Thormod Fahrgelegenheit bei einigen Leuten, die mit Hab und Gut in die Westsiedlung zogen. Von einer Siedlung in Grönland zur anderen brauchte man sechs Tage mit einem sechsrudrigen Boot. Sie bekamen Gegenwind und trieben einen großen Teil des Sommers zwischen Land und Inseln umher und mußten sich durch Fischfang und Jagd ernähren; spät in der Heuernte erreichten sie die Westsiedlung. Hier wohnten weniger Menschen als im Osten, und das Leben war noch härter; hier fielen nackte Felsen steil ins Meer ab, und lange Fjorde lagen zwischen den Gletschern, so daß sich kein einziger Grashalm fand, und die Menschen in dieser Siedlung hatten den guten Nikolaus von Bari sichtlich nötiger als in der anderen, weshalb ihm auch unterhalb der Firnfelder auf Gebot des löblichen Herrn Papstes Kirchen errichtet wurden. Doch als Thormod Kolbrunarskalde sich nach den Kumpanen Butraldi und Lusoddi erkundigte, erfuhr er die Neuigkeit, daß sich diese Landstreicher Jägern angeschlossen hatten, die im Frühjahr nach Norderseta gezogen waren, um Walrosse und Wale zu erlegen, denn die Zähne dieser Großfische sind nach Gold und Elfenbein das beste Zahlungsmittel der Welt.

Norderseta haben die Grönländer die Gegenden genannt, die dem Großen Abgrund am nächsten liegen, wo es außer Eis und Finsternis nichts gibt und die Reifriesen wohnen. Bis zu den Orten in Norderseta, die den Siedlungen der Grönländer am nächsten waren, mußte man einen Monat weniger fünf Tage rudern; die Männer fuhren im Frühjahr und kamen im Herbst wieder, manche blieben den Winter über im Norden, um sich Einnahmen zu verschaffen, manche noch länger. Auf diesen Fahrten waren oft große Schwierigkeiten zu überwinden; viele kehrten aus Norderseta nicht mehr zurück; man hielt die Fahrten dorthin nur für die Sache verwegener Abenteurer oder armer Männer, die nichts zu beißen hatten. Doch wem es gelang, aus Norderseta heimzukehren, dessen Aufstieg war wohlbegründet.

Nördlich an Norderseta angrenzend lagen die Wohnstätten des Volkes von Trollen und Zauberern, welche die Grönländer Skrälinge nannten, weil sie sich in solche Häute und Felle hüllten, die zu tragen die Nordländer für eine Schande hielten. Die Nordländer meinten, daß dieses Volk nicht von Menschen abstammte, und hielten es für vogelfrei; sie sagten, es sei ein Hohn auf menschliche Wesen, daß diese Ausgeburten Menschengestalt mit Augen und Nase und anderem Erschaffenen annähmen, als wären sie Menschen. Dieses Gesindel, wie die Grönländer sie nannten, fuhr im Sommer stets nach Osten ums Land, stellte auf Inseln und Schären Zelte auf und befaßte sich mit Walen und anderen Großfischen. Und wenn es bekannt wurde, daß diese Leute angelandet waren, ließen die Anführer der Nordländer zu den Waffen rufen und veranstalteten einen Kriegszug gegen sie und erschlugen sie. Gar bald erwarben die nordischen Menschen die Kenntnis über diese Leute, daß ihre Zauberkraft so groß war, daß sie weder zu Wasser noch zu Lande in Lebensgefahr gerieten; sie bezeichneten jedes Wetter als schön oder ebenso schön wie jedes andere und vergnügten sich nie besser als in den Stürmen, in denen die Nordländer erfroren oder ertranken; dieses Volk lebte stets im Überfluß, gleich, wie das Jahr ausfiel, und wiegte sich in Speck. Es veranstaltete üppige Gastereien unter sich, während die nordischen Menschen, kluge Leute und anerkannte Wirtschafter, alles Gute entbehren mußten und Hunger und Elend mit Verödung und Viehsterben ihre Siedlungen befiel und die Kinder bei der Geburt starben. Und wenn sich der Himmel verdunkelte mit heftigem Sturm und schwerem Schneefall und hartem Frost, dann setzte sich dieses Volk von Trollen in eine Burg aus Eis und sagte zu seiner Unterhaltung Tag und Nacht das Gedicht vom Mann im Mond vorwärts und rückwärts auf und kümmerte sich nie darum, ob das Unwetter längere oder kürzere Zeit dauerte. Besonders aber setzte es die Nordländer in Erstaunen, daß die Angehörigen dieses Volks keine Waffen besaßen und nichts von der Kunst verstanden, Menschen zu töten oder zu morden, sich hingegen umhauen ließen wie Strauchwerk und zusahen, wie ihre Wohnstätten in Flammen aufgingen, wenn ihre Zauberkraft ihnen nicht das Leben rettete. (5)

Die Seherin

In dieser Zeit war die Hungersnot auf Grönland groß; die Männer hatten wenig Beute gemacht, die auf Fischfang und zur Jagd gegangen waren, und einige waren nicht zurückgekommen. Dort auf dem Hof war eine Frau, die Thorbjörg hieß; sie war eine Seherin und wurde Kleine Völva (Kleine Zauberin) genannt. Sie hatte neun Schwestern gehabt, und alle waren Seherinnen gewesen, aber sie allein war noch am Leben. Es war Thorbjörgs Gewohnheit zum Winter, daß sie zu Festen kam, und meist luden die Leute sie zu sich ein, die etwas über ihren zukünftigen Ernteertrag oder ihr Schicksal wissen wollten; und weil Thorkel dort der größte Bauer war, meinte man, es komme ihm zu, zu wissen, wie bald diese schlechte Zeit, die jetzt herrsche, zu Ende sein werde. Thorkel lud die Seherin zu sich ein, und sie wurde in Empfang genommen, wie es sich gehörte, und wie man es einer Frau dieser Art schuldig war.

Ein Hochsitz war für sie errichtet und ein Polster für sie hingelegt worden; darin mußten Hühnerfedern sein. Und als sie zusammen mit dem Mann, der ihr entgegengesandt worden war, am Abend ankam, da war sie so gekleidet, daß sie einen blauen Umhang mit Spangen übergeworfen hatte, der war oben ganz mit Steinen besetzt; am Halse hatte sie Glasperlen, eine schwarze Lammfellmütze auf dem Kopf, deren Innenseite war aus weißem Katzenfell; auch hatte sie einen Stab in der Hand, der oben einen Knauf hatte; er war mit Messing beschlagen und oben am Knauf mit Steinen besetzt; einen Zundergürtel hatte sie umgelegt, und daran hing ein großer Lederbeutel, darin verwahrte sie ihre Zaubermittel, die sie für ihre Weissagung dabeihaben mußte. An den Füßen trug sie flauschige Kalbfellschuhe mit langen Riemen und großen Zinkknöpfen an den Enden. An den Händen trug sie Katzenfellhandschuhe, die innen weiß und flauschig waren.

Als sie eintrat, schien es allen erforderlich, sie ehrenvoll zu begrüßen. Sie nahm das so an, wie ihr die einzelnen jeweils zusagten.

Bauer Thorkel nahm sie bei der Hand und führte sie zu dem Sitz, der für sie errichtet worden war. Thorkel bat sie dann, dort ihre Augen über Haus und Hof gehen zu lassen. Zu all dem sagte sie wenig.

Am Abend wurden Tische aufgestellt, und nun ist davon zu erzählen, was für die Seherin an Essen zubereitet war. Ihr wurde Ziegenmilch-Grütze gegeben, und Herzen von allen Tierarten, die es dort gab, wurden für sie zum Essen zubereitet. Sie hatte einen Messinglöffel und ein Messer mit einem Griff aus Walroßzahn und daran zwei Kupferringe; von dem Messer war die Spitze abgebrochen.

Als die Tafel aufgehoben war, ging Bauer Thorkel zu Thorbjörg und fragte, was sie zu sehen meinte, inwieweit ihr dort die Hausgemeinschaft zusage und in welcher Weise sie vorgehen wollte, um dessen gewiß zu werden, wonach er sie gefragt hatte und was zu wissen die Leute sehr begierig waren. Sie antwortete, sie wolle vor dem nächsten Morgen, wenn sie die Nacht vorher geschlafen habe, nichts sagen. Aber am nächsten Tag, gegen Abend, wurde für sie die Vorbereitung getroffen, die sie zur Durchführung des Zaubers benötigte. Sie erbat sich auch Frauen, die das Zauberlied könnten, dessen man zum Zaubern bedürfe, und das Vardlokur hieß. Aber solche Frauen fanden sich nicht. Da wurde auf dem ganzen Hof gefragt, ob irgendjemand das Lied kenne. Gudrid sagte da: »Ich bin weder zauberkundig noch eine Weissagerin, aber trotzdem lehrte mich Halldis, meine Ziehmutter, auf Island das Zauberlied, das sie Vardlokur nannte.«

Thorkel meinte: »Da hast du das richtige Wissen.«

Sie antwortete: »Dies ist ein Vorhaben, zu dem ich keine Hilfe leisten will, weil ich eine Christin bin.«

Thorbjörg sagte: »Es dürfte so sein, daß du den Leuten hier behilflich sein könntest und doch keine schlechtere Frau als vorher wärest; aber ich muß es mit Thorkel ausmachen, daß ich die Hilfe erhalte, die ich brauche.«

Thorkel drang nun so auf Gudrid ein, daß sie zusagte, das zu tun, was er wolle.

Da schlugen die Frauen einen Ring um das Podest, aber Thorbjörg saß obenauf. Gudrid sagte dann das Zauberlied so schön und gut, daß keiner meinte, es je mit einer schöneren Stimme vorgetragen gehört zu haben als gerade da. Die Seherin dankte ihr für das Lied und sagte, daß viele Geister es jetzt aufgesucht hätten und es schön fanden, das Lied zu hören, wo es so schön vorgetragen war, – »Geister, die sich vorher von mir fernhielten und mir keinen Gehorsam wußten. Aber mir sind jetzt viele Dinge offenbar, die mir vorher verborgen waren, und auch viele andere. Ich kann dir das sagen, Thorkel, daß diese Hungersnot sich nicht länger als den Winter über halten wird, und der Bodenertrag wird sich verbessern sowie es Frühling wird. Die Epidemie, die auf uns lag, hört auf und bessert sich über Erwarten schnell.

Aber dir, Gudrid, werde ich sofort die Hilfeleistung lohnen, die uns von dir gegeben wurde, weil deine Zukunft mir nun deutlich sichtbar ist. Du wirst hier auf Grönland eine Ehe schließen, die angemessen ist, doch wird sie nicht lange dauern, weil deine Wege hinausführen nach Island, und dort wird von dir ein großes und gutes Geschlecht entstehen; und über diesem deinem Geschlecht scheinen hellere Lichtstrahlen als ich solches bisher gewöhnlich gesehen habe; und so nun: alles Gute für dich, Tochter.«

Danach gingen die Leute zu der Weissagerin, und da erfuhr jeder das, was zu erfahren ihm am wichtigsten war. Sie war auch gut, was die Vorhersagen anging; meist ging das auch in Erfüllung, was sie sagte. (15)

Vinland

Außerdem erzählte er, daß noch eine Insel in jenem Ozean von vielen Leuten gefunden worden sei, welche Winland heiße, weil dort Weinstöcke wild wüchsen, die den besten Wein trügen. Daß dort auch Feldfrüchte ungesät im Überfluß vorhanden sind, erfahren wir nicht durch fabelhafte Meinung, sondern zuverlässige Erzählung der Dänen.

Hinter dieser Insel, sagte er, wird kein bewohnbares Land in jenem Ozean gefunden, sondern alles, was jenseits liegt, ist voll unerträglichen Eises und unermeßlicher Finsternis. Dieses Umstandes gedenkt Marcian mit folgenden Worten: »Über Thyle hinaus ist eine Tagesreise weit das Meer geronnen.« Das hat neuerdings der sehr erfahrene Nordmannenfürst Harald selbst erlebt, indem er, die Breite des nördlichen Ozeans mit seinen Schiffen durchforschend, endlich, als vor ihren Augen die Grenzen der schwindenden Welt düster dalagen, dem ungeheuren Schlund des Abgrundes kaum mit rückwärts gewendeten Schritten wohlbehalten entrann. (1)

Was die beiden Vinland-Sagas – die »Grönländer-Saga« und die »Saga von Erich dem Roten« – hier und da voneinander abweichend, im Ganzen jedoch übereinstimmend berichten, wird durch archäologische Funde überzeugend bestätigt: Um das Jahr 1000 betraten Seefahrer aus Grönland beim heutigen L'Anse aux Meadows auf Neufundland amerikanischen Boden. Die Frage indes, weshalb sie das vermutlich schon damals recht unwirtliche Land »Vinland« tauften, ist bis heute ungeklärt. Vieles spricht für die These, daß die Geschichte vom trunkenen Tyrkir schlicht erfunden ist und Leif ähnlich wie sein Vater Erik zur Schönfärberei neigte.

Die Vinland-Saga

Erik der Rote wirtschaftete in Brattahlid. Er hatte dort das höchste Ansehen und alle beugten sich vor ihm. Dies waren die Kinder Eriks: Leif, Thorvald und Thorstein, und Freydis hieß seine Tochter. Sie war mit einem Mann verheiratet, der Thorvard hieß, und sie wirtschafteten in Gardar, dort, wo jetzt der Bischofssitz ist. Sie war eine sehr hochmütige Frau, aber Thorvard ein unbedeutender Mann; sie war ihm des Geldes wegen verheiratet worden. In dieser Zeit waren die Leute auf Grönland heidnisch.

Den Sommer kam Bjarni Herjolfsson nach Island zurück. Die Nachricht, daß sein Vater Herjolf nach Grönland übersiedelt war, schien dem Bjarni bemerkenswert, und er wollte sein Schiff nicht entladen. Da fragten seine Matrosen, was er vorhabe, und er antwortete, er wolle es mit seiner Gewohnheit halten und bei seinem Vater Winteraufenthalt nehmen: »und ich will nun mit dem Schiff nach Grönland halten, wenn ihr mir folgen wollt.«

Alle antworteten, sie wollten seinem Beschluß folgen. Da sagte Bjarni: »Unsere Fahrt mag unvorsichtig erscheinen, da keiner von uns bisher im Grönlandmeer gewesen ist.«

Aber sie stachen nun doch in See und segelten drei Tage, bis das Land hinter dem Horizont verschwand. Dann aber hörte der Fahrtwind auf, und Nordwind und Nebel legten sich auf das Meer. So wußten sie nicht, wohin sie fuhren, und das hielt sich viele Tage so.

Danach sahen sie die Sonne und vermochten dann die Himmelsrichtungen zu erkennen. Sie setzten nun Segel und segelten diesen Tag und die Nacht, bevor sie Land sahen. Sie überlegten untereinander, was dies für ein Land sein mochte. Bjarni sagte, er meine, dies sei nicht Grönland. Sie fragten, ob er zu diesem Land hinsegeln wolle oder nicht. Bjarni antwortete: »Mein Entschluß ist, dicht an das Land heranzusegeln.« Das taten sie und sahen bald, daß das Land ohne Berge und mit Wald bewachsen war und kleine Hügel auf dem Land waren. So ließen sie das Land backbords und kehrten die Schote dem Ufer zu.

Danach segelten sie zwei volle Tage, bis sie ein anderes Land sahen. Sie fragten, ob Bjarni meine, dies sei Grönland. Er antwortete, er halte dies nicht eher für Grönland als das frühere, – »denn die Gletscher sind sehr groß auf Grönland, sagt man.« Bald näherten sie sich dem Land und sahen, daß es flach und mit Weiden bewachsen war. Dann nahm ihr Fahrtwind ab. Da besprachen die Matrosen, daß es ihnen ratsam erschien, das Land zu nehmen, aber Bjarni wollte das nicht. Sie meinten, sie brauchten sowohl Holz als auch Wasser.

»Keineswegs sind wir so knapp damit!« sagte Bjarni, aber er bekam dafür doch einige Vorwürfe von seiner Mannschaft. Dann befahl er, Segel zu setzen, und das wurde gemacht. Sie richteten den Bug in die See und segelten drei Tage mit Südwestwind ins Meer. Dann sahen sie das dritte Land, dies aber war hoch und voller Berge und mit Gletschern. Dann fragten sie, ob Bjarni dort landen lassen wolle, aber er sagte, er wolle das nicht – »denn mir scheint dieses Land nichts Gutes zu versprechen.«

Nun strichen sie ihre Segel nicht, hielten am Land entlang und sahen, daß es eine Insel war. Sie wandten das Heck zum Land und segelten mit demselben Wind auf die See hinaus. Aber der Wind nahm an Stärke zu, und Bjarni befahl dann, die Segel zu reffen und nicht mehr zu segeln, als ihr Schiff und das Tauwerk es aushielten. Jetzt segelten sie volle vier Tage. Dann sahen sie das vierte Land. Da fragten sie Bjarni, ob er denke, dies sei Grönland oder nicht. Bjarni antwortete: »Dies ist dem am ähnlichsten, was mir von Grönland erzählt wurde, und hier werden wir auf das Land zu halten.« So taten sie es und gelangten am Abend unter einer Landzunge an Land. Dort lag ein Boot an der Landzunge. Herjolf aber wohnte dort, Bjarnis Vater, und daher hat die Landzunge ihren Namen bekommen und heißt seitdem Herjolfsnes.

Bjarni ging nun zu seinem Vater, hörte mit den Segelfahrten auf und blieb bei seinem Vater, solange Herjolf lebte. Später wirtschaftete er nach seinem Vater dort.

Das Nächste ist nun, daß Bjarni Herjolfsson von Grönland hinausfuhr zu Jarl Erik, und der Jarl nahm ihn gut auf. Bjarni erzählte von seinen Fahrten, auf denen er die Länder gesehen hatte. Die Leute aber meinten, er müsse wenig neugierig gewesen sein, da er nichts über diese Länder zu sagen hätte, und machten ihm daher Vorwürfe. Bjarni wurde Gefolgsmann des Jarls und fuhr den nächsten Sommer hinaus nach Grönland.

Es gab nun großes Gerede um die Landsuche. Leif, der Sohn Eriks des Roten aus Brattahlid, fuhr zu Bjarni Herjolfsson, kaufte bei ihm ein Schiff und besorgte sich eine Mannschaft dazu, so daß sie zusammen fünfunddreißig Mann waren. Leif bat seinen Vater Erik, er möge doch auf der Fahrt ihr Anführer sein. Erik lehnte jedoch ab und sagte, er sei in hohem Alter und könne nicht mehr die Strapazen ertragen wie früher. Leif erwiderte, dennoch sei er von ihrer ganzen Familie am besten geeignet, die Fahrt zu führen. Da gab Erik dem Leif nach und ritt, als sie soweit zur Fahrt fertig waren, von zu Hause los. Es war bis zum Schiff nicht weit zu reiten. Das Pferd, das Erik ritt, strauchelte, und er fiel von dessen Rücken und verletzte sich einen Fuß. Da sagte Erik: »Mir ist es nicht zugedacht, mehr Land zu finden, als das, das wir jetzt bewohnen; wir werden jetzt nicht alle weiter zusammenbleiben.«

Erik ritt nach Hause nach Brattahlid, aber Leif und mit ihm seine Leute gingen aufs Schiff, fünfunddreißig Mann. Ein Deutscher war dort auf der Fahrt, der Tyrkir hieß.

Sie machten nur ihr Schiff fertig und stachen in See. Zuerst fanden sie das Land, das Bjarni mit seinen Leuten zuletzt gefunden hatte. Sie segelten dort zum Land, warfen Anker, setzten ein Boot aus, fuhren an Land und sahen dort kein Gras. Das ganze obere Land bestand aus großen Gletschern, und von den Gletschern zum Strand schien ihnen alles wie ein flacher Stein. Sie hielten das Land für unwirtlich. Da sagte Leif: »Mit diesem Land ist es uns anders gegangen als Bjarni, der gar nicht an Land gekommen ist. Ich werde nun dem Land einen Namen geben und nenne es Helluland.«

Dann gingen sie aufs Schiff.

Sie stachen danach in See und fanden ein anderes Land. Wieder segelten sie zum Land hin, warfen Anker, setzten dann ein Boot aus und gingen an Land. Dieses Land war eben, mit Wald bewachsen und hatte dort, wo sie gingen, weithin weiße Sandstrände. Es lief flach in die See aus. Da sagte Leif: »Aus diesen Gründen werde ich diesem Land einen Namen geben und es Markland nennen.«

Dann gingen sie, so schnell es ging, wieder zum Schiff zurück. Von dort stachen sie nun bei Nordostwind in See und waren zwei Tage draußen, bevor sie Land sahen. Sie segelten zu dem Land hin und kamen zu einer Insel, die nördlich des Landes lag. Sie gingen da hinauf, sahen sich bei gutem Wetter um und stellten fest, daß Tau auf dem Gras lag. Es geschah, daß sie mit ihren Händen an den Tau gerieten und sie an den Mund nahmen. Es schien ihnen, sie hätten nie etwas gekannt, das ähnlich süß war wie dieses.

Danach gingen sie zu ihrem Schiff und segelten in den Sund, der zwischen der Insel und der Landzunge lag, die vom Land nach Norden wegging; sie steuerten westlich an der Landzunge entlang. Bei Ebbe war dort eine große Untiefe, und ihr Schiff lief dann auf Grund. In der Ferne konnte man vom Schiff aus die Flut sehen. Sie waren aber so begierig darauf, zu dem Land zu fahren, daß sie keine Lust hatten, darauf zu warten, daß die See wieder unter ihr Schiff fiele; und so liefen sie dort, wo ein Fluß aus einem See kam, an Land. Sobald aber die See unter ihr Schiff griff, nahmen sie das Boot, ruderten zum Schiff und zogen es in den Fluß hinauf und dann in den See. Dort warfen sie Anker, trugen ihre Schlafsäcke vom Schiff und schlugen dort Hütten auf.

Danach beschlossen sie dann, den Winter über dort zu bleiben und bauten ein großes Haus. Es mangelte dort weder im Fluß noch im See an Lachs; und zwar gab es größere Lachse, als sie sie je gesehen hatten. Dort war das Land so gut, daß sie meinten, sie mußten dort kein Viehfutter für den Winter brauchen. Es gab dort keinen Frost im Winter, und das Gras verwelkte dort kaum. Tag und Nacht waren nicht so unterschiedlich lang wie auf Island oder Grönland; zur Wintersonnenwende ging die Sonne um neun Uhr auf und um drei Uhr nachmittags unter. Als sie mit dem Hausbau fertig waren, sagte Leif zu seiner Mannschaft: »Ich will unsere Gruppe jetzt aufteilen und das Land erforschen lassen. Eine Hälfte von uns soll bei dem Haus bleiben, aber die andere Hälfte soll das Land erforschen. Diese Leute sollen aber nicht weiter gehen, als daß sie abends noch nach Hause kommen können, und sie sollen sich nicht weiter teilen.«

So hielten sie es eine Zeitlang. Leif selbst ging abwechselnd mit ihnen und blieb beim Haus.

Leif war ein großer und starker Mann, der bestaussehende von den Männern dort. Dazu war er ein weiser, guter und in jeder Hinsicht besonnener Mann.

An einem Abend trug es sich zu, daß ein Mann aus ihrer Gruppe vermißt wurde, und das war Tyrkir, der Deutsche. Für Leif war dies ein so großes Unglück, weil Tyrkir lange bei ihm und seinem Vater gewesen war, und er Leif in seiner Kindheit sehr geliebt hatte. Leif machte nun seinen Fahrtgenossen starke Vorhaltungen und machte sich mit zwölf Mann auf, ihn zu suchen. Als sie aber nur wenig vom Haus weg waren, da kam ihnen Tyrkir entgegen und wurde freudig empfangen. Leif merkte bald, daß sein Ziehvater angeheitert war. Er war flachgesichtig, hatte unstete Augen, ein durchschnittliches Gesicht, war klein gewachsen und unansehnlich, aber in Kunstfertigkeiten aller Art war er ein geübter Mann.

Da sagte Leif zu ihm: »Warum bist du so spät dran, Ziehvater, und warum trenntest du dich von den Gefährten?«

Zuerst sprach er lange Deutsch, rollte die Augen und verzog das Gesicht, aber sie verstanden nicht, was er sagte. Dann sagte er auf Nordisch: »Viel weiter als ihr bin ich nicht gegangen. Eine Neuigkeit kann ich erzählen: Ich fand Weinstöcke und Weinbeeren.«

»Ist das wahr, Ziehvater?« fragte Leif.

»Sicher ist das wahr«, antwortete er, »weil ich doch dort geboren bin, wo es weder an Weinstöcken noch an Weinbeeren mangelt.«

Sie schliefen nun die Nacht, aber am Morgen sprach Leif zu seiner Mannschaft: »Es gibt nun zweierlei zu tun, und zwar sollen jeden Tag abwechselnd Weinbeeren gelesen oder Weinstöcke geschlagen und Bäume gefällt werden, als Fracht für mein Schiff.«

Dies wurde beschlossen. Man sagt, ihr Schleppboot war mit Weintrauben gefüllt.

Als es Frühling wurde, machten sie ihr Schiff fertig und segelten fort. Leif gab auch diesem Land einen Namen nach seiner Beschaffenheit und nannte es Vinland. Sie segelten dann aufs Meer und hatte guten Fahrtwind, bis dorthin, wo sie Grönland sehen konnten und die Berge unter den Gletschern. Da nahm ein Mann das Wort und fragte Leif: »Warum steuerst du das Schiff so sehr gegen den Wind?«

Leif antwortete: »Ich achte auf mein Steuerruder, aber doch auch noch auf mehr; oder siehst du denn nichts?«

Sie antworteten, sie sähen nichts, was bemerkenswert wäre.

»Ich weiß nicht«, sagte Leif, »ob ich ein Schiff oder eine Schäre sehe.«

Nun sahen sie es auch und sagten, es sei eine Schäre. Er sah so viel weiter als sie, daß er Menschen auf der Schäre sah. »Jetzt will ich, daß wir gegen den Wind kreuzen, so daß wir uns ihnen nähern, falls sie unsere Anwesenheit brauchen und die Notwendigkeit besteht, ihnen zu helfen. Aber im Falle, sie sind keine friedlichen Leute, haben wir dann alle Möglichkeiten in der Hand, sie aber nicht.«

Nun kamen sie unter die Schäre, zogen ihr Segel ein, warfen Anker und ließen ein kleines Boot zu Wasser.

Tyrkir fragte, wer diese Leute anführe. Der Anführer antwortete, er heiße Thorir und sei ein gebürtiger Nordmann: »Aber wie ist dein Name?«

Leif nannte seinen Namen.

»Bist du der Sohn Eriks des Roten aus Brattahlid?« fragte er.

Leif sagte, das sei er.

»Nun will ich«, sagte Leif, »euch alle auf mein Schiff einladen und eure Habe, soweit das Schiff sie aufnehmen kann.« Sie nahmen das Angebot an. Dann segelten sie mit ihrer Fracht zum Eriksfjord, bis sie nach Brattahlid kamen.

Sie trugen die Ladung vom Schiff. Leif bot dann Thorir und Gudrid, dessen Frau, sowie drei anderen Männern an, bei ihm zu bleiben; für die übrige Mannschaft, sowohl Thorirs als auch seine eigene, besorgte er Unterkunft.

Fünfzehn Leute hatte Leif von der Schäre gerettet. Danach hieß er Leif der Glückliche. Nun wuchsen sowohl Leifs Vermögen als auch sein Ansehen.

Diesen Winter kam eine große Epidemie in Thorirs Gruppe, und Thorir und viele aus seinem Gefolge starben. Auch Erik der Rote starb in diesem Winter.

Nun gab es großes Gerede über Leifs Vinlandfahrt, und Thorvald, seinem Bruder, schien das Land nicht weit genug erforscht worden zu sein. Da sagte Leif zu Thorvald:

»Du kannst mit meinem Schiff nach Vinland fahren, Bruder, wenn du willst, aber ich möchte doch, daß das Schiff erst das Holz holt, das Thorir auf der Schäre hatte.«

Und so wurde es gemacht.

Thorvald machte sich nun mit dreißig Mann zu seiner Fahrt fertig. Sie machten dann ihr Schiff klar und stachen in See. Von ihrer Fahrt ist nichts erzählt, bis sie nach Vinland nach Leifsbudir (Leifs Hütten) kamen. Sie versorgten dort ihr Schiff, saßen da in Ruhe den Winter über und fingen Fische für ihre Mahlzeiten. Im Frühling aber sagte Thorvald, sie sollten ihr Schiff und das Schleppboot des Schiffes fertig machen, einige Leute sollten westlich am Land entlang fahren und es im Sommer erforschen.

Das Land schien ihnen schön und bewaldet, mit nur kurzen Entfernungen vom Wald zur See und den weißen Sandstränden. Es gab dort viele Inseln und große Untiefen. Weder von Menschen noch von Tieren fanden sie Lagerplätze; aber auf einer westlichen Insel fanden sie eine Feldscheune aus Holz. Mehr Menschenwerk fanden sie nicht, fuhren dann zurück und kamen im Herbst nach Leifsbudir.

Im zweiten Sommer fuhr Thorvald mit dem Handelsschiff nach Osten und nördlich am Land entlang. An einer Landspitze wurde dann das Wetter rauh, und es trieb sie dort hinauf. Dabei brach der Kiel unter dem Schiff, und sie mußten sich dort lange aufhalten und ihr Schiff ausbessern. Da sagte Thorvald zu seinen Leuten: »Nun will ich, daß wir den Kiel hier auf der Landspitze aufstellen und sie Kjalarnes nennen.«

So machten sie es.

Dann segelten sie von dort weg und östlich am Land entlang. Sie segelten in die Fjordmündungen hinein, die dort am nächsten lagen, und zu einer steilen Landspitze, die dort hervorsprang. Sie war ganz mit Wald bewachsen. Sie legten ihr Schiff vor Anker und schlugen Brücken zum Land. Thorvald ging dort mit seiner ganzen Mannschaft an Land. Dann sagte er: »Hier ist es schön, und hier will ich meinen Hof aufbauen.« Sie gingen zum Schiff und sahen einwärts der Landspitze drei Hügel auf dem Sand. Sie gingen dorthin und sahen dort drei Fellboote, und unter jedem lagen drei Männer. Da verteilten sie sich und legten Hand an alle außer einen, der mit seinem Schiff davonkam. Sie erschlugen diese acht, gingen dann zurück auf die Landspitze, sahen sich dort um und bemerkten innen im Fjord einige Hügel. Sie meinten, dies seien Gebäude.

Danach überfiel sie eine so starke Müdigkeit, daß sie keine Wache halten konnten und alle einschliefen.

Da ertönte ein Ruf, so daß sie alle aufwachten, und der Ruf sagte: »Wach auf, Thorvald, und deine ganze Mannschaft, wenn du dein Leben behalten willst. Geh mit all deinen Leuten auf dein Schiff und fahre von diesem Land weg so schnell es geht!« Dann fuhr eine Unzahl Fellboote in den Fjord hinein und griff sie an. Da sagte Thorvald: »Wir müssen Schanzen an Bord aufbauen und uns so gut wie möglich verteidigen, aber möglichst wenige erschlagen.«

So machten sie es, und eine Weile schossen die Skrälinge auf sie, aber dann flohen sie, so schnell jeder konnte, davon. Da fragte Thorvald seine Leute, ob sie verletzt wären; sie antworteten, sie seien nicht verletzt.

»Ich habe eine Wunde im Arm«, sagte er. »Ein Pfeil flog zwischen dem Schiffsbord und dem Schild hindurch in meinen Arm. Hier ist der Pfeil. Aber für mich wird dies zum Tode führen. Ich rate euch nun, daß ihr euch schnellstens auf die Rückfahrt macht, aber mich sollt ihr auf diese Landspitze bringen, die mir sehr wohnlich zu sein schien. – Es mag sein, daß sich mir die Wahrheit in den Mund legte, als ich sagte, ich würde bald dort wohnen. Dort sollt ihr mich begraben und mir ein Kreuz zum Kopf und zu den Füßen setzen. Nennt dies hier dann immer Krossanes.«

Nun starb Thorvald, sie aber machten alles so, wie er gesagt hatte, fuhren dann weg und trafen ihre Fahrtgenossen, und jede Gruppe erzählte der anderen die Neuigkeiten. Sie wohnten den Winter über dort und brachten Weintrauben und Weinstöcke auf das Schiff.

Im Frühjahr danach brachen sie von dort nach Grönland auf, kamen mit ihrem Schiff in den Eriksfjord und konnten Leif große Neuigkeiten erzählen.

Auf Grönland hatte sich inzwischen an Neuigkeiten zugetragen, daß Thorstein im Eriksfjord um Gudrid Thorbjörnstochter, die mit Thorir, dem Norweger, verheiratet gewesen war, angehalten hatte und sie auch bekommen hatte.

Thorstein Eriksson wollte nun wegen der Leiche Thorvalds, seines Bruders, nach Vinland fahren. Er machte dasselbe Schiff fertig und suchte sich nach Fähigkeiten und Wuchs eine Mannschaft. Fünfundzwanzig Mann und Gudrid, seine Frau, hatte er mit sich. Sobald sie fertig waren, stach er in See und fuhr außer Sichtweite des Landes. Den ganzen Sommer trieben sie draußen und wußten nicht, wo sie waren. In der ersten Winterwoche aber landeten sie in der Westsiedlung im Lysufjord auf Grönland. Thorstein suchte um Unterkunft nach und erhielt sie für all seine Leute, aber er selbst und seine Frau waren obdachlos. Sie blieben nun beide noch einige Nächte auf dem Schiff.

Eines Tages geschah es, daß frühmorgens Leute zu ihrem Zelt kamen. Der Anführer fragte, was für Leute im Zelt waren. Thorstein antwortete: »Zwei Leute. Aber wer fragt danach?«

»Thorstein heiße ich, und ich werde Thorstein der Schwarze genannt, aber das Anliegen brachte mich her, daß ich euch beiden Eheleuten Unterkunft bei mir anbieten will.«

Thorstein sagte, er wolle sich mit seiner Frau beraten, sie aber bat ihn, zu entscheiden, und nun nahm er dies an.

»Dann werde ich morgen mit Lasttieren zu euch kommen, da es bei mir an nichts fehlt, um euch aufzunehmen. Aber die Einsamkeit ist groß bei mir, da dort nur wir beiden Eheleute sind, denn ich bin ein ziemlicher Einsiedler. Ich habe auch einen anderen Glauben, als ihr ihn habt, doch denke ich auch, der, den ihr habt, ist besser.« Am Morgen kam er nun mit den Lasttieren zu ihnen, und sie fuhren mit Thorstein dem Schwarzen zur Unterkunft, und er bewirtete sie gut.

Gudrid war eine stattliche Frau von Ansehen, eine weise Frau dazu und konnte fremde Leute gut behandeln.

Früh im Winter geschah es, daß sich eine Epidemie unter Thorstein Erikssons Leuten ausbreitete, und viele seiner Fahrtgenossen starben. Thorstein ließ für die Leichen derer, die gestorben waren, Särge anfertigen, sie aufs Schiff bringen und dort aufbewahren, »weil ich im Sommer alle Leichen zum Eriksfjord bringen lassen will.«

Nun war es zu erwarten, daß die Krankheit auch in die Hausgemeinschaft Thorsteins kam. Sie befiel zuerst dessen Frau, die Grimhild hieß. Sie war außerordentlich groß und stark wie ein Mann, aber die Krankheit überkam sie doch. Bald darauf ergriff die Krankheit auch Thorstein Eriksson, und so lagen sie beide gleichzeitig darnieder. Dann starb Grimhild, die Frau Thorsteins des Schwarzen.

Als sie tot war, ging Thorstein aus dem Zimmer hinaus, um ein Brett zu holen, auf das er die Leiche legen wollte. Da sagte Gudrid: »Bleib nicht so lange fort, mein Thorstein.«

Er antwortete, so solle es sein.

Da sagte Thorstein Eriksson: »Unsere Hausfrau zeigt jetzt ein wunderliches Verhalten, weil sie die Ellenbogen aufstützt, ihre Füße vom Bettpfosten nimmt und nach ihren Schuhen tastet.«

Indem kam der Bauer Thorstein herein, Grimhild legte sich wieder hin, und alle Balken im Zimmer knackten. Thorstein machte nun einen Sarg für Grimhilds Leiche, brachte sie hinaus und kümmerte sich um sie. Er war ein großer und starker Mann, aber das mußte er auch sein, um sie vom Hof zu schaffen. Die Krankheit wurde bei Thorstein Eriksson jetzt schlimmer, und er starb. Gudrid, seine Frau, konnte es kaum begreifen. Zu dem Zeitpunkt waren sie alle zusammen im Zimmer. Gudrid hatte sich auf einen Stuhl vor die Bank gesetzt, auf der Thorstein, ihr Mann, lag. Da nahm sie der Bauer Thorstein in seine Arme, führte sie von diesem Stuhl weg und setzte sich mit ihr der Leiche Thorsteins gegenüber auf eine andere Bank. Auf manche Weise sprach er auf sie ein, tröstete sie und versprach ihr, er würde mit ihr und der Leiche Thorsteins, ihres Mannes, zum Eriksfjord fahren und dessen Gefolgsleute mitnehmen. »Und außerdem werde ich dir zum Trost und zur Unterhaltung mehr Leute hierherholen.«

Sie dankte ihm.

Plötzlich setzte sich Thorstein Eriksson auf und sagte: »Wo ist Gudrid?«

Drei Mal fragte er das, aber sie schwieg. Dann sagte sie zu Bauer Thorstein: »Soll ich ihm Antwort geben oder nicht?«

Er riet ihr, nicht zu antworten. Dann ging Bauer Thorstein durch das Zimmer und setzte sich auf einen Stuhl, aber Gudrid saß auf seinen Knien. Dann fragte der Bauer Thorstein: »Was willst du, Namensvetter?«

Als eine Weile vergangen war, antwortete der: »Mir liegt daran, Gudrid ihr Schicksal vorherzusagen, damit sie mit meinem Tode besser fertig wird, da ich an eine gute Ruhestätte gekommen bin. Dir aber ist zu sagen, Gudrid, daß du einen Isländer heiraten wirst. Eure Ehe wird lange dauern und ihr werdet viele Nachkommen haben, tüchtig, schön und angesehen, süß und duftig. Ihr werdet von Grönland nach Norwegen fahren und von dort nach Island und auf Island einen Hof aufbauen. Dort werdet ihr lange wirtschaften, und du wirst länger leben als er. Eine Auslandsreise wirst du machen und nach Süden fahren. Dann wirst du nach Island zu deinem Hof zurückkehren und dort wird dann eine Kirche errichtet sein. Du wirst da bleiben, das Nonnengelübde ablegen und wirst dort sterben.«

Dann fiel Thorstein wieder zurück, man kümmerte sich um seine Leiche und brachte sie zum Schiff.

Bauer Thorstein hielt Gudrid gegenüber all das, was er versprochen hatte. Im Frühling verkaufte er sein Land und sein Vieh, fuhr mit all seiner Habe zum Schiff, machte das Schiff fertig, besorgte Leute dafür und fuhr dann zum Eriksfjord. Die Leichen wurden jetzt bei der Kirche beerdigt.

Gudrid fuhr zu Leif nach Brattahlid, aber Thorstein der Schwarze baute einen Hof im Eriksfjord, wirtschaftete dort, solange er lebte und galt als äußerst tüchtiger Mann.

Denselben Sommer kam ein Schiff von Norwegen nach Grönland. Der Mann, der das Schiff steuerte, hieß Thorfinn Karlsefni. Er war ziemlich reich an Geld und blieb den Winter bei Leif Eriksson in Brattahlid. Er warf bald ein Auge auf Gudrid und warb um sie, sie aber überließ es Leif, für sie zu entscheiden. Dann wurde sie ihm verlobt, und im selben Winter fand ihre Hochzeit statt.

Es gab nun das gleiche Gerede um eine Vinlandfahrt wie früher, und die Leute, sowohl Gudrid als auch andere Leute, drängten Karlsefni sehr zu dieser Fahrt. Schließlich beschloß er die Fahrt und besorgte sich eine Schiffsbesatzung, sechzig Männer und fünf Frauen. Karlsefni und seine Leute trafen die Vereinbarung, daß sie alles zu gleichen Teilen haben sollten, was sie an Gütern fänden. Sie führten Vieh von allen Arten mit sich, weil sie beabsichtigten, das Land zu bebauen, wenn das ginge. Karlsefni bat Leif um die Hütten in Vinland, aber der antwortete, er würde sie ihm leihen, aber nicht schenken. Danach stachen sie mit dem Schiff in See, kamen glücklich und gesund nach Leifsbudir und trugen dort ihre Hängematten an Land.

Ihnen geriet bald ein großer und guter Fang in die Hände, weil dort ein Wal angetrieben wurde, der groß und gut war. Da gingen sie dann hin und zerlegten ihn, so fehlte es ihnen nicht an Fleisch.

Das Vieh ging dort an Land, aber bald geschah es, daß das Zuchtvieh wild wurde und kräftig um sich schlug. Sie hatten auch einen Stier mit.

Karlsefni ließ Bäume fällen, für sein Schiff zuschneiden und das Holz zum Trocknen auf eine Klippe legen. Dort, wo sie waren, hatten sie alles Gute, was das Land hergab, sowohl Weintrauben als auch Jagdbeute und andere gute Dinge von allen Sorten.

Nach diesem ersten Winter kam der Sommer; da wurden sie der Skrälinge gewahr. Dort kam nämlich ein großer Haufen Leute aus dem Wald. Ihr Vieh war da ganz in der Nähe, der Stier aber fing an zu brüllen und sehr laut zu schreien. Das erschreckte die Skrälinge und sie liefen mit ihren Traglasten davon; das waren Eichhornpelzwerk, Zobelpelze und Fellwerk aller Art. Sie liefen zu Karlsefnis Hof und wollten dort in die Häuser hinein, aber Karlsefni ließ die Türen sperren. Keine Seite verstand die Sprache der anderen.

Da nahmen die Skrälinge ihre Bündel ab, öffneten sie, boten sie ihnen an und wollten am liebsten Waffen dafür haben. Aber Karlsefni verbot seinen Leuten, Waffen zu verkaufen. Er suchte nun in der Weise einen Ausweg, daß er die Frauen aufforderte, Milchprodukte zu den Skrälingen hinauszubringen. Sobald diese die Milchprodukte sahen, da wollten sie sie und nichts anderes kaufen. Es ging nun mit der Handelsfahrt der Skrälinge so, daß sie ihre Waren in ihren Mägen davontrugen, aber Karlsefni und seine Leute hatten deren Bündel und Pelzwerk, und somit fuhren diese davon.

Nun ist davon zu erzählen, daß Karlsefni einen festen Bretterzaun um seinen Hof machen ließ, so bereiteten sie sich dort vor.

In dieser Zeit gebar Gudrid, die Frau Karlsefnis, einen Jungen, und der Junge wurde Snorri genannt.

Am Anfang des zweiten Winters kamen die Skrälinge wieder dorthin. Sie waren viel mehr als vorher, hatten aber die gleichen Waren wie das erste Mal. Da sagte Karlsefni zu den Frauen: »Ihr sollt jetzt das gleiche Essen hinaustragen, das früher so begehrt war, aber nichts anderes.«

Als diese das sahen, da warfen sie ihre Bündel über den Bretterzaun hinein. Gudrid aber saß im Haus bei der Wiege ihres Sohnes Snorri. Da glitt ein Schatten in die Tür, und eine ziemlich kleine Frau in einem schwarzen Gewand kam herein; sie hatte ein Band um den Kopf und hellbraunes Haar, ein bleiches Gesicht und so große Augen, daß keiner in einem Menschenkopf je gleich große Augen gesehen hatte. Sie ging dahin, wo Gudrid saß, und sagte: »Wie heißt du?«

»Ich heiße Gudrid, aber wie ist dein Name?«

»Ich heiße Gudrid«, antwortete sie.

Da reichte die Hausfrau Gudrid jener die Hand, daß sie sich zu ihr setze, aber zugleich geschah es, daß Gudrid einen großen Krach hörte, und da war die Frau verschwunden. Indem war einer der Skrälinge von einem Knecht Karlsefnis erschlagen worden, weil er von ihren Waffen hatte nehmen wollen. Sie machten sich nun so schnell wie möglich davon, aber ihre Kleider und Waren blieben dort liegen.

Außer Gudrid hatte kein Mensch diese Frau gesehen.

»Nun müssen wir einen Beschluß fassen,« sagte Karlsefni, »weil ich meine, daß sie uns das dritte Mal in Unfrieden, aber auch sehr zahlreich besuchen werden. Wir sollten nun den Beschluß fassen, daß zehn Männer zu dieser Landzunge hinausgehen und sich dort zeigen, aber der Rest von uns soll in den Wald gehen und dort, wo das Volk aus dem Wald kommt, eine Lichtung für unser Vieh schlagen. Wir sollten auch unseren Stier nehmen und ihn vor uns herumlaufen lassen.«

Dort, wo ihr Aufeinandertreffen zu erwarten war, sah es so aus, daß auf der einen Seite ein See war, aber auf der anderen Seite Wald. Sie nahmen nun den Vorschlag, den Karlsefni gemacht hatte, an. Jetzt kamen die Skrälinge an die Stelle, die Karlsefni als Kampfplatz angenommen hatte. Dort fand nun die Schlacht statt, und es fiel eine große Zahl von der Horde der Skrälinge. Ein Mann in der Horde der Skrälinge war groß und auffällig, und Karlsefni meinte, er müsse ihr Häuptling sein.

Einer von diesen Skrälingen hatte nun eine Axt aufgehoben, betrachtete sie eine Weile, schwang sie gegen einen Kameraden und schlug nach ihm; der fiel sofort tot um. Da nahm dieser große Mann die Axt, betrachtete sie einen Moment und warf sie dann, soweit er konnte, in den See. Aber danach flohen sie in den Wald, so schnell jeder laufen konnte, und so endete ihr Kampf dort.

Karlsefni und seine Leute blieben den ganzen Winter da. Aber zum Frühling erkärte Karlsefni, er wolle dort nicht länger bleiben, sondern nach Grönland fahren. Sie bereiteten nun ihre Fahrt vor und hatten von dort viele Güter in Form von Weinstauden, Beeren und Pelzwerk mit. Sie stachen dann in See, kamen wohlbehalten mit ihrem Schiff zum Eriksfjord und blieben den Winter über dort.

Nun gab es aufs neue Gerede um eine Vinlandfahrt, weil man meinte, eine solche Fahrt bringe doppelten Gewinn: Geld und Ruhm.

Denselben Sommer, als Karlsefni von Vinland kam, kam ein Schiff von Norwegen nach Grönland. Dieses Schiff steuerten zwei Brüder, Helgi und Finnbogi, und sie blieben diesen Winter auf Grönland. Die Brüder waren gebürtige Isländer aus den Ostfjorden.

Da ist nun hinzuzufügen, daß Freydis Erikstochter von zu Hause aus Gardar wegfuhr, zu den Brüdern Helgi und Finnbogi reiste und sie aufforderte, mit ihrem Fahrzeug nach Vinland zu fahren. Sie sollten alles Gut, was sie dort fänden, mit ihr zu gleichen Teilen teilen. Die beiden nahmen das an.

Freydis fuhr von dort zu Leif, ihrem Bruder, und bat ihn, ihr die Hütten zu überlassen, die er in Vinland hatte bauen lassen. Er aber antwortete dasselbe, daß er ihr die Hütten leihe, aber nicht schenke.

Eine Verabredung zwischen den Brüdern und Freydis war, daß jede Seite, von den Frauen abgesehen, dreißig kampffähige Männer auf dem Schiff haben sollte. Freydis brach dies aber sofort und hatte fünf Männer mehr mit. Sie versteckte sie, und die Brüder wurden dessen nicht eher gewahr, als bis sie nach Vinland kamen.

Sie stachen nun in See, hatten aber vorher abgemacht, daß sie ihre Schiffe, wenn das ginge, dicht beieinander hielten. Der Abstand blieb auch klein, aber die Brüder kamen doch etwas früher an und hatten ihre Vorräte zu Leifs Hütten gebracht. Als nun

Freydis landete, ließ sie ihr Schiff leermachen und ihre eigenen Vorräte zum Haus bringen. Da fragte Freydis: »Wieso habt ihr eure Vorräte hier hereingebracht?«

»Weil wir dachten,« antworteten sie, »daß alle Absprachen zwischen uns eingehalten werden würden.«

»Mir hat Leif die Häuser geliehen,« gab sie zurück, »nicht euch!«

Da meinte Helgi: »An Bosheit können wir Brüder mit dir nicht mithalten.« Sie trugen nun ihre Vorräte hinaus, bauten sich ein Haus, setzten dies etwas vom Meer entfernt auf den Strand eines Sees und kümmerten sich gut darum.

Aber Freydis ließ Bäume für ihr Schiff fällen.

Nun begann der Winter, und die Brüder schlugen vor, Spiele anzufangen, damit man Unterhaltung habe. Eine Zeitlang wurde es so gehalten, bis die Beziehungen zwischen den Leuten schlechter wurden. Da entstand Zwietracht zwischen ihnen, sie hörten mit den Spielen auf und es gab keine Besuche mehr zwischen den Lagern. So ging dies weit in den Winter hinein.

Eines Morgens stand Freydis früh von ihrem Bett auf und zog sich an, ließ aber Schuhe und Strümpfe aus. Das Wetter aber war so, daß viel Tau gefallen war. Sie nahm den Mantel ihres Mannes und zog ihn an. Dann ging sie zum Lager der Brüder und dort zur Tür. Kurz vorher war ein Mann herausgekommen und hatte die Tür nur halb geschlossen. Sie öffnete die Tür, blieb eine Zeit darin stehen und schwieg. Finnbogi lag ganz hinten im Raum und war wach. Er fragte: »Was willst du hier, Freydis?«

Sie antwortete: »Ich möchte, daß du aufstehst und mit mir herauskommst, ich will mit dir reden.«

Das tat er. Sie gingen zu einem Baumstamm, der an der Wand lag, und setzten sich dort hin.

»Wie gefällt es dir?« fragte sie.

»Das Land scheint mir gut, aber schlecht finde ich die Zwietracht, weil ich meine, dazu mußte es nicht kommen.«

»Du sagst es, wie es ist,« erwiderte sie, »und mir scheint es genauso. Aber mein Grund für dieses Gespräch ist, daß ich mit euch Brüdern das Schiff tauschen will, weil ihr mehr Platz darauf habt als ich, und ich will hier weg.«

»Das soll so geschehen,« sagte er, »wenn du dann zufrieden bist.«

Damit trennten sie sich. Sie ging nach Hause, aber Finnbogi zu seinem Bett. Nun stieg sie mit den kalten Füßen ins Bett, und davon erwachte Thorvard. Er fragte, warum sie so kalt und naß sei. Sie antwortete sehr aufgeregt. »Ich bin zu den Brüdern gegangen,« sagte sie, »um ihnen das Schiff abzukaufen, weil ich ein größeres haben wollte. Aber dabei wurden sie so böse, daß sie mich schlugen und mißhandelten; aber du erbärmlicher Mann willst ja weder meine noch deine Schande rächen. Ich bin zwar fern von Grönland, aber ich werde mich von dir trennen, es sei denn, du rächst dies.«

Er hielt nun ihre Vorwürfe nicht länger aus und befahl den Leuten, schnellstens aufzustehen und ihre Waffen zu nehmen. Das taten sie und liefen sofort zum Lager der Brüder. Sie gingen zu den Schlafenden hinein, nahmen sie dann und fesselten sie und brachten jeden, der gefesselt war, hinaus. Freydis aber ließ jeden erschlagen, der herauskam. Dort waren jetzt alle Männer erschlagen, nur die Frauen waren übrig, und die wollte keiner erschlagen.

Da sagte Freydis: »Gebt mir eine Axt in die Hand!« So geschah es. Dann schlug sie auf die fünf Frauen ein, die dort waren, und trat zurück, als sie tot waren.

Nach dieser bösen Tat gingen sie dann zu ihrem Lager zurück, und es wurde deutlich, daß Freydis meinte, dies sehr gut gemacht zu haben, außerdem sagte sie zu ihren Fahrtgenossen: »Wenn es uns vergönnt ist, nach Grönland zu kommen,« sagte sie, »dann werde ich jeden Mann erschlagen lassen, der über diesen Vorfall redet. Wir werden erzählen, daß sie hiergeblieben sind, als wir zurückfuhren.«

Bei Frühlingsanfang beluden sie nun das Schiff, das die Brüder gehabt hatten, mit allen Werten, derer sie habhaft wurden und die das Schiff trug. Dann stachen sie in See, hatten eine gute Überfahrt und kamen Anfang des Sommers mit ihrem Schiff in den Eriksfjord.

Dort war Karlsefni noch da, hatte sein Schiff völlig seefertig gemacht und wartete auf Fahrtwind. Die Leute sagen, es sei nie ein prächtigeres Schiff von Grönland abgefahren als das, das er steuerte.

Freydis fuhr nun zu ihrem Hof, der die ganze Zeit völlig unbeschadet gestanden hatte. Allen ihren Fahrtgenossen gab sie große Geldgeschenke, weil sie ihre Untat geheimhalten lassen wollte. Sie blieb nun auf ihrem Hof.

Es waren nicht alle so verschwiegen, daß sie über ihre Untat schwiegen, so daß es doch schließlich herauskommen mußte.

Zuletzt kam dies auch ihrem Bruder Leif zu Ohren, und diese Geschichte erschien ihm äußerst schlimm. Leif nahm drei Männer von Freydis' Mannschaft und zwang sie alle zusammen zur Aussage über dieses Ereignis. Ihre Aussagen stimmten völlig überein.

»Es widerstrebt mir,« sagte Leif, »mit Freydis, meiner Schwester, das zu machen, was sie verdient hätte, aber ich werde ihnen – ihr und ihrem Mann – vorhersagen, daß ihre Nachkommenschaft wenig Glück haben wird.«

Es ging nun so weiter, daß die beiden niemandem etwas wert schienen, höchstens Schlechtes. [(16)]

Die Wikinger im Osten

Wikinger schwedischer Herkunft, Waräger genannt, reisten, handelten und starben auch in der schier endlosen Weite der Wälder und Steppen ostwärts und südöstlich der Ostsee. Es bleibt aber fraglich, welchen Umfang ihr Handel und ihre Siedlungstätigkeit erreichten. Die Annahme, daß die schwedischen Wikinger über große Teile Rußlands herrschten, stützt sich auf die in Kiew niedergeschriebene Urfassung der altrussischen Nestor-Chronik, die unter anderem davon erzählt, wie die Slaven schwedische Herrscher, die sie *Rus* nannten, im 9. Jahrhundert aufforderten, ihr Land zu regieren. Darüberhinaus ist das Wissen um die Verhältnisse im Rußland der Wikingerzeit dürftig.

In der alten Festungsstadt Staraja Ladoga (Alt-Ladoga), südlich vom Ladoga-See, fanden sich zwei in Holz geschnittene Runeninschriften, so daß hier die Anwesenheit von Skandinaviern gesichert ist. Nach Meinung einiger Gelehrter war Staraja Ladoga ein Stützpunkt, in dem die Wikinger sich ausruhten, bevor sie ihre Schiffe die russischen Flüsse hinaufruderten und über die Wasserscheiden hinweg zur Wolga brachten.

Das Problem um den eigentlichen Charakter der *Rus* – ein Name, der sich in dem Wort *Russe* bewahrt hat – ist nie befriedigend gelöst worden. Es bleibt zu fragen, für welchen Zeitraum es berechtigt erscheint, von den *Rus* als von Skandinaviern zu sprechen. Soweit bekannt, wird der Name 839 zum ersten Mal in den fränkischen *Annales Bertiniani* gebraucht, die davon berichten, wie einige dieser *Rus* eine byzantinische Gesandtschaft zum fränkischen Kaiser an den Rhein begleitet hätten. Als dieser erfuhr, daß die *Rus* in Wirklichkeit Schweden seien, ließ er sie als Wikingerspione einsperren. Überdies teilten sie dem Kaiser mit, daß ihr König den Titel eines Cha-Khan trage, ein türkisches Wort, das »Großkönig« bedeutet. Es scheint also, daß die *Rus* zwar skandinavischer Herkunft waren, sich aber offenkundig genau so schnell assimilierten wie die Wikinger in der Normandie.

Die wichtigsten der anderen Quellen, die man bemüht, um die skandinavische Herkunft der *Rus* zu belegen, sind Berichte von arabischen Reisenden und Händlern. Aber jeder, der diese Berichte unvoreingenommen liest, wird schon bald bemerken, daß die meisten jener Eigenschaften der *Rus*, die gewöhnlich als typisch skandinavisch ausgegeben werden, sich nach Belieben auch mit jedem anderen Volk verbinden lassen. Der einzige bei den *Rus* noch übliche Brauch, der unbedenklich skandinavisch genannt werden kann, ist das Häuptlingsbegräbnis, bei dem der Leichnam in einem Schiff verbrannt wurde. (13)

Abenteuer in Kurland

Thorolf und Egil machten im Frühjahr ein großes Langschiff fahrtfertig und nahmen Mannschaft dazu und fuhren im Sommer nach Austrveg und heerten und machten Beute und hatten viele Kämpfe. Sie fuhren dann weiter nach Kurland und lagen dort an Land und hatten für einen halben Monat Waffenruhe und trieben Handel; aber als das zu Ende war, fingen sie wieder an zu heeren und landeten an verschiedenen Stellen. Eines Tages landeten sie bei einer großen Flußmündung, und dort war auch ein großer Wald; sie beschlossen hier weiter landeinwärts zu gehen und teilten sich in Gruppen, immer zwölf Mann zusammen. Sie gingen in den Wald, und es war nicht weit, bis Siedlungen anfingen. Sie raubten dort und erschlugen Männer, aber die Leute flohen vor ihnen und sie fanden keinen Widerstand. Als aber der Tag dem Ende zuging, ließ Thorolf für seine Mannschaft zur Rückkehr blasen; da kehrten die Männer, wo sie gerade waren, wieder in den Wald zurück, und man konnte die Scharen erst abzählen, sobald sie zum Strand gekommen waren. Aber als Thorolf hinunter kam, war Egil noch nicht gekommen, und da fing die Nacht an und es wurde dunkel, und sie glaubten nicht mehr nach ihm suchen zu können.

Egil war durch den Wald gegangen und zwölf Mann mit ihm, und sie sahen weite ebene Flächen und Gebäude; ein Gehöft stand nahe vor ihnen und sie hielten darauf zu, und als sie dorthin kommen, laufen sie in das Haus hinein und gewahrten keinen Menschen, und sie nahmen das an Gut, was nicht fest war. Das Gehöft bestand aus vielen Häusern und sie blieben dort lange Zeit, und als sie aus dem Gehöft herauskamen, da war eine Schar Männer zwischen sie und den Wald gekommen, und die griff sie nun an; zwischen ihnen und dem Wald war ein hoher Bretterzaun. Da sagte Egil, sie sollten ihm folgen, so daß man sie nicht von allen Seiten angreifen konnte. Egil ging als erster und dann jeder so dicht am anderen, daß man sich nicht zwischen sie drängen konnte. Die Kurländer griffen sie heftig an, meist mit Speerstößen und Pfeilschüssen, aber einen Schwertkampf vermieden sie. Erst als Egil und seine Leute am Zaun entlanggingen, merkten sie, daß auch auf der anderen Seite von ihnen ein Zaun verlief und daß man da nicht weiterkommen konnte; die Kurländer bedrängten sie in der Sackgasse, und einige griffen von außen an und stießen mit Speeren und Schwertern durch den Zaun, und einige warfen Kleidungsstücke auf ihre Waffen. Sie wurden verwundet und danach gefangengenommen und alle gefesselt, dann heim zum Hofe geführt. Der Mann, der dieses Gehöft besaß, war reich und mächtig; er hatte einen erwachsenen Sohn. Danach wurde darüber gesprochen, was man mit ihnen tun sollte; der Bauer sagte, er halte es für das beste, einen nach dem andern zu töten. Der Sohn des Bauern sagte, es würde schon dunkel zur Nacht und man würde keinen Spaß dabei haben, sie zu peinigen; er bat damit bis zum Morgen zu warten. Man warf sie dann in eines der Häuser und fesselte sie mit aller Kraft. Egil wurde mit Händen und Füßen an einen Holzpfeiler gebunden; dann wurde das Haus ganz fest verschlossen, die Kurländer aber gingen in die Halle und aßen und waren sehr vergnügt und tranken. Egil bewegte sich heftig und stemmte sich mit aller Kraft gegen den Pfeiler, bis er sich im Fußboden lockerte. Dann fiel der Pfeiler um; darauf machte sich Egil von dem Pfeiler los und löste seine Hände mit den Zähnen, aber als seine Hände frei waren, löste er die Fesseln von seinen Füßen; darauf band er seine Gefährten los. Und als sie alle losgebunden waren, sahen sie sich überall im Hause um, wo es am ehesten möglich war hinauszukommen. Die Wände des Hauses waren aus großen Holzbalken gemacht, aber an einem Ende des Hauses war eine Scheidewand aus Brettern. Dort warfen sie sich dagegen und durchbrachen die Wand. Da war ein anderes Haus, in das sie kamen; auch dort waren Balkenwände ringsum; da hörten sie Männerstimmen unter ihren Füßen. Sie suchten nach und fanden eine Tür im Fußboden. Sie schlossen sie auf; darunter war eine tiefe Grube, von dorther hörten sie die Männerstimmen. Darauf fragte Egil, was da für Männer wären; Aki nannte sich der, der zu ihnen sprach. Egil fragte, ob er aus der Grube heraufmöchte, Aki sagt, das möchten sie gerne. Darauf ließen Egil und seine Leute die Stricke, mit denen sie gebunden gewesen waren, in die Grube hinab und zogen damit drei Männer herauf. Aki sagte, das seien seine zwei Söhne, und sie waren Dänen und waren im Sommer davor gefangen genommen worden. »Ich wurde«, sagte er, »im Winter gut behandelt; ich hatte die Verwaltung von des Bauern Besitz, aber die Burschen wurden zu Sklaven gemacht und waren elend dran. Im Frühjahr entschlossen wir uns und liefen davon und wurden dann entdeckt; da wurden wir hier in diese Grube gesetzt.« – »Du wirst hier mit der Anlage der Häuser vertraut sein«, sagt Egil, »wo können wir hier am besten herauskommen?« Aki sagte, da sei eine andere Trennwand aus Brettern – »brecht die auf; da werdet ihr in eine Kornscheune kommen, und von dort könnt ihr hinausgehen wie ihr wollt.« Egil und seine Leute machten es so, sie brachen die Wand auf, gingen dann in die Scheune und von dort hinaus. Es war mondlos und ganz finster; da sagten Egils Gefährten, sie sollten jetzt in den Wald eilen. Egil sagte zu Aki: »Wenn du dich hier mit den Häusern auskennst, sollst du uns zeigen, wo wir etwas erbeuten können.« Aki sagt, da mangle es nicht an losem Gut; »hier ist ein großer Raum im Oberstock, in dem der Bauer schläft, dort drinnen hat es keinen Mangel an Waffen.« Egil hieß sie in das Obergeschoß gehen, und als sie die Treppe heraufkamen, da sahen sie, daß der Raum offen war. Licht war drinnen und Dienstleute bereiteten die Betten für die Männer. Egil hieß da einige draußen bleiben und achtgeben, daß keiner herauskäme; Egil lief in die Stube, ergriff dort Waffen, denn an denen fehlte es dort drinnen nicht; sie erschlugen alle Männer, die drinnen waren; dann nahm sich jeder alle Teile zu einer vollen Bewaffnung. Aki ging dorthin, wo eine Luke in den Bodenbrettern war, und schloß sie auf; er sagte, sie sollten da hinuntergehen in die untere Kammer. Sie nahmen Licht und gingen dorthin; da waren des Bauern Schätze und Kostbarkeiten und viel Silber; die Männer beluden sich damit und trugen es hinaus. Egil nahm sich eine ziemlich große Truhe mit Kostbarkeiten unter den Arm, und er trug sie so unter dem Arme; dann gingen sie in den Wald. Aber als sie in den Wald kamen, hielt Egil an und sagte: »Diese Fahrt ist ganz schlecht und unehrenhaft; wir haben dem Bauern seinen Besitz gestohlen, ohne daß er etwas davon weiß. Eine solche Schande soll niemals auf uns liegen; wir gehen jetzt zurück zum Hof und lassen sie wissen, was geschehen ist.« Alle sprachen dagegen; sie sagten, sie wollten zum Schiff gehen. Egil setzt die Truhe mit Kostbarkeiten nieder; dann fängt er an zu rennen und lief zum Hof; aber als er zu dem Hofe kam, sah er, wie die Dienstburschen mit Schüsseln und Platten aus dem Küchenhaus gingen und sie hinein in das Wohnhaus trugen. Egil sah, daß im Küchenhaus ein großes Feuer war, mit Kesseln darüber; er ging dorthin. Man hatte da große Holzstämme herangeschafft und das Feuer war so angelegt, wie es dort Sitte ist, indem man den Stamm an einem Ende anbrennt, und so brennt der Stamm dann weiter. Egil ergriff einen Stamm und trug ihn zum Wohnhaus und stieß das Ende, das brannte, hinauf unter den Dachvorsprung und dann in die hölzerne Dachbedeckung; das Feuer griff im Dachholz rasch um sich. Im Hofe lag dürres Holz, und das trug Egil vor die Tür. Aber die, die beim Trunke saßen, merkten nichts, bis das Dach innen in Flammen stand; da liefen die Männer zu den Türen, aber es war nicht leicht da hinauszukommen, wegen des Holzes und auch weil Egil die Tür bewachte. Er erschlug Männer sowohl in der Tür als auch draußen vor der Tür, und es war nur ein Augenblick, da brannte die Wohnhalle, so daß sie zusammenfiel. Da kam die ganze Schar um, die dort drinnen war, aber Egil ging zurück zum Wald und traf dort seine Fahrtgenossen; da gehen sie alle zusammen zum Schiff. Egil sagte, die Schatztruhe, die er mitgenommen hatte, wolle er als Häuptlingsgut haben; sie war voll mit Silber. Thorolf und seine Leute wurden sehr froh, als Egil zum Strand herunterkam; sie legten sogleich vom Lande ab, als es Morgen wurde. (6)

Auf Flußfahrt zum Dnjepr

Sie hielten gen Osten und fuhren um Gotland herum, an Osyssla vorbei und in die Düna. Dieser Flußlauf bildete den unteren Weg nach Miklagard und wurde meist von Gotländern benutzt. Der obere Weg führte über Balagard und dort, wo die Voter saßen, flußaufwärts zum Ladogasee und dann weiter über Nowgorod an den Dnjepr. Das war der Weg, den die Svealänder zu nehmen pflegten.

»Welcher Weg der längere ist, weiß niemand«, sagte Spof, »nicht einmal ich selbst kann das sagen, obschon ich sie beide befahren habe. Denn es ist nun mal so, daß der Gegenstrom der Mühsal immer gerade auf dem Wege, den man gewählt hat, am schlimmsten scheint, mag es nun der eine oder der andere sein.

Aber es ist gut, daß wir spät kommen, so daß die Frühlingsschmelze uns erspart bleibt.«

Als sie die Flußmündung erreicht hatten, waren die Männer guten Mutes, obschon sie wußten, daß nun eine lange Zeit der Mühen für sie begann. Und nachdem bestimmt worden war, daß, wer am Ruder saß, jeden vierten Tag ruhen sollte, ruderten sie durch die Gegend der Liven und Semgallen, wo mitunter am Ufer Fischerboote zu sehen waren; und von da kamen sie in ein menschenleeres Land, wo außer der vom Fluß gezogenen Furche nichts zu sehen war als dichter Wald, der zu beiden Seiten aufragend kein Ende zu nehmen schien. In diesem Lande wurde den Männern bange. Mitunter, wenn sie über Nacht an Land gegangen waren und an ihren Lagerfeuern saßen, hörten sie von fern her ein Brüllen, das von Tieren, die sie nicht kannten, herkam, und sie fragten einander flüsternd, ob dieses vielleicht der Eisenwald sei, von dem die Alten zu reden pflegten und in dem die Nachkommen des Gottes Loke hausten.

Eines Tages begegneten sie drei Schiffen, die schwer beladen und gut bemannt hintereinander flußab fuhren; jedes Schiff hatte nur sechs Ruder. Es waren heimfahrende Gotländer; die Männer waren mager und von der Sonne stark gebräunt; neugierig lugten sie nach Orms Schiff hinüber. Einige erkannten Spof und riefen ihm grüßend zu, und von Schiff zu Schiff redend glitten sie langsam aneinander vorbei. Die Gotländer sagten, daß sie aus Groß-Bulgarien kämen, das an der Wolga liegt; von dort seien sie flußab in das Salzmeer gefahren und hätten mit Arabern Handel getrieben. Sie erzählten auch, daß sie gute Ladung mit heimbrachten: Gewebe, Silbergefäße, Sklavinnen, Wein und Pfeffer; und drei Mann auf dem mittleren Schiff hoben eine nackte Frau empor und hingen sie an Armen und Haaren über den Schiffsbug hinaus, rufend, daß sie – unter Brüdern – für zwölf Mark verkäuflich sei. In ihrer Angst vor dem Wasser heulte und strampelte die Frau, und Orms Mannen atmeten tief bei ihrem Anblick; aber als sie wieder ins Schiff gehoben wurde, ohne daß ein Angebot gemacht worden war, schrie und schimpfte sie zornig und streckte die Zunge heraus.

Die Häuptlinge der gotländischen Schiffe wollten wissen, wer Orm sei und was für Waren er führte.

»Ich bin kein Händler«, sagte Orm. »Ich fahre nach Kiew, um ein Erbe zu holen.«

»Das muß eine große Erbschaft sein, wenn die Fahrt lohnen soll«, meinten die Gotländer ungläubig. »Gehst du aber auf Plünderung aus, dann mußt du dich an andere als an uns halten, denn wir segeln stets mit zuverlässiger Gefolgschaft.« Damit waren die Schiffe aneinander vorbeigefahren und trennten sich.

Am Nachmittag des gleichen Tages hatten sie noch eine Begegnung. Man hörte Rudergeknarr und an der nächsten Flußbiegung tauchte ein Schiff auf, das sich geschwind näherte. Seine 24 Ruderpaare waren alle bemannt und wurden kräftig gehandhabt. Als Orms Schiff in Sicht kam, verlangsamten jene die Fahrt; ihr Schiff war voll gewappneter Männer.

Orm rief seinem Schiffsvolk zu, kräftig und gleichmäßig weiterzurudern; die anderen sollten sich bereit halten; und Toke, der am Steuer stand, änderte ein wenig den Kurs, um sich den Fremden an die Seite legen zu können, ohne gerammt zu werden, wenn es zum Kampf kommen sollte.

»Wer seid ihr?« schrie man vom fremden Schiff herüber.

»Männer aus Schonen und Smaland«, antwortete Orm. »Und ihr?«

»Ostgoten.«

Der Fluß war hier breit und die Strömung gering. Toke rief nun den Ruderern an Backbord zu, sich noch mehr anzustrengen, und denen an Steuerbord befahl er, die Ruder ruhen zu lassen; dadurch machte das Schiff eine schnelle Wendung auf die Ostgoten zu, und beide Schiffe glitten nun nebeneinander stromab, so nah, daß sie kaum die Ruder frei rühren konnten.

»Jetzt hätten wir euch gehabt, wenn wir gewollt hätten«, sagte Toke. »Und das, obgleich euch die Strömung günstig ist. Dergleichen ist uns nichts Neues.«

Der Ostgote sah ihre Kampfbereitschaft, und seine Stimme wurde ruhiger.

»Seid ihr auf dem Fluß Gotländern begegnet?« fragte er.

»Drei Schiffen, heute vormittag.«

»Habt ihr mit ihnen geredet?«

»In aller Freundschaft. Sie hatten gute Ladung und erkundigten sich nach Ostgoten.«

»Sie fragten nach Ostgoten? Sie fürchteten sich wohl?«

»Sie sagten, ohne Ostgoten hätten sie Langeweile.«

»Das sieht ihnen gleich. Drei Schiffe, sagst du? Und ihre Ladung?«

»Waffen und Männer. Gelüstet dich danach?«

»Dann steht es bei ihnen nicht anders als bei uns, und es lohnt nicht, sich zu schlagen«, sagte der andere. »Hör nun meinen Rat. Komm mit, wir wollen die Gotländer überfallen. Das gibt guten Gewinn und wir teilen brüderlich.«

»Wir haben anderenorts zu tun«, sagte Orm, »und das ist eine Sache, die eilt. Aber die Gotländer werden sich gewiß freuen, euch zu sehen. Drei Schiffe gegen eines: das wünschen sie sich wahrscheinlich am allermeisten.«

»Mag es gehn, wie es will«, sagte der andere finster. »Aber es ist so, wie man mir immer gesagt hat: daß die aus Schonen nur an sich selbst denken und nie zu einem Freundschaftsdienst bereit sind.«

»Gewiß«, sagte Orm, »uns kommen Ostgoten nur selten in den Sinn. Das geschieht nur, wenn es sein muß. Aber jetzt haben wir deinetwegen genug Wegstrecke verloren. Lebwohl.«

Orms Schiff wurde nun etwas zurückgehalten, und Toke wandte es wieder gegen den Strom. Aber währenddessen schwoll der Zorn des Ostgotenhäuptlings so an, daß er plötzlich seinen Speer nach Orm schleuderte.

»Da hast du ein Andenken!« rief er, als der Speer dahinflog.

Dicht neben Orm stand Olof Sommervogel, und der tat nun etwas, wovon unter Kriegern oft geredet wurde, was man aber nur selten zu sehen bekam. Er trat einen Schritt vor, ergriff den heranfliegenden Speer dicht hinter dem Beschlag, drehte ihn um und sandte ihn so geschwind zurück, daß kaum jemand begriff, was geschah. Der Ostgote war auf eine so schnelle Antwort nicht gefaßt gewesen und der Speer traf ihn an der Schulter, so daß er schwankte und niedersitzen mußte. »Das war ein Gruß aus Finnveden!« rief Olof.

Sie kamen zu einer Stelle, wo das Wasser große Steine umbrauste. Dort wurde das Schiff an das Ufer gezogen und ausgeladen, worauf man es in einer geebneten Spur um die Stromschnelle zog und es dann wieder ins Wasser setzte. Als dann auch die Ladung auf demselben Wege herbeigeholt und verstaut war, fragten die Männer zuversichtlich, ob es nun nicht an der Zeit sei, an das gute Schleppbier heranzugehen. Aber Spof sagte: nur Neulinge könnten auf diesen Gedanken kommen.

»Dieses hier war keine Schleppstelle«, sagte er, »sondern nur ein Übersetzen. Bier wird nur an den Schleppstellen ausgeschenkt.«

Noch mehrere Male kamen sie an ähnliche und an noch schwierigere Stellen. Aber Spof sagte jedesmal dasselbe, und sie fingen an, sich zu fragen, wie denn eine Schleppstelle wohl aussehen mochte.

Jeden Abend, wenn sie für die Nacht an Land gegangen waren, wurde im Fluß gefischt, und man machte stets reichlichen Fang. Daher litten sie keine Not, obschon der größte Teil der Vorräte, die sie an Bord gehabt hatten, aufgegessen war. Während der Fisch gebraten wurde, saßen die Männer mit finsteren Mienen an den Feuern, denn sie sehnten sich nach Fleisch und waren sich darüber einig, daß viel Fisch den Menschen schwermütig mache. Sie fingen nun auch an, des anstrengenden Ruderns überdrüssig zu werden, aber Spof tröstete sie damit, daß sie bald anderes zu sehen bekommen würden.

»Das eigentlich anstrengende Rudern hat nämlich noch gar nicht begonnen«, sagte er. Den Sonesöhnen behagte das viele Fischessen am wenigsten und sie gingen jeden Abend mit Speer und Bogen auf die Jagd. Sie waren geschickt im Aufspüren der Wildpfade und Tränken, aber trotz aller Ausdauer, und obschon sie stets spät zum Lager zurückkehrten, dauerte es lange, bis sie ein Wild zur Strecke brachten. Schließlich erlegten sie einen Elch, den sie in eine Schlucht getrieben hatten. Dieses Mal kamen sie erst in der Morgendämmerung zum Lager zurück. Sie hatten im Walde ein Feuer gemacht und sich satt gegessen; das Fleisch, das sie mitbrachten, teilten sie nur knausernd im Lager aus.

Von jetzt ab wurde mit größerem Eifer gejagt. Ulf Frohsinn, Svarthövde und andere schlossen sich den Sonesöhnen an, und Orm ärgerte sich, daß er nicht einige der großen Hunde mitgenommen hatte, die ihm nun gute Dienste geleistet hätten.

Eines Abends kam Svarthövde atemlos zum Lager gelaufen und rief nach Männern und Stricken. Nun gäbe es Fleisch genug für alle, sagte er, und das brachte jedermann auf die Beine. Sie hätten fünf große Tiere in einen Sumpf getrieben und erlegt, und viele Männer seien nötig, um sie herauszuziehen. Alle waren mit Freuden bereit, mitzuhelfen, und bald lag die herrliche Beute auf trokkenem Boden. Die Tiere sahen wie große, bärtige Ochsen aus, wie Orm sie noch nie gesehen hatte. Aber einige von Tokes Mannen behaupteten, es seien Wildochsen, deren es am See Asne in Värend noch einige gäbe, und die man dort heilig halte.

»Morgen machen wir uns einen freien Tag und halten ein Festmahl«, sagte Orm.

Und es wurde ein Festmahl, das allen behagte. Zu dem Fleisch der Wildochsen, dessen guter und kräftiger Geschmack hoch gerühmt wurde, gesellte sich der Rest des Bieres, das an der Flußmündung gebraut worden war.

»Das mag jetzt draufgehen«, sagte Orm. Es war nämlich schon ein wenig sauer geworden.

»In der Stadt der Polotjaner können wir Met bekommen«, sagte Spof. »Aber laß dich nur nicht verlocken, an das Schleppbier zu gehen.«

Als sie sich von diesem Mahl erholt hatten, fuhren sie weiter, und nun hatten sie Glück, denn einen ganzen Tag lang konnten sie Segel setzen. Nun gelangten sie in Gegenden, in denen Menschen sich aufzuhalten schienen.

»Hier fängt das Gebiet der Polotjaner an«, sagte Spof, »aber wir bekommen erst welche zu sehen, wenn wir ihre Stadt erreicht haben. Die in der Wildnis wohnen, kommen nicht hervor, wenn ein Schiff sich nähert, denn sie fürchten, als Ruderer ergriffen und in der Fremde verkauft zu werden.« Spof erzählte auch, daß die Polotjaner keine anderen Götter hätten als die Blindschleichen, die bei ihnen in den Hütten wohnten; aber Orm blickte Spof streng an und sagte, er sei schon früher zur See gewesen und glaube von dergleichen Geschichten nur so viel, als ihm selbst rätlich scheine.

Sie kamen zur ansehnlichen Stadt der Polotjaner, die Polotsk hieß und durch Wälle und Pfahlwerk befestigt war. Viele Männer – jedoch nicht die Frauen – gingen dort nackt einher; denn kurz zuvor war die Steuer eingetrieben worden, und der Stadthauptmann hatte befohlen, daß kein Mann Kleider tragen dürfe, der nicht bezahlt hatte, was er dem Großfürsten schuldig war. Einige dieser Männer sahen besonders mißvergnügt aus; sie erzählten, sie hätten bezahlt, müßten aber trotzdem nackt gehen, da ihnen nach Erlegen der Steuer keine Kleider geblieben seien. Um ihre Lage noch vor der kalten Jahreszeit zu bessern, boten sie ihre Frauen für eine Jacke und ihre Töchter für ein Paar Schuhe zum Kauf an, und Orms Mannen trieben mit ihnen schwunghaften Handel.

Der Stadthauptmann war von schwedischer Herkunft und hieß Faste; er nahm sie freundlich auf und war begierig, Neuigkeiten zu hören. Nachdem er lange dem Großfürsten gedient, war er nun zu Jahren gekommen. In seinem Hause hatte er polotjanische Frauen und viele Kinder, und deren Sprache redete er in der Betrunkenheit leichter als seine eigene. Orm kaufte von ihm Met und Speckseiten und andere Vorräte.

Als sie weiterfahren wollten, kam Faste zu Orm und bat ihn, doch seinen Schreiber mitzunehmen, der einen Korb voller Köpfe nach Kiew zu bringen hatte. Denn der Großfürst wolle seine Stadthäuptlinge diensteifrig wissen, und daher läge ihm viel daran, die Köpfe schwerer Übeltäter zugeschickt zu erhalten. Letzthin habe es aber keine sichere Reisegelegenheit nach Kiew gegeben, und nun wolle er diese nicht versäumen. Der Schreiber war ein junger Mann aus Kiew; er hatte eine Schafshaut bei sich, auf der die Eigentümer der Köpfe verzeichnet waren und auch die Untaten, die sie verübt hatten.

Da Faste sich ihm so freundlich erwiesen hatte, glaubte Orm, ihm die Bitte nicht abschlagen zu können, obschon er nicht gern zustimmte. Die Köpfe weckten in ihm finstere Gedanken, denn er hatte schon früher mit dergleichen zu tun gehabt. Er hielt daher diesen Korb für ein Unglückszeichen und ebenso dachten auch die anderen. In der Sommerwärme merkte man auch bald, daß die Köpfe anfingen, alt zu werden, und man war noch nicht weit gekommen, als die Männer anfingen, über den argen Gestank zu murren. Der Schreiber schien nichts davon zu spüren, denn er saß unbeirrt neben seinem Korb; er begriff aber, wovon die Männer redeten und schlug selbst vor, den Korb an einem Strick festzumachen und im Wasser nachschleppen zu lassen. Dem wurde eifrig beigestimmt; der Korb wurde gut angebunden und über Bord gehoben. Man hatte nun wieder das Segel gesetzt und fuhr schnell dahin; aber nach einiger Zeit rief Svarthövde, daß der Korb sich vom Strick gelöst habe und weg sei.

»Nun bleibt dir nichts übrig, als ins Wasser zu springen und deine Schätze zusammenzusuchen«, sagte Toke zum Schreiber, »sonst geht es dir schlimm, wie du es auch anstellst.«

Der Schreiber ärgerte sich über dieses Mißgeschick, große Besorgnis merkte man ihm aber nicht an. Denn die Schafhaut, sagte er, sei das Wichtigste. Solange er die habe, mache das andere nicht viel aus. Es seien bloß neun Köpfe gewesen, und so viele, meinte er, würde er bei seinen Amtsgenossen in Kiew leihen können. Bei denen gäbe es immer viele Übeltäter, die auf ihre Strafe warteten.

»Um Gottes Barmherzigkeit willen hilft halt der eine dem andern«, sagte er, »und die Köpfe sind alle gleich.«

»Ich höre, daß ihr hier Christen seid«, sagte Orm.

»Wir in Kiew sind Christen«, sagte der Schreiber, »denn der Großfürst hat es befohlen, und es ist am besten, sich ihm zu fügen.«

Sie erreichten eine Stelle, wo zwei Flüsse zusammenliefen. Der von rechts kommende, der Ulla hieß, war ihr Weg, und nun begann die schwere Arbeit an den Rudern, denn hier war die Strömung reißender und der Fluß wurde bald schmaler; immer öfter mußten sie das Schiff über unfahrbare Stellen ziehen. Ein langes und schweres Arbeiten begann, das auch der Stärkste spürte, und mit Sehnsucht gedachten die Männer der guten Tage, die sie auf der Düna gehabt. Schließlich gelangten sie zu einer Stelle, wo Spof an Land ging, obschon es noch früh am Tage war. Hier, sagte er, sei die Schleppstelle.

Es lag viel bearbeitetes Holz umher, das Reisende, aus entgegengesetzter Richtung kommend, hier zurückgelassen hatten: Stücke von Brettern, Rollen, klobige Kufen. Einiges davon konnte benutzt werden, anderes mußte aus gefällten Bäumen zusammengezimmert werden. Das Schiff wurde ans Ufer gezogen, und es brauchte viel Tischlerarbeit, um zu beiden Seiten des Kiels Kufen zu befestigen. Während das vor sich ging, sah man in einiger Entfernung zwei Männer aus dem Walde kommen und zögernd stehenbleiben. Spof freute sich, als er sie sah; er winkte ihnen zu, hob eine Kanne hoch und rief ihnen in ihrer Sprache nur zwei Worte zu: »Ochsen« und »Silber«. Die Männer kamen näher, man bot ihnen Bier an, und nun zeigte Fastes Schreiber sich nützlich, denn er konnte mit ihnen reden.

Sie hätten Ochsen zu verdingen, sagten sie, aber nur zehn, und Spof hätte lieber noch mehr gehabt. Diese Ochsen waren jetzt tief im Walde auf der Weide, wo Räuber und Steuereintreiber ihrer nicht habhaft werden konnten; aber nach drei Tagen wollten sie mit ihnen zur Stelle sein. Was sie dafür verlangten, war nicht viel: Segeltuch war ihnen lieber als Silber; wenn aber ein Ochse umkommen sollte, wollten sie gut entschädigt werden. Orm fand diese Forderung annehmbar; dergleichen war ihm bisher auf dieser Reise noch nicht vorgekommen.

Nun tischlerte man eifrig weiter und stellte einen breiten Karren her, der statt der Räder starke Walzen aus Eichenholz hatte. Auf diesen lud man das Schleppbier und das meiste der übrigen Schiffsladung und machte alles gut fest.

Die Männer kamen, wie sie gesagt hatten, mit den Ochsen, und als man mit allem fertig war, wurden zwei Ochsen vor den Karren und die übrigen vor das Schiff gespannt.

»Es wäre gut gewesen, wenn wir außer diesen noch sechs bekommen hätten«, sagte Spof; »nun müssen wir selber ziehen helfen. Aber wir wollen dankbar sein für das, was uns geworden ist, denn ohne die Beihilfe von Ochsen ist dieses hier das Schlimmste, was Männer ausstehen können.«

Als das Schleppen begann, gingen einige voraus, um gestürzte Bäume aus dem Wege zu schaffen und die Spur zu ebnen. Dann kam der Karren. Die Ochsen, die ihn zogen, wurden vorsichtig geführt, und als es anfing, aus den Rädern zu rauchen, schmierte man die Achsen mit Schweinefett und Teer ein. Darauf folgte das Schiff, und neben dessen Zugtieren gingen viele Männer, die an Stricken mitzogen. Abwärts oder wo es Gras oder Moos gab, genügten die Ochsen allein; ging es aber aufwärts, dann mußten die Männer alle Kräfte gebrauchen, und wo es besonders schwer war, legte man Rollen unter die Kufen. Die Ochsentreiber redeten unentwegt auf ihre Tiere ein, und mitunter sangen sie ihnen Lieder vor, so daß sie gutwillig zogen; aber sobald Orms Leute ihnen so zusprachen, wie sie es daheim mit den eigenen Ochsen gewohnt waren, dann half das gar nichts, da diese hier nicht begriffen, was sie ihnen sagten. Darüber wunderten sich die Männer sehr; das zeige, sagten sie, daß Ochsen denn doch viel klügere Tiere seien, als man bisher von ihnen geglaubt habe; denn mit diesen ginge es ja genau wie mit Menschen, die die Sprache von Fremdlingen nicht verstünden.

Die Hitze, die Anstrengung des Ziehens und das viele Hin- und Herlaufen mit den Rollen ermüdete die Männer, aber sie hielten unverdrossen aus, denn es war ihnen ein großer Trost, den Karren mit dem Schleppbier vor sich zu sehen, und sie taten ihr Bestes, um sich dicht dahinter zu halten. Sobald sie sich am Abend gelagert hatten, riefen sie nach dem Schleppbier; aber Spof sagte, dieser erste Tag sei so leicht gewesen, daß vorläufig Fastes Bier genügen müsse. Sie tranken es murrend und fielen bald in Schlaf, und am folgenden Tag war ihre Arbeit noch schwerer. Im Laufe des Nachmittags wurden viele der Männer matt; aber Orm und Toke sprachen ihnen ermunternd zu und halfen zeitweilig – und so, daß es gut zu merken war – an den Stricken mit; und als es an diesem zweiten Tage Abend wurde, sagte Spof endlich: nun sei der Augenblick für das Schleppbier gekommen. Eine der Tonnen wurde geöffnet und alle erhielten ihr rechtmäßiges Teil zugemessen; und obschon sie alle schon auf Gotland von diesem Gebräu geschmeckt hatten, waren sie doch darüber einig, daß sie erst jetzt dessen vollen Wert begriffen und daß ihre Mühen gut belohnt seien. Orm befahl, daß auch jeder der Ochsentreiber ein Maß bekommen sollte; sie tranken es mit Freuden, und da sie nur dünnen Met gewohnt waren, machte es sie bald berauscht, und sie sangen viel.

Am dritten Tage gelangten sie bald an einen See, der sich lang und schmal zwischen Bergrücken hinzog, und hier wurde den

Männern viel Mühe erspart. Der Karren und die Ochsen blieben auf dem Landwege, aber das Schiff wurde mitsamt den Kufen ins Wasser geschoben, und nun segelten sie vor einem sanften Winde den See entlang und lagerten sich an dessen anderem Ende. Nicht weit vom Lagerplatz an einem zum See abfallenden Abhang lag ein Dorf, und unterhalb gab es üppige Weideplätze, von denen eilends wohlgenährtes Vieh heimgetrieben wurde, obgleich es noch eine gute Weile vor Abend war. Das Dorf schien groß zu sein; es war durch eine Verschanzung geschützt, die sich seltsam ausnahm, denn stellenweise bestand sie aus einem hohen Wall von Steinen und Erde, der hier und da von Pfahlwerk aus dicken Balken unterbrochen war; und es schien leicht, diese zu übersteigen.

Die Männer waren gut gelaunt, denn es war der beste Tag gewesen, den sie seit langem gehabt hatten, und der Anblick des Viehs weckte in ihnen wieder die Sehnsucht nach Fleisch. Weder Orm noch Olof waren indessen gewillt, Silber zum Kauf von Schlachtvieh herzugeben, denn nach all den Ausgaben, die sie gehabt, hielten sie das für unnötig; aber viele, die sich nicht beherrschen konnten, beschlossen, dennoch aus dem Dorf das zu holen, wonach ihnen der Sinn stand.

Fastes Schreiber erzählte, daß die Bewohner dieser Gegenden Wilde vom Stamm der Dregovitier seien, denen bisher noch keine Steuer auferlegt sei, daher dürfe man mit ihnen nach Gutdünken verfahren. Orm sagte seinen Leuten, daß ohne Grund niemand im Dorf getötet werden dürfe, auch sollte nicht mehr Vieh geraubt werden als nötig; und damit machten sie sich auf den Weg. Am eifrigsten zeigten sich die Sonesöhne, denn seit man in das Flußbett der Ulla gerudert war, hatte man – der großen Tagesmühen wegen – nicht mehr gejagt.

Die über Land gegangen waren, trafen bald darauf am Lagerplatz ein, und als die Ochsentreiber vom Schreiber erfuhren, daß die Männer sich ins Dorf aufgemacht hatten, um Vieh zu holen, fielen sie vor Lachen um. Orm und die anderen fragten sich, was ihnen denn so komisch schiene, und der Schreiber brüllte sie an, um es zu erfahren; aber vergebens, sie entgegneten nur, das werde man bald zu sehen bekommen, und dann fingen sie aufs neue zu lachen an.

Nun ertönte vom Dorfe her wildes Geheul, und man sah die ganze Schar der Viehräuber, so schnell sie konnten, den Abhang herabrennen. Sie fuchtelten heulend mit den Armen, obschon außer ihnen nichts zu sehen war; einige stürzten hin, wälzten sich am Boden und blieben zuletzt reglos liegen. Aber die anderen erreichten den See und sprangen ins Wasser.

Alle im Lager starrten sie an.

»Laufen sie vor Teufeln oder vor Gespenstern davon?« fragte Orm.

»Vielleicht sind es Bienen«, sagte Toke.

Es war klar, daß er recht hatte, und nun lachten alle ebenso wie die Ochsentreiber, die von Anfang an von den Bienen gewußt hatten.

Die Verfolgten mußten eine gute Weile im See sitzenbleiben, wobei sie nur die Nase aus dem Wasser hervorstreckten, bis endlich die Bienen es überdrüssig wurden und heimflogen. Mißmutig und mit verschwollenen Gesichtern kamen die Männer ins Lager zurück; sie saßen wortkarg da und meinten, durch diese Flucht vor den Bienen sich viel vergeben zu haben. Das Schlimmste aber war, daß drei Männer dort, wo sie am Abhang gestürzt waren, tot lagen: es waren zwei von Olof Sommervogels Gefolgschaft und einer der Sonesöhne. Man betrauerte sie, denn an ihnen hatte man tüchtige Männer verloren. Orm befahl, daß an diesem Abend den Toten zu Ehren, und um den Zerstochenen schneller aufzuhelfen, vom Schleppbier getrunken würde. Die Ochsentreiber berichteten nun einiges über die Dregovitier, wobei der Schreiber den Dolmetscher machte.

Diese Dregovitier, sagten sie, sind listiger als andere Menschen, und so sind sie denn auf ein sehr eigenes Mittel verfallen, damit man ihre Dörfer in Ruhe läßt: sie halten sich Bienenschwärme, die in den Balken der Verschanzung wohnen und hervorkommen und stechen, sobald ein Fremder die Balken anrührt oder versucht, sie zu übersteigen. Und es ist ein Glück, daß die Männer bei Tage zum Dorf kamen, denn bei Nacht wäre es ihnen schlimmer ergangen. Die Bienen können nämlich nur tagsüber Wache halten; nachts schlafen sie, und darum halten die klugen Dregovitier sich auch Bären, die jung eingefangen, gut behandelt und von ihnen abgerichtet sind; und wenn Räuber nachts einbrechen, läßt man die Bären los. Die zerreißen die Einbrecher und kehren dann zu ihren Herren zurück, von denen sie zur Belohnung Honigscheiben erhalten. Und daher wagt sich niemand an die Dörfer der Dregovitier heran, nicht einmal die grausamen Steuereinnehmer des Großfürsten.

Man blieb auch den folgenden Tag an diesem Ort und begrub die Toten. Um Rache zu nehmen, wollten einige der Männer Feuer in das Dorf werfen; aber Orm verbot das streng, da niemand gegen die Getöteten die Hand erhoben hatte und diese also selbst schuld seien. Doch stand es schlimm um die arg Zerstochenen, denn sie waren schwer krank; aber die Ochsentreiber gingen zum Dorf hinauf, blieben in gebührendem Abstand stehen und riefen den Leuten dort zu. Nach einer Weile kamen sie mit drei alten Weibern zurück. Diese schauten sich die Gestochenen an und legten ihnen eine Salbe auf, die aus Schlangenfett, Frauenmilch, Honig und dem Saft heilkräftiger Kräuter bestand, und bald ging es den Kranken besser. Die Frauen erhielten von Orm Bier und Silber; sie tranken gierig und gaben sorgsam acht, daß kein Tropfen zurückblieb, und für das Silber dankten sie demütig. Den Schreiber, der mit ihnen redete, betrachteten sie ernsthaft; dann knicksten sie und kehrten ins Dorf zurück.

Nach einer Weile kamen Männer mit drei Schweinen und zwei jungen Ochsen aus dem Dorf herab; der Schreiber trat auf sie zu, sie aber schoben ihn beiseite, stellten sich vor Orm und Olof hin und begannen eifrig zu reden. Der Schreiber stand daneben und hörte zu, aber plötzlich stieß er einen Schrei aus und lief dem Walde zu. Nur die Ochsentreiber hatten das Gesagte verstanden, und sie kannten nur wenige Worte von der Sprache der Nordmänner; aber aus Gebärden ließ sich erraten, daß die Dregovitier ihre Schweine und Ochsen Orm zum Geschenk machen wollten, wenn er ihnen dagegen den Schreiber gäbe. Ihn wollten sie den Bären vorwerfen, denn im Dorf hatte man für die Männer des Großfürsten nichts übrig. Orm konnte ihnen in diesem nicht den Willen tun, aber er ließ ihnen Bier geben und bezahlte die Tiere, so daß sie in großer Freundschaft schieden.

Später kamen dann noch andere alte Frauen herbei und brachten Käse, wofür jede von ihnen ein Maß Bier erhielt. Die Männer, die nun bereits das Fleisch brieten, fanden, daß alles sich besser anließ, als zu erwarten gewesen war. Doch meinten sie, es sei schade, daß statt der alten Weiber nicht junge Frauen gekommen seien. Die aber ließen die Dregovitier nicht zum Dorf hinaus.

Angelockt vom Bratengeruch kam der Schreiber gegen Abend aus seinem Versteck hervor. Ihm lag sehr viel daran, daß man sich von diesen Wilden recht bald entfernte; und der Großfürst, sagte er, werde von ihrer Art und Weise erfahren.

Beim Weiterziehen kamen sie zu einem anderen See, der größer war als der erste, und als das Schiff sieben Tage lang geschleppt worden war, erreichte man einen Fluß, den Spof den Biberfluß nannte; bei den Ochsentreibern hieß er Beresina. Alle freuten sich beim Anblick dieses Flusses, und hier wurde das letzte Schleppbier getrunken, denn nun war es mit den Mühsalen der Reise zu Ende.

»Jetzt haben wir für die Heimreise kein Bier mehr übrig«, sagte Orm.

»Das stimmt«, sagte Spof, »aber nur auf der Hinreise ist es vonnöten. Denn mit den Menschen ist es wie mit den Pferden: auf dem Heimweg ziehen sie gutwillig, ohne daß man sie anzutreiben braucht.«

Jetzt wurden die Ochsentreiber bezahlt, und sie erhielten mehr, als sie verlangt hatten, denn Orm knauserte, wenn es Händler zu bezahlen galt, die er für Räuber, wenn nicht für noch Schlimmeres hielt, aber er war freigebig, wenn man ihm gut gedient hatte. Die Ochsentreiber waren ihm dankbar, daher gingen sie, bevor sie heimzogen, mit Spof und Toke zu einem Dorf und beredeten die Leute dort, gegen Entgelt Ochsen für die Heimreise bereit zu halten. Orm ließ ein Versteck herrichten für das Holz, das man auf der Rückfahrt gebrauchen konnte. Die Kufen hatten während der Fahrt über Land dreimal erneuert werden müssen. Den Karren nahm Orm mit, denn bei den Stromschnellen konnte er von Nutzen sein.

Nun fuhr man flußab, vorbei an Fischerhütten und Biberdämmen und freute sich, daß nun die Reise so mühelos war. Schwarz und blank floß der Fluß zwischen üppigen Laubbäumen hin, und die Männer meinten, sogar der Fisch hier sei bekömmlicher als der, den man in der Düna gefangen hatte. Hier brauchten nur wenige Männer die Ruder zu führen; die anderen saßen müßig da, erzählten einander Geschichten und stellten wohl auch Vermutungen an, ob diese Reise ohne jeden Kampf zu Ende gehen werde.

Der Fluß wurde breiter und breiter, und man gelangte zum Dnjepr. Orm und Toke waren sich darüber einig, daß auch die größten Ströme von Andalusien sich mit diesem nicht messen könnten; und Olof Sommervogel behauptete, von allen Flüssen sei nur die Donau noch gewaltiger als dieser. Aber Spof glaubte, daß der gewaltigste von allen die Wolga sei, und er hatte viel von seinen Reisen auf diesem Strom zu berichten. [(10)]

Ibn Fadlan über die Rus

Das Manuskript des Ibn Fadlan stellt den frühesten bekannten Augenzeugenbericht über Lebensweise und Gesellschaft der Wikinger dar. Es handelt sich hierbei um ein außergewöhnliches Dokument, das anschaulich und in allen Einzelheiten Ereignisse schildert, die sich vor mehr als tausend Jahren zugetragen haben.

Im Juni des Jahres 921 entsandte der Kalif von Bagdad Ahmad Ibn Fadlan, ein Mitglied seines Hofstaates, als Botschafter zum König der Bulgaren. Ibn Fadlan befand sich drei Jahre auf Reisen, und seinen eigentlichen Auftrag führte er nie aus, da er unterwegs einer Gruppe Waräger, wie die schwedischen Wikinger genannt wurden, begegnete und zahlreiche Abenteuer mit ihnen erlebte. Als er schließlich nach Bagdad zurückkehrte, zeichnete er seine Erlebnisse in Form eines offiziellen Berichts an den Hof auf.

Ich sah die Rus-Leute, als sie auf ihren Handelsfahrten gekommen waren und sich am Fluß Atul (Wolga) niedergelassen hatten. Niemals habe ich Leute mit einem vollkommeneren Körperbau als bei ihnen gesehen. Sie sind (hoch) wie Dattelpalmen und rötlich. Sie tragen keine Röcke, auch keinen Kaftan. Aber der Mann trägt einen Mantel, mit dem er die eine Hälfte seines Körpers bedeckt, während eine Hand frei daraus hervorsteckt.

Jeder von ihnen hat eine Axt, ein Schwert und ein Messer, so daß dieses alles ihn nicht verläßt. Ihre Schwerter sind breit, flach, gerippt und nach fränkischem Vorbild gefertigt. – Vom Nagelrand bis zum Hals trägt jeder von ihnen Tätowierungen von Bäumen, Figuren und Ähnlichem.

Jede ihrer Frauen hat auf der Brust einen Behälter, der festgebunden ist und aus Eisen, Silber, Kupfer oder Gold besteht, je nach der Größe und dem Wert des Vermögens ihres Mannes. Auf jedem Behälter befindet sich ein Ring, und darin ist ein Messer, das auch auf der Brust festgebunden ist. Um den Hals haben die Frauen Halsringe von Gold und Silber. Denn wenn der Mann zehntausend Dirhems besitzt, läßt er einen Halsring für seine Frau anfertigen. Wenn er zwanzigtausend besitzt, läßt er zwei Halsringe machen. Auf die Weise erhält die Ehefrau einen neuen Halsring für jede zehntausend Dirhems, mit denen der Mann sein Vermögen vermehrt. So befinden sich oft viele Halsringe um den Hals einer einzelnen von ihnen. Den feinsten Schmuck bei ihnen bilden grüne Glasperlen aus Ton, die auf den Schiffen wachsen. Sie bemühen sich sehr darum, sie zu bekommen, kaufen eine Perle für einen Dirhem und ziehen die Perlen als Halsband für ihre Frauen auf.

Sie sind die unsaubersten von Gottes Geschöpfen. Sie säubern sich nicht nach Erledigung ihrer Notdurft, und nachdem sie ihr Wasser gelassen haben, und waschen sich nicht nach der Ausübung des Geschlechtsverkehrs. Auch waschen sie ihre Hände nicht nach der Mahlzeit. Ja, sie sind wie verirrte Esel! Sie kommen aus ihrem Land und legen ihre Schiffe am Atul an, der ein großer Fluß ist, und bauen an seinem Ufer große Häuser aus Holz. In einem Haus versammeln sich zehn oder zwanzig Personen, weniger oder mehr. Jeder von ihnen hat eine Bank, auf der er sitzt, und bei ihm sitzen die hübschen Mädchen, die für die Kaufleute bestimmt sind. Und er übt den Verkehr mit seinem Mädchen aus, während sein Kamerad ihm zuschaut. Oft geschieht es, daß sie allesamt damit beschäftigt sind, der eine direkt vor den Augen des anderen, und es kommt ein Kaufmann, um ein Mädchen von einem von ihnen zu kaufen. Er trifft ihn also dabei, während er den Beischlaf mit ihr ausübt, und er läßt nicht von ihr ab, bevor er seine Absicht ausgeführt hat. Sie pflegen ihre Gesichter und Köpfe jeden Tag in einem Wasser zu waschen, das so schmutzig und unrein wie nur möglich ist. Das geht folgendermaßen vor sich: Ein Mädchen kommt jeden Morgen früh und hat eine große Schüssel mit Wasser bei sich. Das reicht sie ihrem Herren, und dann wäscht er seine Hände, sein Gesicht und seine Haare darin; er wäscht und kämmt sie in dem Gefäß. Danach schneuzt er sich und spuckt hinein. Er läßt keinen Schmutz zurück, den er nicht mit in dieses Wasser tut. Wenn er mit allem fertig ist, trägt das Mädchen das Gefäß zu seinem Nachbarn, und er tut dasselbe wie sein Kamerad. Sie hört nicht damit auf, das Gefäß von dem einen zum anderen zu tragen, bevor sie es zu allen herumgetragen hat, die im Hause sind, indem sich jeder von ihnen darin schneuzt, hineinspuckt und sein Gesicht und seine Haare darin wäscht.

Sobald ihre Schiffe zu diesem Ankerplatz gekommen waren, ging jeder von ihnen an Land, hatte sein Brot, Fleisch, Zwiebeln, Milch und Bier bei sich, ging hin zu einer hoch aufgerichteten Holzstütze mit einem Gesicht, das wie ein menschliches Gesicht aussieht. Rund um sie befinden sich kleine Figuren und hinter den Figuren hohe Holzstützen, die unten in der Erde eingesetzt sind. Er geht dann hin zu der großen Figur, wirft sich auf die Erde und sagt: »O mein Herr, ich bin von fernher mit soundso vielen Mädchen und soundso vielen Zobelfellen gekommen«, dann zählt er alle Handelswaren auf, die er mit sich genommen hat; »ich komme nun zu dir mit dieser Opfergabe«. Danach legt er das, was er bei sich hat, vor der Holzstütze nieder. »Ich wünsche, daß du mir einen Kaufmann verschaffst, der viele Dinare und Dirhems hat und der von mir kauft, was ich wünsche, und der mir nicht widerspricht in dem, was ich sage.« Dann geht er fort. Wenn sein Handel träge verläuft und die Zeit sich in die Länge zieht, kommt er mit einer oder zwei weiteren Opfergaben wieder. Verläuft er zu schwierig für ihn, bringt er jeder der kleinen Figuren eine Opfergabe und bittet sie um Fürsprache, indem er sagt:»Diese sind unseres Herren Ehefrauen, Töchter und Söhne.« Dann fleht er eine Figur nach der anderen an, indem er zu ihnen betet, und möchte sie dazu veranlassen, Fürbitte für ihn zu leisten, und demütigt sich vor ihnen. Oft nimmt der Handel einen guten Verlauf für ihn, so daß der Verkauf zustande kommt. Dann sagt er: »Mein Herr hat mein Bedürfnis gestillt, nun ist es meine Pflicht, ihm zu vergelten.« Dann geht er hin zu einer Schar Ziegen oder Hornvieh und tötet sie. Etwas von dem Fleisch gibt er als Almosen. Den Rest trägt er fort und wirft ihn zwischen die große Holzstützen und die kleinen Figuren, die sie rings umgeben. Die Köpfe von dem Hornvieh und den Ziegen hängt er auf die Holzstützen, die unten in der

Erde eingelassen ist. Wenn es dann Nacht wird, kommen die Hunde und fressen alles auf. Er, der dieses ausgeführt hat, sagt dann: »Wahrlich, mein Herr hat Gefallen an mir und hat meine Opfergabe verzehrt.«

Wenn einer von ihnen krank wird, schlagen sie ein Stück entfernt ein Zelt für ihn auf. Da hinein legen sie ihn und geben ihm etwas Brot und Wasser mit. Aber sie kommen nicht in seine Nähe und sprechen auch nicht mit ihm. Ja, sie besuchen ihn nicht einmal in der ganzen Zeit, solange er krank ist, vor allem nicht, wenn er ein unbedeutender Mann oder Sklave ist. Wenn er wieder gesund geworden ist und aufsteht, kehrt er zu ihnen zurück. Wenn er stirbt, verbrennen sie ihn. Wenn er aber ein Sklave ist, überlassen sie ihn sich selbst, so daß die Hunde und Raubvögel ihn auffressen. Wenn sie einen Dieb oder Räuber ergreifen, gehen sie mit ihm zu einem hohen und dicken Baum, binden einen haltbaren Strick um seinen Hals und hängen ihn daran auf, und dort verbleibt er, bis er vom Wind und Wetter in Stücke gerissen ist. (17)

Der Bericht des Ibn Rustah

Ibn Rustah war Astronom und Geograph. Sein Werk ist wohl zwanzig bis dreißig Jahre jünger als das von Ibn Fadlan.

Das Rus-Volk hat seine Unterkunft auf einer Insel oder Halbinsel, die in einem Binnensee liegt. Die Insel, auf der sie wohnen, hat einen Umfang von drei Tagesreisen und ist von Wäldern und dichtem Kratt bedeckt. Sie ist sehr ungesund und so moorig, daß der Boden schwankt, wenn man darauf tritt. Sie haben einen Fürsten, der Haqan-Rus heißt. Sie heeren unter den as-Saqaliba, das heißt den umwohnenden slawischen Stämmen, wobei sie Schiffe gebrauchen, um zu ihnen zu kommen. Sie nehmen sie gefangen, führen sie nach Hazaran und Bulgar (Städten an der Wolga) und verkaufen sie dort. Sie haben keine Äcker, sondern leben allein von dem, was sie aus dem Land der as-Saqaliba einführen. Wenn einer von ihnen einen Sohn bekommt, geht der Vater zu dem Neugeborenen hin mit einem gezogenen Schwert. Er nimmt es dann, wirft es vor ihm hin und sagt zu ihm: »Ich hinterlasse dir kein Eigentum, du besitzt nur das, was du dir selbst mit diesem deinem Schwert erwirbst.« Sie haben keine Höfe, keine Dörfer oder Äkker. Ihr einziger Erwerb ist der Handel mit Zobel, Eichhörnchen und andersartigen Fellen. Als Bezahlung nehmen sie Geld, und dies bringen sie dann in ihren Gürteln unter. Sie sind reinlich in ihren Kleidern, und die Männer schmücken sich mit Armbändern von Gold. Sie behandeln ihre Sklaven gut, und sie tragen auserlesene Kleider, weil sie sich mit großem Eifer für den Handel einsetzen. Sie haben viele Städte. Sie sind derb gegen ihre eigenen Leute, ehren ihre Gäste und behandeln die Fremden gut, die Zuflucht bei ihnen suchen, und alle, die bei ihnen zu Gast zu sein pflegen. Sie erlauben nicht, daß jemand von ihnen sie belästigt oder ihnen etwas Böses tut, und falls jemand es wagt, ihnen irgendein Unrecht oder einen Übergriff zuzufügen, helfen sie ihnen und verteidigen sie. Sie haben sulaimanische Schwerter. Wenn eine Gruppe von ihnen zum Krieg aufgeboten wird, rücken sie alle zusammen aus. Sie trennen sich nicht, sondern stehen wie ein Mann gegen ihre Feinde zusammen, bis sie den Sieg über sie errungen haben. Wenn einer von ihnen eine Sache gegen einen anderen zu führen hat, so beruft er ihn vor den Fürsten, wo sie beide ihren Prozeß führen. Wenn der Fürst den Zwist zwischen ihnen ordnet, so geschieht das, was er will. Wenn sie aber nach seiner Entscheidung nicht einig werden können, gebietet er ihnen, ihre Sache mit dem Schwert zu entscheiden, so daß der Sieg dem Schwert zufällt, das am schärfsten ist. Die Stämme der beiden gehen hinaus und stellen sich mit ihren Schwertern auf. Dann kämpfen die beiden miteinander. Und derjenige von ihnen, der dem anderen überlegen ist, darf die Entscheidung in dem Zwist treffen, die er wünscht. – Sie haben ihre Medizinmänner, die über das bestimmen, was sie besitzen, als wenn sie ihre Herren wären, indem sie ihnen befehlen, für ihren Schöpfer das zu opfern, was sie an Frauen, Männern und Vieh wünschen. Wenn die Medizinmänner ihre Entscheidung getroffen haben, dann haben sie keine Möglichkeit, sich ihrem Befehl zu entziehen. Der Medizinmann nimmt dann den Menschen oder das Tier von ihnen, schlingt einen Riemen um dessen Hals und hängt sie an einem Holzpfahl bis zum Verröcheln auf. Dann sagt er: »Das ist ein Opfer für Gott.« Sie besitzen Heldenmut und Tapferkeit, und wenn sie in den Bereich eines fremden Stammes einfallen, geben sie nicht nach, bis sie ihn völlig zerstört haben. Sie nehmen ihre Frauen gefangen und machen die Männer zu Sklaven. Sie haben kräftige Glieder, ein gutes Aussehen und sind dreist. Aber ihre Dreistigkeit zeigt sich nicht auf dem Lande. Ihre Angriffe und Expeditionen unternehmen sie nur auf Schiffen. – Sie tragen weite Beinkleider; auf jedes von ihnen gehen etwa 100 Ellen Zeug. Wenn man es anzieht, rollt man es um die Knie und macht es dort fest. Niemand von ihnen geht nach draußen, um seine Notdurft allein zu verrichten, sondern nur im Gefolge mit drei Kameraden, die auf ihn passen. Jeder von ihnen hat sein Schwert bei sich, weil so wenig Sicherheit und so viel Arglist bei ihnen herrscht. Wenn ein Mann ein bißchen besitzt, so trachten sein Bruder und sein Kamerad, die ihn begleiten, danach, ob man ihn töten und ausplündern kann.

Es ist Sitte bei dem König der Rus, daß er in der Burg ein Gefolge von vierhundert Mann an Helden und zuverlässigen Männern hat. Sie sterben mit ihm und lassen sich für ihn töten. Jeder von ihnen hat eine Sklavin, die ihm aufwartet, seinen Kopf wäscht und ihm vorsetzt, was er essen und trinken möchte, und eine andere Sklavin, bei der er schläft.

Die vierhundert Männer sitzen unterhalb seines Thrones, und der Thron ist groß und mit kostbaren Edelsteinen verziert. Neben ihm auf dem Thron sitzen vierzig Sklavinnen, die für sein Bett bestimmt sind, und oft hat er Umgang mit einer von ihnen in Gegenwart seiner Genossen. Er steigt nicht herab von seinem Thron. Wenn er seine Notdurft verrichten will, tut er dies in ein Becken. Wenn er hinaus will, um zu reiten, lenkt einer sein Pferd hin zum Thron, und dann setzt er sich vom Thron aus darauf. Will er vom Pferd absteigen, lenkt es einer, der dann in der Nähe ist, daß er absteigen kann. Er hat einen Stellvertreter, der die Heere gegen die Feinde führt und ihn gegenüber seinen Untertanen vertritt. (17)

Wie die Rus ihre Häuptlinge bestatten

Es wurde mir ständig erzählt, daß sie, wenn ihre Häuptlinge sterben, Dinge unternehmen, von denen die Verbrennung das Geringste war. Ich war daher sehr daran interessiert, mehr zu erfahren. So bekam ich eines Tages zu hören, daß einer ihrer angesehenen Leute gestorben war. Sie legten ihn dann ins Grab und deckten es über ihm zehn Tage lang zu, bis sie mit dem Zuschneiden und Nähen seiner Kleider fertig waren. Für die Armen unter ihnen machen sie ein kleines Schiff, legen ihn hinein und verbrennen ihn. Handelt es sich aber um einen Reichen, so sammeln sie sein Vermögen zusammen und teilen es in drei Teile. Ein Drittel bekommt seine Familie, für ein Drittel fertigen sie Kleider für ihn an und für ein Drittel machen sie Bier. Dieses trinken sie an dem Tag, an dem seine Sklavin sich selbst tötet und zusammen mit ihrem Herrn verbrannt wird. Sie sind nämlich ganz versessen auf Bier, das sie Tag und Nacht trinken. Oft stirbt einer von ihnen mit dem Becher in der Hand. Wenn ein Häuptling unter ihnen verstirbt, sagt seine Familie zu seinen Sklavinnen und Dienern: »Wer von Euch will mit ihm zusammen sterben?« Dann sagt einer von ihnen: »Ich.« Und wenn der Betreffende es gesagt hat, ist er dazu verpflichtet, so daß es ihm nicht mehr frei steht, sich zurückzuziehen. Auch wenn er es wollte, würde man es nicht zulassen. Die meisten, die es tun, sind Sklavinnen.

Als nun der Mann, den ich oben erwähnt hatte, starb, sagten sie zu seinen Sklavinnen: »Wer will mit ihm zusammen sterben?« Eine von ihnen sagte: »Ich.« Sie übertrugen dann zwei Sklavinnen die Aufgabe, auf sie zu passen und mit ihr zusammen zu sein, wo sie auch ging, wie sie außerdem oft mit eigenen Händen ihre Füße wuschen. Dann begannen sie, sich seiner Sachen anzunehmen, seine Kleider zuzuschneiden und alles in Stand zu setzen, was dazu gehörte, während die Sklavin jeden Tag mit einer Freude trank und sang, die ein großes Glück vorspiegelte.

Als nun der Tag anbrach, an dem er und seine Sklavin verbrannt werden sollten, ging ich zum Fluß, wo sein Schiff lag. Es war auf das Land gezogen, und es waren für das Schiff vier Stützen aus Birke und anderem Holz angefertigt. Weiterhin hatte man es mit etwas umgeben, das den großen Lagermagazinen von Holz ähnelte. Dann wurde das Schiff dorthin gezogen und auf dem beschriebenen Holzwerk angebracht. Das Volk begann hin und zurück zu gehen und miteinander in einer Sprache zu reden, die ich nicht verstand, während der Tote noch in seinem Grab lag, da sie ihn nicht aus diesem herausgenommen hatten. Dann kamen sie mit einer Bank, setzten sie auf das Schiff und bedeckten sie mit Decken von byzantinischem Seidenstoff und mit Kissen. Danach kam ein altes Weib, das sie den *Todesengel* nennen, und breitete die erwähnten Decken über der Bank aus. Sie hatte für das Nähen der Kleider und die Ordnung aufzukommen. Sie tötet auch die Mädchen. Ich sah, daß sie ein altes Riesenweib war, dick und düster im Aussehen. Als sie zu seinem Grab kamen, nahmen sie die Erde von dem Holzwerk weg und zogen auch das Holzwerk fort. Dann zogen sie ihm die Kleider aus, in denen er gestorben war. Ich konnte bemerken, daß er auf Grund der Kälte im Land schwarz geworden war. Sie hatten ihm in das Grab Bier, Früchte und eine Mandoline gelegt. Alles das nahmen sie heraus. Der Tote stank merkwürdigerweise nicht, und nichts hatte sich an ihm verändert mit Ausnahme seiner Hautfarbe. Dann bekleideten sie ihn mit Hosen, Überhosen, Stiefeln, Rock und Mantel von Seidenstoff mit Goldknöpfen darauf, setzten auf seinen Kopf eine Mütze von Zobelfell und trugen ihn in das Zelt hinein, das auf dem Schiff stand, wo sie ihn auf die Decke setzten und mit Kissen stützten. Dann kamen sie mit Bier, Früchten und gut riechenden Pflanzen und legten sie neben ihn. Außerdem kamen sie mit Brot, Fleisch und Zwiebeln und warfen sie vor ihm nieder. Dann kamen sie mit einem Hund, schnitten ihn in zwei Hälften und warfen ihn in das Schiff. Danach kamen sie mit allen seinen Waffen und legten sie neben ihn. Darauf holten sie zwei Pferde und ließen sie laufen, bis sie schwitzten. Dann hieben sie sie in Stücke mit dem Schwert und warfen das Fleisch von ihnen ins Schiff. Sie kamen ebenfalls mit zwei Kühen. Auch die hieben sie in Stücke und warfen sie ins Schiff. Dann kamen sie mit einem Hahn und einer Henne, töteten sie und warfen sie in das Schiff. Die Sklavin, die getötet zu werden wünschte, ging inzwischen hin und her. Sie trat in das eine Zelt nach dem anderen, und der Herr des Zeltes hatte Umgang mit ihr, indem er sagte: »Sag deinem Herrn: dies hab ich aus Liebe zu dir getan.«

Als es Freitagnachmittag geworden war, zogen sie die Sklavin fort zu etwas, das sie in der Gestalt eines Türrahmens angefertigt hatten. Dann setzte sie ihre Beine auf die Handflächen der Männer und kam so weit nach oben, daß sie über den Türrahmen hinwegragte, und sagte etwas in der Sprache, die sie redete. Darauf ließen sie sie nach unten. Dann hoben sie sie noch einmal nach oben, und sie tat, wie sie das erste Mal getan hatte. Dann ließen sie sie nieder und hoben sie zum dritten Mal hoch, und sie tat, wie sie die beiden ersten Male getan hatte. Dann reichten sie ihr eine Henne, sie schnitt ihr den Kopf ab und warf ihn fort. Sie nahm das Huhn und warf es in das Schiff. Da fragte ich den Dolmetscher nach dem, was sie machte. Er antwortete: »Das erste Mal, als sie

sie hochhoben, sagte sie: ›Sieh da! Ich sehe meinen Vater und meine Mutter.‹ Das zweite Mal sagte sie: ›Sieh da! Ich sehe alle meine toten Anverwandten sitzen.‹ Das dritte Mal sagte sie: ›Sieh da! Ich sehe meinen Herrn im Paradies sitzen, und das Paradies ist lieblich und grün, und bei ihm sind Männer und junge Knaben. Er ruft nach mir. Laßt mich nun zu ihm gehen.‹« Dann gingen sie mit ihr fort zum Schiff. Sie nahm ihre beiden Armbänder ab, die sie trug, und gab sie der alten Frau, die *Todesengel* genannt wurde und die sie töten sollte. Dann nahm sie zwei Fußringe ab, die sie trug, und gab sie den Töchtern des Weibes. Dann führten sie sie auf das Schiff, ließen sie aber nicht in das Zelt hineingehen. Dann kamen Männer, die Schilde und Holzstäbe bei sich hatten, und reichten ihr einen Becher Bier. Sie sang über ihm und trank ihn aus. Der Dolmetscher sagte zu mir: »Sie nimmt damit jetzt Abschied von ihren Freundinnen.« Darauf wurde ihr noch ein Becher gereicht. Sie nahm ihn und zog den Gesang lang hinaus. Aber das alte Weib trieb sie an, auszutrinken und ins Zelt zu gehen, in dem ihr Herr war. Da sah ich sie an, und sie sah ganz verwirrt aus. Sie wollte in das Zelt hineingehen und steckte ihren Kopf zwischen dieses und das Schiff. Da nahm die Frau ihren Kopf und holte ihn in das Zelt hinein, und die Frau ging selbst mit ihr. Die Männer begannen mit den Holzstäben auf die Schilde zu schlagen, damit ihre Schreie nicht zu hören waren und andere Mädchen eingeschüchtert würden und ihre Herren nicht in den Tod begleiten wollten. Dann gingen sechs Mann in das Zelt hinein und alle hatten Umgang mit dem Mädchen. Danach legten sie sie an die Seite ihres toten Herrn. Zwei nahmen ihre Beine und zwei ihre Hände. Und das Weib, das *Todesengel* genannt wurde, legte rund um ihren Hals ein Tau und reichte es den beiden Männern, damit sie daran ziehen sollten. Dann ging sie mit einem kleinen Dolch mit breiter Klinge hin und begann ihn zwischen die Rippen des Mädchens hineinzustechen und wieder herauszuziehen, während die beiden Männer sie mit dem Riemen erdrosselten, so daß sie starb.

Darauf trat derjenige von den Männern, der mit dem Toten am nächsten verwandt war, hervor. Er nahm ein Holzstück und setzte es in Brand. Dann ging er rücklings, mit dem Rücken zum Schiff, und dem Gesicht zum Volk gewandt und hielt das Holzstück in der Hand, während die andere Hand auf dem Rücken ruhte; und er war nackt. Auf die Weise wurde Feuer an das Holz gelegt, das sie unter dem Schiff zurechtgelegt hatten. Dann traten die Leute mit Holz hervor. Jeder hatte ein Holzstück mit Feuer an der Spitze bei sich. Das warf er dann auf das Holz, so daß das Feuer das Holz ergriff und danach das Schiff, darauf das Zelt mit dem Mann und der Sklavin und allem, was sich darin befand. Danach kam ein starker und fürchterlicher Wind auf, so daß die Flammen kräftiger wurden und das Feuer noch stärker aufloderte.

Neben mir stand ein Mann der Rus, und ich hörte ihn mit dem Dolmetscher sprechen. Ich fragte ihn dann nach dem, was er ihm gesagt hatte. Er antwortete: »Er sagte: Ihr Araber seid dumm.« Ich fragte: »Warum?« Er antwortete: »Ja, ihr geht hin zu dem, den ihr am meisten von den Menschen liebt und ehrt, und werft ihn in die Erde, und die Erde, Kriechtiere und der Boden verzehren ihn. Wir hingegen verbrennen ihn in einem Augenblick, so daß er zur gleichen Zeit und Stunde ins Paradies eingeht.« Darauf brach er in ein schallendes Gelächter aus. Als ich ihn nach dem Grund fragte, sagte er: »Sein Herr hat aus Liebe zu ihm den Wind geschickt, so daß er ihn im Verlauf einer Stunde fortnimmt.« Und es war wirklich keine Stunde vergangen, bis das Schiff, Holz, Sklavin und Herr zu Asche und dann zu Aschenstaub geworden waren. Darauf errichteten sie an der Stelle, wo das Schiff gestanden hatte, etwas, das einem runden Hügel ähnelte. Oben auf ihm stellten sie einen großen Holzpfahl aus Birke auf. Auf ihn schrieben sie den Namen des Mannes und des Ruskönigs und gingen dann ihres Weges. (17)

Götterdämmerung

Über den heidnischen Glauben der Schweden

Dieses Volk hat einen sehr berühmten Tempel, der Ubsola heißt und nicht weit von der Stadt Sictona liegt. In diesem Tempel, der ganz mit Gold geschmückt ist, betet das Volk die Bildsäulen dreier Götter an, und zwar so, daß der mächtigste von ihnen, Thor, mitten im Gemach seinen Thron hat; rechts und links sitzen Wodan und Fricco. Die Deutungen derselben sind folgende: »Thor«, sagen sie, »hat den Vorsitz in der Luft, er lenkt Donner und Blitz, gibt Winde und Regen, heiteres Wetter und Fruchtbarkeit. Der andere, Wodan, das heißt *die Wut*, führt Kriege, und gewährt dem Menschen Tapferkeit gegen seine Feinde. Der dritte ist Fricco; er spendet den Sterblichen Frieden und Lust.« Sein Bild stellen sie auch mit einem ungeheuren männlichen Glied versehen dar. Den Wodan aber formen sie gewappnet, wie die Unseren den Mars zu bilden pflegen. Thor aber scheint mit seinem Szepter den Jupiter vorzustellen. Sie verehren auch vergötterte Menschen, die sie wegen außerordentlicher Taten mit der Unsterblichkeit beschenken.

Allen ihren Göttern nun halten sie besondere Priester, welche die Opfer des Volkes darbringen. Wenn Pest und Hungersnot drohen, wird dem Götzen Thor geopfert, wenn Krieg, dem Wodan, wenn eine Hochzeit zu feiern ist, dem Fricco. Auch pflegt alle neun Jahre ein allen schwedischen Landen gemeinsames Fest in Ubsola gefeiert zu werden. In bezug auf dieses Fest findet keine Befreiung von Leistungen statt. Die Könige und das Volk, alle schicken ihre Gaben nach Ubsola, und – was grausamer ist als jegliche Strafe – diejenigen, die bereits das Christentum angenommen haben, kaufen sich von jenen Zeremonien los. Das Opfer nun ist folgender Art: Von jeder Gattung männlicher Geschöpfe werden neun dargebracht, mit deren Blut es Brauch ist, die Götter zu sühnen. Die

Körper aber werden in dem Hain aufgehängt, der zunächst am Tempel liegt. Dieser Hain ist nämlich den Heiden so heilig, daß jeder einzelne Baum durch den Tod oder die Verwesung der Geopferten geheiligt erachtet wird. Dort hängen auch Hunde und Rosse neben den Menschen, und von solchen vermischt durcheinanderhängenden Körpern habe er, erzählte mir ein Christ, zweiundsiebzig gesehen. Übrigens sind die Lieder, die bei der Vollziehung eines solchen Opfers gesungen zu werden pflegen, vielerlei und unehrbar, und darum besser zu verschweigen. (1)

Die Götter der Wikinger

Die nordgermanische Religion kannte viele männliche und weibliche Götter, die für die unterschiedlichsten Bereiche der Weltordnung und des menschlichen Daseins zuständig waren. Der oberste Gott war Odin (Wotan), eine bemerkenswerte Göttergestalt. Er stammte aus dem Göttergeschlecht der Asen. Allwissend und dämonisch, jenseits von Gut und Böse stehend, gleichermaßen geliebt und gefürchtet. Er war kein Allerweltsgott, sondern der Gott der Oberklasse. Er wurde von Herrschern und Dichtern verehrt, und zu ihm nach Walhall kamen die Kühnsten der Krieger, wenn sie im Kampf gefallen waren. Denn später sollten sie, wenn der Weltuntergang sich ankündigte, den Göttern in der letzten Schlacht beistehen.

Viele vornehme Geschlechter sahen in Odin ihren Stammvater. So auch das alte dänische Königsgeschlecht der Skjoldunger oder die norwegische Dynastie der mächtigen Jarle von Trondheim. Frigga war sein gutes Eheweib, die oberste der Göttinnen. Sie besaß die besten Eigenschaften und Tugenden der Frauen.

Thor dagegen war ein volkstümlicher Gott, der besonders der bäuerlichen Bevölkerung verbunden war. Er ist deshalb der Held vieler Gedichte und Erzählungen. Der durstige und vielfressende

Gott war stets bemüht, die Schar der Riesen mit seinem Hammer zu verringern. Sein Zorn war groß, wenn er seinen Hammer warf. Der Hammer traf stets sein Ziel, und das Wurfgeschoß kehrte immer in seine Hand zurück. Thor erzeugte Donner und Blitz, wenn er mit seinem Bocksgespann über den Himmel raste. Sein Symbol, der Hammer, zeugte von seiner Popularität und Bedeutung. In spätheidnischer Zeit trugen viele Anhänger der alten Religion den Hammer als Gegensymbol zum Kreuz der Christen.

Tyr, auch Ti genannt, war neben Odin und Thor der dritte Großgott in der nordischen Mythologie. Von allen Göttern war er der kühnste und tapferste. Deswegen wurde er oft im Kampf angerufen und als Kriegsgott verehrt.

Loki war eine durch und durch zwielichtige Gestalt. Er trieb seinen Schabernack, war launisch und bösartig und brachte mit seinen Streichen die Götter nur allzuoft in Schwierigkeiten. Wegen seiner überlegenen Intelligenz war er aber oft auch den Göttern von großem Nutzen, wenn es darum ging, die Bösen zu überlisten. In grauer Vorzeit war er Odins Blutsbruder geworden, obwohl er von den Riesen abstammte. Seine etwas zwielichtige Abstammung bedeutete eigentlich keinen Makel, denn oft wurden aus diplomatischen Gründen Eheverbindungen mit den Erzfeinden eingegangen. Der unzuverlässige Gott stellte mit seinen derben Streichen die Freundschaft zu den Göttern auf eine harte Probe. In der Endzeit der Welt sollte er sogar das Heer der Unholde gegen die Götter führen. Auch zeugte er mit einem Riesenweib drei unheimliche Geschöpfe, die den Göttern zum Verhängnis werden sollten. Diese waren der Fenriswolf, der Odin zerfleischen wird, und die Midtgardschlange, die mit ihrem Körper die ganze Welt umspannte. Als Thor ihr den Schädel zertrümmerte, kam er in ihrem Gift um. Das dritte Geschöpf war Hel. Nach ihr hat das unterste Totenreich seinen Namen erhalten. Hier war sie, deren eine Körperhälfte blau aussah wie verwestes Fleisch und deren andere leichenblaß gefärbt war, Alleinherrscherin.

In Asgard erwartete die toten Helden ein herrliches Dasein. Wenn aber Hel, die Todesgöttin mit dem scheelen Blick, auftischen ließ, dann hießen die Schüssel Darben und das Fleischmesser Hunger. Darüber hinaus mußten die Toten auf Hels Seite der dunklen Mächte kämpfen, wenn der Wächtergott Heimdal zum letzten Gefecht ins Horn blies.

Aus dem Göttergeschlecht der Vanen stammte das Geschwisterpaar Frey und Freya. Auch sie zählen zu den großen Götterfiguren der Wikingerzeit. Frey schenkte den Menschen Reichtum und Gesundheit. Vor allem ist er aber ein Fruchtbarkeitsgott. Aus diesem Grund wurde er in der derben Kunst der Wikinger oft mit einem gutgewachsenen, erigierten Glied abgebildet. Auch seine Schwester Freya hatte größte Bedeutung für die Freuden des Sexlebens. Sie schenkte Glück in der Liebe und vertrat die Sinnesfreuden, nicht zuletzt die Wollust. Der Kult der Geschwister wurde deshalb von den Christen besonders stark abgelehnt. Freya war aber nicht nur eine Sexgöttin, sie wurde auch mit dem Krieg in Verbindung gesetzt. Ihr gehörte zum Beispiel die Hälfte der Krieger, die auf dem Schlachtfeld fielen. (3)

Götterdämmerung

Nichts währt ewig. Unheimliche Kräfte drohen die Weltordnung zu zerstören, und trotz aller Anstrengungen der Götter nähert sich der Weltenuntergang. Ragnarök, das große unabwendbare Schicksal der Götter, wird eintreten. Naturkatastrophen werden die Endzeit der Welt ankündigen. Wölfe werden Sonne und Mond verschlingen, Winter wird auf Winter folgen. Sommer wird es keine mehr geben, und Menschen und Tiere werden verhungern. Götter und Riesen werden nun gegeneinander antreten und sich in einer gigantischen Schlacht gegenseitig vernichten. Die Sterne werden herabfallen. Die Welt wird in einem Feuersturm untergehen.

Dennoch gibt es Hoffnung. Eine neue Welt wird aus dem Meer aufsteigen. Die Schuldlosen unter den Göttern, an ihrer Spitze Baldur, der freundlichste und weiseste aller Götter, werden aus der Unterwelt zurückkehren. Sie werden über eine neue Welt herrschen, in der sogar auf unbesäten Äckern goldenes Korn wachsen und gedeihen wird. Neue Menschengeschlechter werden in Frieden ein unbesorgtes Leben führen können. (3)

Von geistlichen Dingen

Die Bischöfe waren vom Schlachtfelde, wo sie die Toten gesegnet hatten, zurückgekehrt und gedachten am folgenden Tage die Heimreise anzutreten. Der älteste von ihnen war vom Wege müde geworden und hatte sich zur Ruhe gelegt, aber der Bischof von London hatte Gudmund zu sich in die Herberge gebeten, und während er trinkend mit ihm zusammensaß, machte er einen letzten Versuch, ihn zum Christentum zu bekehren.

Schon gleich bei ihrer Ankunft hatten die beiden Bischöfe an den Häuptlingen ihr Bestes getan; das hatten König Ethelred und sein Erzbischof ihnen befohlen, damit die Ehre des Königs vor Gott und den Menschen erhöht werde. Mit Thorkel waren sie nicht weit gekommen – er hatte ihnen geantwortet, daß sein Glück mit den Waffen groß genug und größer als das der Christen sei, und darum habe er keine Lust auf neue Götter. Und mit Jostein war es nicht besser gegangen; die Hände auf seine Streitaxt gestützt, die »Witwentrauer« hieß und die er immer bei sich hatte, saß er zuhörend da und starrte die Bischöfe stumm unter zusammengezogenen Augenbrauen an, während sie ihm viel von Christus und seinem Reich erklärten. Darauf kam ihn ein Lachen an, und er schleuderte seinen Hut zu Boden und fragte, ob sie ihn denn für einen Toren hielten.

»27 Winter lang«, sagte er, »bin ich Priester beim großen Opferfest in Uppsala gewesen, und mir wird wenig Ehre davon, daß man nun mit solcher Rede zu mir kommt, die für Kinder und alte Weiber passen mag. Mit dieser Axt, die ihr hier seht, habe ich die Opfer, die man zum Dank für gute Ernte herbeibrachte, erschlagen und sie dann im heiligen Baum vor dem Tempel aufgehängt; und unter ihnen waren auch Christen und dazu Priester, die nackt und jammernd auf ihren Knien im Schnee lagen; sagt mir nun, welchen Vorteil sie da von ihrem Gott gehabt haben!«

Da hatten beide Bischöfe sich schaudernd bekreuzigt und wohl verstanden, daß es sich nicht lohnte, einem solchen Manne zuzusetzen.

Auf Gudmund aber hofften sie bis zuletzt, denn er war freundlich und froh gelaunt, und hörte gern auf das, was sie ihm sagten; und bisweilen, wenn er viel Bier getrunken hatte, dankte er ihnen gerührt dafür, daß sie so schön gesprochen hatten und um sein Wohlergehen besorgt waren. Dennoch hatte er ihnen noch nichts versprechen wollen. Der Bischof von London hatte nun vom Besten, was er hatte, sowohl Nasses wie Trockenes, auftischen lassen, um ihn zu einem Entschluß zu bringen.

Gudmund nahm gern vom Gebotenen, und nach einer Weile machten die Spielleute des Bischofs so schöne Musik für ihn, daß ihm Tränen in den Bart kamen. Darauf fing der Bischof an, ihn mit sorgsam gewählten Worten und mit seiner sanftesten Stimme zu überreden. Gudmund hörte zu und nickte, und er gab gern zu, daß vieles an den Christen ihm wohl gefiel.

»Du bist ein guter Mann«, sagte er zum Bischof, »du bist gastfrei und weißt viel und trinkst wie ein ganzer Kerl, und es macht Vergnügen, dir zuzuhören. Darum will ich dir gern den Willen tun; aber es ist nicht wenig, um was du mich bittest; denn es wäre gar zu arg, wenn ich beim Nachhausekommen vom Hausgesinde und den Nachbarn ausgelacht würde, weil ich mich von Priestern habe beschwatzen lassen. Aber dennoch glaube ich, daß ein Mann wie du große Macht hat und viele Geheimnisse weiß; und hier ist etwas, das ich kürzlich gefunden habe, und ich hätte nun gern, daß du einen frommen Spruch darüber sagst.«

Er nahm das kleine goldene Kreuz aus seiner Jacke hervor und hielt es dem Bischof hin.

»Dieses hier habe ich im Hause eines reichen Mannes gefunden; es kostete zwei Menschen das Leben, und ein schöneres Spielzeug habe ich nie gesehen. Ich will es, wenn ich nach Hause komme, meinem kleinen Sohne geben. Er heißt Folke, und die Frauen nennen ihn Filbyter. Er ist ein störrischer kleiner Bursche und hat viel Freude an Silber und Gold, und was er einmal in den Händen hat, das hält er gut fest. Er wird diesem Kreuz beide Hände entgegenstrecken; und es wäre gut, wenn du Glück hineinlegen könntest, denn ich will, daß er reich und mächtig wird und daß er daheim auf dem Hof sitzen kann und seine Ernte gedeihen und sein Vieh fett werden sieht, so daß er nicht, um seinen Lebensunterhalt zu haben, auf den Meeren umherzuziehen braucht und von Fremden und deren Waffen Unbill erfahren muß.«

Der Bischof lächelte und nahm das Kreuz und murmelte darüber hin, und Gudmund steckte es dann zufrieden wieder ein. »Dank der Freigebigkeit König Ethelreds wirst du als ein reicher Mann auf deinen Hof zurückkehren«, sagte der Bischof, »aber glaube mir, wenn ich dir sage: du würdest noch mehr Glück haben, wenn du zu Christus übergingest.«

»Zuviel Glück kann man nie haben«, sagte Gudmund und rieb sich nachdenklich den Bart. »Ich weiß schon jetzt, von welchem Nachbarn ich noch Land dazukaufen werde, und wie der neue Hofbau aussehen soll; den werde ich recht geräumig und aus allerbesten Eichenbalken bauen. Und vielleicht wird zu Hause doch keiner über mich lachen – ganz gleich, wie ich mich hier stelle –, wenn ich nur reich genug bin und mir Silber in der Truhe übrigbleibt. Darum mag es so werden, wie du willst: du magst mich taufen, und ich werde mich hinfort zu Christus halten, wenn du meinen Anteil mit hundert Mark Silber vergrößern willst.«

»Das«, sagte der Bischof, »zeigt nicht die rechte Gesinnung, um in Christi Gemeinde aufgenommen zu werden. Aber ich will dich nicht tadeln, denn du kannst nicht wissen, daß es heißt ›Selig sind, die da arm sind‹, und es würde viel Zeit nehmen, dir diese Wahrheit zu erklären. Du mußt bedenken, daß du schon von König Ethelred großen Reichtum erhalten wirst, mehr, als irgendein anderer dir würde schenken können; und gewiß ist er ein großer und mächtiger König, aber auch seine Truhen haben einen Boden. Darum ist es unmöglich, dir so viel zu geben, selbst wenn ich es gern wollte. Ein Taufgeschenk von zwanzig Mark kann ich dir versprechen, denn du bist ein großer Häuptling; aber das ist auch das Höchste; und schon das wird er vielleicht für recht viel halten. – Aber nun sollst du von einem Getränk zu schmecken bekommen, das hier gebraut wird und in deinem Land vielleicht nicht bekannt ist; das ist heißer Wein, dem Honig und seltene Gewürze aus dem Morgenland zugesetzt sind, die Zimt und Kardamom heißen. Leute, die sich darauf verstehen, sind der Meinung, daß kein Getränk der Zunge angenehmer und im übrigen geeigneter ist, Grübelei und Schwermut zu mildern.«

Gudmund fand das Getränk gut und bekömmlich, aber das Angebot des Bischofs schien ihm auch jetzt noch zu niedrig; für eine solche Summe wollte er seinen guten Namen in der Heimat nicht aufs Spiel setzen.

»Aber um der guten Freundschaft willen, die ich für dich habe«, sagte er, »will ich es für sechzig Mark tun. Billiger bekommst du mich nicht.«

»Auch ich fühle große Freundschaft für dich«, sagte der Bischof, »und meine Sehnsucht, dich getauft und des Himmelreiches teilhaftig zu sehen, ist so groß, daß ich gern von Eigenem dazulegen würde, um dich zufriedenzustellen. Aber ich besitze nicht viele irdische Güter, und zehn Mark ist alles, was ich hinzufügen könnte.«

Gudmund schüttelte den Kopf und blinzelte schläfrig. So weit waren sie gekommen, als vor der Tür Lärm entstand, und gleich darauf kam Orm mit Bruder Willibald, den er am Arm festhielt, herein; dazu hingen ihm zwei Türwächter an den Kleidern und schrien, daß der Bischof nicht gestört werden dürfe.

»Heiliger Bischof«, sagte er, »ich bin Orm, Tostes Sohn, von Kullen in Schonen, einer der Schiffshäuptlinge von Thorkel dem Hohen. Ich will getauft werden und dir nach London folgen.« Der Bischof starrte ihn erstaunt an und sah anfangs aus, als würde ihm bange. Aber als er merkte, daß Orm weder betrunken noch in Raserei war, wollte er wissen, was es zu bedeuten habe, denn er war es nicht gewohnt, daß Nordmänner sich in einer solchen Sache aufdringlich zeigten.

»Ich will unter Gottes Schutz kommen«, sagte Orm, »denn um mich steht es schlimmer als um andere. Dieser Priester kann dir alles besser erklären als ich.«

Bruder Willibald bat den Bischof um Verzeihung, daß er an diesem Eindringen mitbeteiligt scheine; aber es sei nicht aus freiem Willen geschehen, sondern barbarische Heftigkeit und Stärke habe ihn dazu gezwungen und ihn an den Türhütern vorbeigeschleppt, obschon er gehört hatte, daß wichtige Dinge unter vier Augen verhandelt würden.

Der Bischof bat ihn freundlich, nicht weiter daran zu denken. Er wies auf Gudmund, der nun dort, wo er saß, dank einem letzten Becher gewürzten Weines eingeschlafen war.

»Es hat mir viel Mühe gemacht, ihn zum Christentum zu überreden«, sagte er, »und doch hat es nichts genützt, denn seine Seele ist ganz an das Irdische gebunden. Und nun schickt Gott mir einen anderen, der ungerufen kommt! Sei willkommen, Häuptling! Bist du völlig bereit?«

»Das bin ich«, sagte Orm, »denn früher habe ich dem Propheten Mohammed und seinem Gott gedient, und nun habe ich begriffen, daß nichts gefährlicher sein kann.«

Der Bischof bekam runde Augen; er schlug dreimal das Kreuz und rief nach Weihwasser.

»Mohammed und seinem Gott?« fragte er Bruder Willibald. »Wie kann solches sein?«

Beide unterstützten sich nun gegenseitig, dem Bischof alles zu erklären. Dieser sagte, er habe viel Sünde und Finsternis gesehen, aber noch nie einen Menschen, der Mohammed gedient habe. Als das Weihwasser gebracht wurde, nahm er einen kleinen Besen, tunkte ihn ins Wasser und besprengte Orm, während er Gebete zur Austreibung böser Geister sprach. Orm wurde dabei bleich, und er sagte später, das Besprengen sei sehr schwer auszuhalten gewesen, denn er habe davon einen Schauder im ganzen Körper bekommen und gefühlt, wie sich ihm das Nackenhaar gesträubt habe. Der Bischof war eine ganze Weile eifrig bei der Sache; schließlich hörte er mit Gebeten und Weihwasser auf und sagte, Weiteres sei nun nicht mehr vonnöten.

»Wenn du weder Schaum um den Mund bekommst noch in Zuckungen zu Boden fällst und wenn auch kein übler Geruch sich bemerkbar macht, so hat der böse Geist dich wieder verlassen; und dafür magst du Gott danken.«

Nun besprengte der Bischof auch Gudmund ein wenig; der fuhr gleich auf und brüllte, man solle das Segel reffen; und dann sank er wieder auf der Bank zusammen und schlief weiter.

Orm trocknete sich die Tropfen aus dem Gesicht und fragte, ob das nun ebensogut wie eine Taufe sei.

Der Bischof antwortete, da sei denn doch ein großer Unterschied; bei einer Taufe gehe es nicht so einfach zu, und schon gar nicht, wenn man zuvor Mohammed gedient habe. »Du mußt zuerst deinen falschen Göttern abschwören«, sagte er, »und deinen Glauben an den Vater, den Sohn und den Heiligen Geist bekennen. Und zudem mußt du in der christlichen Lehre unterwiesen werden.«

»Ich habe keine Götter, denen ich abschwören könnte«, sagte Orm, »und ich will mich nun an Gott und seinen Sohn und deren Heiligen Geist halten. Und von der christlichen Lehre habe ich schon viel zu hören bekommen: zuerst bei den Mönchen in Irland, dann bei König Harald und daheim bei meiner Mutter, so gut die Arme es eben zu lehren verstand, und jetzt hier beim kleinen Priester, der mein Freund ist und mir viel vom Teufel erzählt hat. In dieser Sache glaube ich daher nicht weniger zu wissen als die meisten.«

Der Bischof nickte und sagte, das sei erbaulich zu hören, und es geschehe nicht häufig, daß man Heiden begegne, die sich in heiligen Dingen so viel hätten unterweisen lassen. Darauf knetete er sich die Nase und sah nachdenklich aus. Er warf einen Blick auf den ruhig schlafenden Gudmund und wandte sich dann wieder zu Orm.

»Aber da ist noch etwas zu ordnen«, sagte er langsam und mit großem Ernst. »Du bist Schlimmerem anheimgefallen gewesen als irgendein anderer, den ich gesehen habe, weil du dem falschen Propheten gedient hast, dem schwärzesten Häuptling des Teufels. Und wenn du nun nach solchem Greuel in die Obhut des lebendigen Gottes kommen willst, so gehört es sich, daß du ihm und seiner Kirche eine Gabe darbringst, um zu zeigen, daß dein Vorhaben ernst gemeint und dein Herz gebessert ist.«

Orm sagte, es sei nicht mehr als billig, daß er etwas gebe, damit er hinfort mehr Glück habe und Gottes Schutz gewinne. Er fragte, was wohl als eine entsprechende Gabe angesehen werden könne.

»Dergleichen hängt von Geburt und Reichtum ab und davon, wie groß der Sünder ist, um den es sich handelt«, sagte der Bischof. »Ich habe einmal einen dänischen Häuptling getauft, der hier im Lande ein Erbe angetreten hatte; er gab fünf Ochsen und ein Tönnchen Bier und zwanzig Pfund Wachs für die Kirche Gottes. Aber in alten Schriften steht zu lesen, daß Männer von hoher Geburt zehn Mark, ja vielleicht sogar zwölf Mark Silber gegeben und außerdem eine Kirche gebaut haben; aber dann hatten sie sich mit ihrem ganzen Haushalt taufen lassen.«

»Ich will nicht schlechter als andere sein«, sagte Orm, »denn der ›Weitgreifende‹ ist mein Vorfahr. Wenn ich nach Hause komme, will ich dort eine Kirche bauen, und du sollst mein ganzes Schiff taufen dürfen und fünfzehn Mark von meinem Silber bekommen; aber dann will ich auch, daß du vor Gott gut für mich sprichst.«

»Das ist in Wahrheit ein Häuptling«, sagte der Bischof froh, »und ich werde für dich alles tun, was ich kann.« Beide waren nun sehr zufrieden, aber der Bischof wollte gern wissen, ob es Orm damit ernst sei, seine ganze Schiffsbesatzung taufen zu lassen.

»Wenn ich selbst Christ werde«, sagte Orm, »so kann ich keine Heiden an Bord haben, denn was würde Gott davon denken? Alle sollen darin gleichgestellt sein; und was ich meinem Schiffsvolk sage, das geschieht. Ich habe einige an Bord, die schon ein oder zweimal getauft sind, aber noch einmal dazu kann nicht schaden.«

Er wollte nun, daß beide Bischöfe und ihr ganzes Gefolge am nächsten Tage auf sein Schiff kämen; dann werde er sie nach London und Westminster segeln, und dort könne dann die Taufe vor sich gehen.

»Ich habe ein großes und gutes Schiff«, sagte er. »Bei so vielen Gästen wird es etwas eng werden, aber die Reise ist kurz und das Wetter schön und beständig.« Sein Eifer war groß, aber der Bischof sagte, in einer so wichtigen Sache könne er nicht bestimmen, bevor er mit seinem Amtsbruder und den anderen geredet habe. Orm mußte sich daher bis zum nächsten Tage gedulden; er verabschiedete sich mit Danksagungen und kehrte mit Bruder Willibald zu seiner Wohnstätte zurück. Der hatte vor dem Bischof nicht viel geredet, aber nun schüttelte er sich vor Lachen.

»Worüber freust du dich denn so?« fragte Orm.

»Du stellst ja viel an, um der Tochter König Haralds habhaft zu werden«, antwortete der kleine Priester, »und mir scheint, daß du es richtig anfängst.«

»Geht alles gut«, sagte Orm, »so wirst du nicht leer ausgehen, denn ich glaube, von dem Augenblick an, da ich dich wieder traf, habe ich mehr Glück gehabt.«

Als der Bischof allein war, saß er eine Weile nachdenklich lächelnd da; dann ließ er Gudmund durch seine Diener wekken. Das gelang nach einer Weile, obschon er über die Störung brummte. »Ich habe viel über die Sache, von der wir sprachen, nachgedacht«, sagte der Bischof, »und durch Gottes Hilfe kann ich dir 40 Mark versprechen, wenn du dich taufen läßt.«

Da wurde Gudmund sofort völlig wach, und nach einer Weile einigten sie sich auf 45 Mark, dazu ein Pfund Gewürz von der Sorte, die im Wein des Bischofs gewesen war. (10)

Die Feuerprobe

Was außer Harald Blauzahn und dem als Zuschauer am Fest des Königs teilnehmenden Björn niemand weiß: Das spektakuläre Ereignis der Feuerprobe ist ein raffinierter Betrug, mit dem der in orientalischen Zaubertricks bewanderte At-Tartuschi und der schlaue Poppo König Harald aus finanzieller Bedrängnis helfen. Dem zum christlichen Glauben bekehrten Dänenkönig wird der Kaiser alle Tributzahlungen erlassen.

»Ich bin ein Bauer«, sagte König Harald. »Ihr müßt euch also mit dem begnügen, was ein Bauer auf den Tisch bringt.«

Die Halle erzitterte von dröhnendem Gelächter, und der König entblößte schmunzelnd seinen Zahn.

»Gelobt sei das Land, in dem ein Bauer auftischt, womit sogar der Kaiser Ehre einlegen würde«, sagte Bischof Horath. Diesmal lachte niemand, denn jeder wußte, daß es allein Harald Blauzahn vorbehalten war, sich einen Bauern zu nennen.

Der König überging die unbedachte Äußerung des Bischofs, ohne daß ein Schatten des Unmuts seine Stirn streifte. Er saß leicht nach vorn gebeugt auf dem Hochsitz, fischte umständlich eine Fliege aus seinem Trinkhorn und gab den Bischof der stummen Empörung seiner Gäste preis.

Außer diesen hatte noch ein knappes Dutzend Zuschauer Einlaß gefunden. Es waren reiche Kaufleute, denen Bue der Dicke für ein ansehnliches Schmiergeld dazu verholfen hatte, als Zaungäste am Fest des Königs teilzunehmen, sowie einige von Bues Frauen, unter ihnen auch Nanna. Dieser war es gelungen, Bue davon zu überzeugen, daß er ihrem nunmehr verbürgten Rang als Tochter des Kalifen allen sichtbar Rechnung tragen müsse: entweder dadurch, daß er ihr einen Platz an der Tafel des Königs verschaffe, oder, und dies sei das mindeste, indem er ihr erlaube, sich in Begleitung eines waffenfähigen Mannes unter den Zuschauern zu zeigen. Bue, der einerseits stolz darauf war, eine Prinzessin zur Geliebten zu haben, andererseits jedoch gewisse Zweifel an ihrer vornehmen Herkunft hegte und es demzufolge für geraten hielt, nicht zuviel Aufhebens davon zu machen, entschied sich für das letztere. So kam es, daß auch Björn unter den Zuschauern war.

»Ich sehe viele große Männer an meinem Tisch«, brach nun der König das Schweigen, »und jeder von ihnen hätte es verdient, daß ich ihn namentlich willkommen heiße. Aber das Alter hat mich geschwätzig gemacht, und ich will euch nicht mit den Erinnerungen langweilen, die der Anblick eines jeden in mir wachruft. Betrachtet es daher nicht als Herabsetzung, wenn ich nur die Namen jener nenne, die neu in unserer Runde sind. Ich grüße dich, Egil Skallagrimsson von Island!«

Ein hochgewachsener, breitschultriger Mann erhob sich und trat vor den König. Sein Kopf war fast kahl, sein Gesicht bartlos, aber über seinen Augen wölbten sich zwei mächtige schwarze Brauen.

»Jeder hier kennt deinen Namen«, sagte der König. »Doch nur wenige wissen, daß du es nicht nötig hast, anderer Männer Taten zu preisen.«

Der Skalde neigte sein Haupt und sprach, halb an den König, halb an die Tafelrunde gewandt, die Strophe:

Wenn mit vieren ich fahre, weißt du,
können sechs nicht streiten
wider mich mit Schildlärm – Gottes
verletzenden Messern, den roten;
wenn aber mit acht ich bin,
sind zwölf nicht genug zu erschüttern
mir, dem Schwarzbrauigen, das Herz,
wenn gegeneinander die Schwerter man zieht.

»Das ist nicht nur wohl gesprochen, sondern auch wahr«, sagte Harald. »Denn wenn es mir selbst auch nicht vergönnt war, mich im Zweikampf mit ihm zu messen, so habe ich doch genügend Männer gekannt, die es mit ihrem Leben bezahlen mußten, daß sie Egils Worte für Prahlerei hielten.«

Nun richtete sich der Blick des Königs auf At-Tartuschi, der am unteren Ende der Tafel zwischen dem Sohn eines wagrischen Fürsten und Poppo saß. »Ich grüße auch dich«, sagte er und nahm einen Schluck aus seinem Trinkhorn, während ihm Bue der Dicke beflissen den Namen seines arabischen Gastes zuflüsterte. »Sei mir willkommen, At-Tartuschi«, fuhr der König fort. »Es heißt, der Kalif von Cordoba habe dich ausgesandt, ihm über andere Länder zu berichten. Was nun, verzeih mir meine Neugier, wirst du ihm über mein Land erzählen?«

Poppo übersetzte Haralds Worte und begleitete At-Tartuschi vor den Hochsitz, wo der Araber, nachdem er sich tief verbeugt hatte, gestenreich zu reden begann. Er sprach mit solcher Eindringlichkeit, daß der König sich zu häufigem Kopfnicken veranlaßt sah.

Als der Araber geendet hatte, sagte Poppo: »Erspare mir, Herr, in dürren Worten wiederzugeben, was At-Tartuschi mit dem

Wortreichtum eines Dichters an Lobendem über dich und dein Land zu sagen weiß. Nur die unerschütterliche Überzeugung, daß sich das Paradies allein dem guten Christen und diesem auch erst nach dem Tode öffnet, hindert mich daran, seine Worte so zu deuten, daß sich deine Untertanen bereits zu Lebzeiten darin befinden.«

Haralds Augen ruhten wohlgefällig auf At-Tartuschis braunem Gesicht. »Sag ihm, daß mir seine Worte gut getan haben«, trug er Poppo auf. »Zugleich aber betrübt es mich«, wandte er sich an die Tafelrunde, »daß ein Mann vom anderen Ende der Welt kommen muß, mir das zu sagen. Von euch höre ich immer nur Klagen.«

»Wir Isländer sind dafür bekannt, daß wir mit Königen nicht viel im Sinn haben«, sagte Egil und erhob sich abermals. »Dennoch verdienst du es, Harald Gormsson, daß man dich in einer Sprache rühmt, die uns allen geläufig ist. Höre denn:

Zu Gast mich der Fürst lud,
Pflicht ist sein Lob mir,
bring Odins Met
in der Angeln Land;
konnte preisen den Herrn,
rühme gewiß ihn,
um Gehör ich ihn bitte,
da ein Loblied ich fand.«

Dies war die erste von vielen Strophen, die der Skalde sang. Auf- und abschreitend, mit lauter Stimme und ausladenden Gebärden beschwor er Schwertlärm und Schlachtgetümmel, türmte Hügel von Toten vor den gebannt Lauschenden auf und tränkte die Erde mit Strömen von Blut. Aus allem aber stieg strahlend der siegreiche Herrscher empor, in dem Harald zu erkennen schwergefallen wäre, hätte der Skalde nicht mehrfach mit starker Betonung seinen Namen genannt.

»Man hält dich nicht zu unrecht für den größten aller lebenden Skalden«, sagte der König, während die Röte, die von seinem Hals aufgestiegen war, nun auch sein Gesicht überflutete. »Vielleicht schmückst du einiges zu sehr aus und dichtest mir im Überschwang Taten an, für die andere zu rühmen wären, doch ich verhehle nicht, daß mich deine Strophen mit Freude erfüllen.« Er schenkte Egil ein Stirnband mit einem Goldknoten sowie einen russischen Hut und ließ ihn neben seiner Mutter Thyra Platz nehmen.

Diese hatte es schon zu Beginn des Festes mit Verdruß vermerkt, daß der einzige Platz an der Tafel, der ihr als der Witwe Gorms des Alten angemessen erschien: der zweite Hochsitz gegenüber dem des Königs, von Haralds Frau Hallgerd eingenommen wurde. Daß ihr, die ohnehin beengt saß, nun noch zugemutet wurde, ihren Platz auf der Bank mit dem Skalden zu teilen, versetzte sie in Zorn. »Dein Vater hätte es nie gewagt, einen Isländer neben mich zu setzen«, sagte sie zum König. »Denn diese Leute stinken nach Schafen und Torf, wenn nicht nach Üblerem.«

»Mach dir nichts daraus, Egil«, sagte der König. »Statt ihr Weisheit zu schenken, hat das Alter sie zänkisch gemacht.«

»Wäre sie ein Mann, hätte ich sie dafür erschlagen«, brummte Egil und zog seine Brauen zusammen.

Thyras schwammiger Körper begann zu zittern. Die Adern an ihren Schläfen traten blaurot hervor, und Speichel sprühte von ihren Lippen, während sie schrie: »Gebt mir ein Schwert, und ihr sollt sehen, wie dieser isländische Maulheld um sein Leben bettelt!« Da niemand ihrer Aufforderung nachkam, griff sie nach einem Trinkhorn und schlug es Egil auf den Kopf. Dieser atmete schwer und warf dem König einen Blick zu, der zu besagen schien, daß ein weiterer Schlag nicht unerwidert bleiben würde.

»Höre meinen Schwur, Mutter«, sagte Harald mit einer Stimme, die keinen Zweifel an seiner Entschlossenheit zuließ: »Du wirst den Rest deines Lebens auf einer Felsklippe im Nordmeer verbringen, wenn du Egil nicht auf der Stelle Genugtuung gewährst.«

Thyra preßte die Lippen zwischen ihre Zahnstümpfe. »Was verlangst du?« fragte sie, ohne Egil anzublicken.

»Nach allem, was ich gehört habe, bist du sehr reich«, entgegnete der Skalde.

»Bedenke aber auch, daß sie eine törichte alte Frau ist; vermutlich erinnert sie sich schon jetzt nicht mehr daran, was sie tat«, mischte der König sich ein, der offenbar um sein Erbteil zu fürchten begann.

»Ich sagte, daß er stinkt, und ich schlug ihn«, stellte Thyra fest. »Und du, Isländer, vermutest zu Recht, daß du mich mit deiner Forderung nicht so leicht in Verlegenheit bringen wirst.«

Egil sagte: »So füll das Horn, das du mir aufs Haupt schlugst, bis zum Rand mit Silber. Damit will ich mich zufriedengeben.«

»Das ist weniger, als ich erwartet habe«, sagte die alte Königin. »Aber für einen Isländer mag es genug sein.«

»Schweig jetzt, Mutter!« fuhr sie der König an. »Egils maßvolle Forderung beweist seinen Großmut; ein Mann seines Ansehens hätte weit mehr verlangen können.« Und zum Skalden sagte er in milderem Tonfall: »Trink einen Schluck aus meinem Horn, Egil, und sieh darin ein Zeichen meiner Freundschaft.«

Der Skalde ließ sich das Horn reichen und trank es in einem Zuge leer. Als er es absetzte, sagte er: »Du trinkst Bier, Harald Gormsson, während du deine Gäste mit teurem Wein bewirtest?«

»Wäre es umgekehrt, müßtet ihr mich einen Geizhals schelten«, schmunzelte der König. »Aber mir bekommt das süße Zeug nicht. Statt mich in gute Laune zu versetzen, macht es mich müde und schwächt meine Manneskraft. Bier hingegen verschafft mir Wohlbehagen, und je mehr ich davon trinke, desto öfter kräht mein Hahn. Ich bin nun mal ein Bauer, wie auch Gorm ein Bauer war und alle Könige Dänemarks vor ihm.« Sein Blick blieb auf dem zehnjährigen Sven haften, der am anderen Ende der Tafel neben seiner Mutter saß, und Verachtung kräuselte seine Lippen, als er fortfuhr: »Aber das Milchgesicht dort ist aus der Art geschlagen. Das macht mir Sorgen. Denn wie soll aus ihm ein guter König werden, wenn er nicht wie ein Bauer denkt und fühlt?«

Aller Augen richteten sich auf Sven, dessen blasses Gesicht bei den Worten des Vaters seine kindliche Unbekümmertheit verlor. Hallgerd griff nach seiner Hand. »Hüte dich vor unbedachten Worten, mein Sohn«, sagte sie. »Dein Vater würde es dir mit einer weiteren Kränkung vergelten.«

»Sechzehn Söhne habe ich, von denen ich weiß«, fuhr Harald fort. »Alle sind wohlgeraten, aus jedem könnte ebensogut ein Bauer wie ein König werden. Und ausgerechnet diesem Jammerlappen muß ich mein Reich anvertrauen, weil er das Recht auf seiner Seite hat. Alles Glück, das mir die Götter beschert haben, wird durch dieses eine Unglück zunichte gemacht.«

»Laß ihn reden und denke dir deinen Teil«, ermahnte Hallgerd ihren Sohn.

»Ich hasse ihn«, sagte Sven, ohne daß sich seine Lippen bewegten. Die Gespräche verstummten; eine lähmende Stille breitete sich aus.

»Was hat er gesagt?« fragte der König.

Niemand antwortete ihm. Verstohlene Blicke aus den Augenwinkeln, betretenes Schweigen, hier und da ein Räuspern.

»Ich will wissen, was er gesagt hat!« schrie der König.

Da erhob sich Bue der Dicke und trat in geduckter Haltung an den Hochsitz. Harald wandte ihm sein Ohr zu und hörte unbewegten Gesichts, was Bue ihm zuflüsterte. Dann öffneten sich langsam seine Lippen, gaben nach und nach den Zahn frei, nun auch die schwarzen Zahnstümpfe, die rissige Zunge. Haralds Körper erbebte von kurzen, rasch aufeinanderfolgenden Atemstößen, der König lachte. Bue, den es sichtlich erleichterte, daß seine Mitteilung den König zu erheitern schien, begann ebenfalls zu lachen, das Lachen pflanzte sich von einem zum anderen fort, nahm, je weiter es um sich griff, an Lautstärke zu und füllte die Halle mit tosendem Lärm.

Auf einen Wink des Königs verebbte das Gelächter. »An dir ist ein Possenreißer verlorengegangen, Sohn«, sagte Harald. »Du verstehst es, eine ganze Tafelrunde mit drei Worten zum Lachen zu bringen, das will schon etwas heißen. Was meint ihr«, fragte der König in die Runde, »würde Sven Haraldsson nicht einen guten Narren abgeben?«

Da nickten etliche und schmunzelten. Andere wichen Haralds Blick aus, rissen Fleischstücke aus dem Braten und stopften sie sich in den Mund. Was sie nun kauend, schmatzend, gnurpschend hervorbrachten, konnte ebensogut als Zustimmung wie als Widerspruch gedeutet werden. Harald war, wenn man ihm glauben durfte, ein vom Tode gezeichneter Mann. Demnach konnte Sven schon in wenigen Jahren seine Nachfolge antreten, und es war zu vermuten, daß er, wie sein Vater, ein gutes Gedächtnis besaß.

»Aber wenn es so wäre, wie du sagst: Aus welchem Grund solltest du mich hassen?« fragte der König seinen Sohn.

Statt zu antworten, steckte Sven seinen Zeigefinger in das eine Nasenloch und schnaubte vernehmlich aus dem anderen.

»Wärst du nicht der Sohn einer Frau aus königlichem Geschlecht, hätte ich dich gleich nach deiner Geburt ertränkt«, fuhr der König fort. »Noch immer bist du ein Bündel schlaffer Haut und weicher Knochen. Verübelst du es mir, daß ich einen Mann aus dir zu machen versuche?«

Jetzt richtete der Zehnjährige seine leicht hervorquellenden kalten Augen auf seinen Vater und hielt dessen Blick schweigend stand.

»Als ich in deinem Alter war«, sagte der König, »setzte mich Gorm im Wald aus. Tagelang irrte ich umher, wehrlos Wölfen, Bären und anderem Getier preisgegeben. Ich lernte den Hunger kennen, fraß Baumrinde, Schnecken und Würmer. Aber ich fand den Weg zurück, und als ich an Gorms Hoftor klopfte, war ich ein anderer als jener, den er in der Wildnis alleingelassen hatte. Im

Winter darauf warf er mich ins Meer und ließ mich darin schwimmen, bis ich ein Eisklumpen war. Ich verfluchte ihn, ich schwor mir, ihn zu töten, aber als ich ein Mann war, liebte ich ihn, weil er einen Mann aus mir gemacht hatte. Ich bin mit dir glimpflicher verfahren, Sohn. Ich verlange nicht, daß du mich dafür liebst, noch erwarte ich Dank. Aber wenn du mich haßt, wenn es wirklich so ist, daß du mich haßt, dann will ich dir auch einen Grund dafür geben.« Die letzten Worte sprach der König mit leiser Stimme, sie schwirrten beinahe lautlos durch den Saal, und manch einer duckte sich, als fürchte er, von ihnen getroffen zu werden.

»Früher ging es lustiger auf deinen Festen zu, Bruder«, sagte Gunhild, die Witwe des Königs von Jorvik. Sie war eine stattliche Frau mit breitem Gesäß und schweren Brüsten, die sie der Bequemlichkeit halber vor sich auf den Tisch zu legen pflegte. »Da wurde gesungen und erzählt, und wenn es Streitigkeiten gab, wurden sie an Ort und Stelle mit dem Schwert ausgetragen. Erinnerst du dich, wie Erik seinem Gegner den Kopf abschlug und dieser vom einen Ende des Tisches bis zum anderen rollte?« Sie riß ihren Mund auf und lachte mit schwabbelndem Busen.

»Ja, die alten Zeiten«, seufzte König Harald. »Ich wollte, ich könnte sie vergessen, dann fiele es mir leichter, die Freudlosigkeit meines jetzigen Daseins zu ertragen. Seitdem ich König bin, ist mir aller Frohsinn abhandengekommen; die Verantwortung, die auf meinen Schultern lastet, die Sorge um das Wohlergehen meiner Untertanen haben mich schwermütig und krank gemacht. Ich weiß, daß es etliche unter euch gibt, die sich gern an meiner Stelle sähen. Aber die Götter mögen sie davor bewahren, daß ihr Wunsch jemals in Erfüllung geht. Denn es ist ein hartes Los, sich für sein Land aufzuopfern und dafür nichts als Undank zu ernten.« Damit lehnte der König sich zurück und starrte trübsinnig zur Decke empor.

»Außerdem treiben sie es mit Ziegen und Kühen«, sprach Thyra in die Stille hinein. Offenbar hatte sie inzwischen überschlagen, daß ihr ein Trinkhorn voll Silber noch eine weitere Kränkung erlaube. Und damit niemand im ungewissen blieb, wer gemeint sei, fügte sie hinzu: »Für die Isländer ist ein Loch so gut wie das andere.«

»Schafft sie hinaus!« sagte der König, ohne den Blick vom Dekkengebälk zu lösen.

Zwei seiner Leibwächter, Männer von riesenhaftem Wuchs, traten hinter die alte Königin, hoben sie von der Bank und trugen sie durch den Saal. Thyra wehrte sich nicht, kein Schrei kam über ihre Lippen, keines jener Schimpfwörter, für die sie berüchtigt war. Als sie aber an der Tür angelangt war, packte sie Björns Schulter und grub ihre Fingernägel in sein Fleisch. Björn roch die ranzigen Ausdünstungen ihres Körpers, er sah das rote Adderngespinst ihrer Augäpfel, und da er ihr so nahe war, vernahm er deutlicher als alle anderen die Worte, die sie zwischen keuchenden Atemzügen hervorstieß: »Dein Zahn, Harald Gormsson, ist das einzige, das von dir in Erinnerung bleiben wird. Denn was du an Taten vollbracht hast, wird schon am Tage nach deinem Tod vergessen sein.«

Einer der Leibwächter versetzte Thyra einen Stoß, so daß sie über die Schwelle stolperte und in die Knie brach. Björn sah, wie sich zwei Mägde über sie beugten und, während sie sie aufzurichten versuchten, nach ihrem Schmuck griffen. Dann schlug jemand von außen die Tür zu.

»Warum lacht ihr nicht?« fragte der König in die Runde. »Mich belustigt es, was meine Mutter sagte, euch nicht?«

Da begannen seine Gäste zur gleichen Zeit zu reden, das Stimmengewirr schwoll an, Entrüstung griff um sich. Die Brüder Sigurd und Harek von den Schafsinseln sprangen auf und erboten sich, Thyra zu erwürgen; Bischof Horath verschaffte sich mit der Behauptung Gehör, Gorms Witwe sei vom Teufel besessen, und daher empfehle er, sie auf dem Scheiterhaufen zu verbrennen; Bue der Dicke hingegen erinnerte den König an dessen eigenen

Schwur und schlug vor, Thyra nach Litla Dimun zu verbannen, einer Felsinsel im Nordmeer, die an Unwirtlichkeit ihresgleichen suche. Harald jedoch wiegte unentschlossen den Kopf, schien an keinem der Vorschläge so recht Gefallen zu finden und brachte seine Gäste schließlich mit einer Handbewegung zum Schweigen.

»Mir wäre lieber gewesen, wir hätten gemeinsam über das Geschwätz der alten Frau gelacht«, sagte der König. »Aber offenbar seid ihr euch einig, daß sie dafür eine Strafe verdient. Oder ist einer hier im Saal anderer Meinung?«

»Ich, Herr«, sagte Poppo und erhob sich.

»Si tacuisses!« stöhnte Bischof Horath und sank in sich zusammen. Die Bischöfe von Aarhus und Ribe tauschten erstaunte Blikke: Wer war dieser Priester, daß er es wagte, an der Tafel des Königs das Wort zu nehmen?

»Man sagte mir, du seist ein sprachkundiger Mann«, versetzte der König. »Nur aus diesem Grund habe ich dich zu meinem Fest eingeladen. Da du nun aber hier bist, laß uns deinen Rat hören.«

»Es steht mir nicht zu, dir einen Rat zu erteilen, König Harald«, antwortete Poppo. »Ich will jedoch nicht mitschuldig daran sein, daß du deinen Nachruhm durch einen Muttermord befleckst. Wenn es, wie mein ehrwürdiger Herr meinte, der Teufel war, der aus deiner Mutter sprach, so räche dich an ihm, nicht aber an jener, deren Stimme er sich lieh.«

»Das ist leichter gesagt als getan, Priester«, entgegnete der König. »Wie soll ich mich an einem rächen, von dem niemand mit Sicherheit sagen kann, ob es ihn gibt?«

»Ich habe ihn gesehen«, sagte Poppo mit fester Stimme. »Ich habe ihn gefühlt, gerochen, mit all meinen Sinnen habe ich ihn wahrgenommen. Es gibt den Teufel so gewiß wie es Gott gibt und seinen Sohn Jesus Christus und die Jungfrau Maria. Nimm den wahren Glauben an, Herr, dann wirst du auch den Teufel erkennen, und Gott wird dir die Kraft geben, ihn zu bezwingen.«

»Immerhin würde sich, wenn ich an deinen Gott glaubte, die Zahl meiner Feinde um einen vermehren«, warf der König gewitzt ein. »Noch dazu um einen, dem mit dem Schwert nicht beizukommen ist.«

»Das Gebet ist stärker als das Schwert«, sagte Bischof Reginbrand, der dem Wortwechsel zwischen König und Priester mit wachsender Aufmerksamkeit gelauscht hatte.

Poppo verneigte sich vor dem Bischof von Aarhus. Dann fuhr er, zum König gewandt, fort: »Und Gott ist mächtiger als die Götzen und Dämonen, die ihr die alten Götter nennt. Denn siehe: Eure Götter sind von Menschenhand gemacht, sie sind aus Gold, Silber, Kupfer, Stein oder Holz, sind taub, blind und stumm. Sie leben nicht, bewegen sich nicht, fühlen nicht. Bedenke doch: Welche Rettung können sie dir bringen, die ja nicht einmal, da sie ohne Verstand sind, sich selbst helfen können?«

Da stand Thormod auf und sagte: »Wenn du einem weitgereisten Mann erlaubst, von seinen Erfahrungen zu berichten, Herr: Der Gott der Christen ist mir auf dem festen Land in manchem nützlich gewesen, über das Meer jedoch hat er keine Macht, dort herrscht immer noch Njörd. Laß dir also von dem Priester nicht einreden, daß sein Gott allmächtig sei.«

Thormods Worte fanden bei vielen Zustimmung, und auch König Harald zeigte durch ein Kopfnicken an, daß sie ihm einleuchtend erschienen.

»Höre, was ein erfahrener Mann sagt, und erkläre uns, wozu es gut sein soll, auf den Beistand vieler Götter zu verzichten und sich statt dessen einem einzigen anzuvertrauen«, forderte Harald den Priester auf.

»Noch dazu einem, der das Wasser scheut!« rief Bue der Dikke, die Augen beifallheischend auf das Gesicht des Königs gerichtet. Aber dieser schneuzte sich mit Daumen und Zeigefinger, was unter seinen Vertrauten als Ausdruck der Mißbilligung galt.

»Es wundert mich nicht, wenn Gott jenen seinen Beistand versagt, die ihn neben ihre Götzen und Dämonen stellen«, antwortete Poppo. »Bedenke vor allem dies, Herr: Eure Götter sind wie Menschen geboren. Odin wurde von Bor gezeugt, und Bestla brachte ihn zur Welt. Bor war Buris Sohn, und diesen leckte die Kuh Audumla aus dem Eis. Davor war der Riese Aurgelmir, den andere Ymir nennen, und davor war der Knall, als das Eis von Niflheim mit dem Feuer von Muspellheim zusammenkam. Aber wer erschuf Feuer und Eis, wer die gähnende Leere Ginnungagap, Herr? Und wenn du meinst, dies sei schon immer dagewesen: Wer herrschte über die Welt, bevor eure Götter geboren wurden? Ich sage es dir: Es war der einzige, der wahre, der allmächtige Gott; er war vor allem anderen da, er selbst ist der Anfang!«

Es wurde sehr still im Saal. Von draußen war Kindergeschrei zu hören; Spatzen tschilpten im Reetdach der Halle. Die Bischöfe von Ribe und Aarhus flüsterten einander lateinische Worte zu; Bischof Horath stocherte mißmutig in seinen Zähnen.

»Alles mag so sein, wie du sagst, Poppo«, ließ sich nun der König wieder vernehmen. »Aber wie willst du beweisen, daß dein Gott auch heute noch mächtiger ist als unsere Götter? Odin und Thor, Njörd und Freyr tun ihre Macht durch Zeichen und Wunder kund, von der Macht deines Gottes hingegen höre ich nur aus deinem und anderer Christenpriester Mund.«

Da übermannte den sonst so beherrschten Priester der Zorn. Er schleuderte seinen hölzernen Becher gegen die Wand und rief: »Gott, Vater, Sohn und Heiliger Geist sind die einzige Gottheit, alle anderen nur Abgötter!«

Björn sah, wie Sigurd und Harek nach ihren Schwertern griffen; auch Bue machte sich bereit, den Priester auf einen Wink seines Herrn hin mit der Waffe zu belehren, wie man sich in Gegenwart des Königs zu benehmen habe. Doch Harald bedeutete mit beschwichtigenden Gebärden, daß er keine Handgreiflichkeiten wünsche.

»Bist du bereit, dies durch deines Gottes eigenes Urteil zu bekräftigen?« fragte er lauernd.

Poppo stützte sich mit beiden Armen auf den Tisch, stand eine Zeitlang so da, reglos, die Augen zusammengepreßt, als lausche er einer inneren Stimme. Dann richtete er sich langsam auf, öffnete die Augen, blickte zur Decke empor. »Ja, Herr«, sagte er leise.

»Bringt mir ein Stück glühenden Eisens«, befahl der König.

Seine Leibwächter stürmten waffenklirrend aus dem Saal. Poppo kniete zwischen den Bänken nieder, bekreuzigte sich und umhüllte sich mit seiner Kutte, so daß von ihm nicht mehr zu sehen war als seine ledrigen Fußsohlen.

»Was tut er da?« fragte Gunhild, die, auf ihren Brüsten ruhend, eingeschlummert war.

»Er betet«, antwortete Bischof Liafdag.

»Er fleht Gott um seinen Beistand an«, verdeutlichte Bischof Reginbrand.

»Si tacuisses, si tacuisses«, murmelte Bischof Horath.

»Ich setze mein bestes Pferd darauf, daß er sich die Pfoten verbrennt«, rief Wichmann, der Brudersohn des Billungers. »Wer hält dagegen?« Niemand meldete sich, obwohl allgemein bekannt war, daß Wichmann beim Wetten meist den kürzeren zog.

Der König ließ sich eine Specksteinschale reichen und schlug darin sein Wasser ab. Währenddessen sagte er: »Ihr seid meine Zeugen, daß ich den Priester nicht gezwungen habe, die Macht seines Gottes durch die Feuerprobe zu beweisen. Es ist sein eigener Wille. Wenn er sich also, woran ich nicht zweifle, die Hände verbrennen wird, ist kein anderer als er selber daran schuld. Ich sage dies, weil ich weiß, daß einige unter uns sind, die Erzbischof Adaldag nur zu gerne berichten würden, ich hätte einem seiner Priester Schaden zugefügt.« Sein Blick streifte die drei Bischöfe nur flüchtig, blieb dafür aber um so länger an Wichmann haften, von dem es hieß, daß er ein Günstling des mächtigen Erzbischofs sei.

Nun geschah etwas, was in Sagas besungen, in Holz geritzt, in Stein gemeißelt werden sollte. Die Zahl derer, die sich rühmten, Zeugen des Ereignisses gewesen zu sein, wuchs von Jahr zu Jahr; keine Halle, und wäre sie um ein Vielfaches größer gewesen als die König Haralds, hätte ihnen allen Platz geboten. Es kam soweit, daß der Zeitpunkt bedeutender und alltäglicher Geschehnisse danach bestimmt wurde, ob er vor oder nach Poppos Feuerprobe lag. Keine Hungersnot, keine Sturmflut, kein Königsmord und kein Krieg gruben sich tiefer in das Gedächtnis der Menschen ein.

Einer der Leibwächter trägt das glühende Eisenstück mit einer Zange in den Saal. Es ist armlang und breit wie ein Schwert. Björn sieht die rote Glut zwischen bröckligem Grau, spürt die Hitze auf seinem Gesicht. Der Leibwächter bleibt neben Poppo stehen und hält das Eisenstück über ihn. At-Tartuschi besprengt es mit Wein, knallend zerspringen die Tropfen. Die weiter entfernt Sitzenden stehen auf, drängen nach vorn; Nanna greift nach Björns Hand, steigt auf eine Bank und zieht ihn zu sich empor. Poppo, unter seiner Kutte kauernd, rührt sich nicht. Ist er inzwischen zu der Einsicht gelangt, das Unmögliche zu versuchen; hat ihn der Mut verlassen?

»Es ist soweit, Priester«, sagt der König. »Oder willst du dir nachsagen lassen, du hättest gewartet, bis das Eisen erkaltet ist?«

»In nomine patris et filii et spiritus sancti«, sagt Bischof Reginbrand und schlägt über Poppo das Kreuz.

Unter der Kutte bewegt es sich, zwei Arme kommen zum Vorschein, schlagen die Kutte zurück, Poppo erhebt sich. Sein Gesicht ist weiß, selbst aus seinen Lippen ist das Blut gewichen. Poppo blickt in die Runde, seine Augen sind starr, seine Pupillen geweitet und tiefschwarz. Nun senkt er den Blick auf das Eisen, er streckt beide Hände aus, die Handflächen nach oben gekehrt, und bedeutet dem Leibwächter mit einer Kopfbewegung, das Eisenstück auf seine Hände zu legen. Rauch steigt von Poppos Händen auf, es riecht nach verbranntem Fett, doch kein Schrei durchdringt die atemlose Stille.

»Wirf das Eisen fort, bevor es dich zum Krüppel macht!« ächzt König Harald, als erleide er selbst die Qualen, die Poppo ohne Anzeichen von Schmerz zu ertragen scheint.

»Es ist nur das Fett, das mir die Hitze aus den Poren treibt, Herr«, sagt Poppo. »Doch meine Haut widersteht der Glut, solange Gott es will.«

So steht er da, das glühende Eisenstück auf seinen ausgestreckten Händen. Der König läßt sein Horn füllen. Als er es leergetrunken hat, steigt er vom Hochsitz, geht zu Poppo, spuckt auf das Eisen, sein Speichel verpufft mit lautem Zischen.

»Damit wollen wir es genug sein lassen, Poppo«, sagt er. »Zeig mir deine Hände.«

Der Leibwächter nimmt das Eisenstück mit der Zange von Poppos Händen. Die Haut ist ein wenig gerötet, wo das glühende Eisen lag, aber sie ist glatt und unversehrt, zeigt keine Brandstellen, keine Blasen. Der König hält Poppos Hände hoch und führt den Priester schweigend durch die Halle. Als sie an Björn vorüberkommen, blickt Poppo ihn an, und ein dünnes Lächeln spielt um seine blutleeren Lippen.

Drei Tage nach Poppos Feuerprobe ließ sich König Harald taufen. Nachdem er den wahren Glauben angenommen hatte, gelobte er, auch seine Untertanen zu Christen zu machen, und damit niemand an seiner Entschlossenheit zweifle, setzte er einen Stein, auf dem das Bekehrungswerk bereits als vollendet vermerkt war.

Bischof Horath zog sich verbittert in ein Kloster zurück. An seiner Stelle wurde Poppo Bischof von Schleswig. Zunächst sträubte er sich, dieses Amt zu übernehmen; als man ihn jedoch wissen ließ, Horath arbeite in der Abgeschiedenheit seiner Klosterzelle an einer Lebensbeschreibung des wundertätigen Poppo, die mit besonderer Sorgfalt die Zeitspanne vor seiner Hinwendung zum

Christentum behandle, nahm er den Krummstab unter der Bedingung an, daß Horath wegen seiner angegriffenen Gesundheit eine Tätigkeit an der frischen Luft zugewiesen werde. [4]

Quellen

Die Texte entstammen den folgenden Werken:

1. Adam von Bremen: »Hamburgische Kirchengeschichte«, übersetzt von J. C. M. Laurent und W. Wattenbach, Essen und Stuttgart 1986

2. Johannes Brøndsted: »Die große Zeit der Wikinger«, aus dem Dänischen von Karl Kersten, Karl Wachholtz Verlag, Neumünster 1964

3. Nis Hardt und Karsten Kjer Michaelsen: »Wikinger zwischen Ribe, Haithabu und Hamburg«, Verlag Boyens & Co., Heide 1994

4. Konrad Hansen: »Die Männer vom Meer«, Eichborn Verlag, Frankfurt 1992

5. Halldór Laxness: »Die glücklichen Krieger«, aus dem Isländischen von Bruno Kress, Steidl Verlag, Göttingen 1991

6. »Die Saga von Egil«, aus dem Altisländischen übersetzt von Kurt Schier, Diederichs, Düsseldorf und Köln 1978

7. »Die Saga von Njal«, aus dem Altisländischen übertragen von Rolf Heller, Fourier Verlag, Wiesbaden (Insel-Verlag Anton Kippenberg, Leipzig 1982)

8. Eric Graf Oxenstierna: »Die Wikinger«, W. Kohlhammer Verlag, Stuttgart 1959

9. »Die Geschichte von den Leuten aus dem Lachswassertal«, in: »Die schönsten Geschichten aus Thule«, herausgegeben von Heinrich Matthias Heinrichs, Deutscher Taschenbuch Verlag, München 1974

10. Frans G. Bengtsson: »Die Abenteuer des Röde Orm«, aus dem Schwedischen von Elsa Carlberg, Ernst Heimeran, München

11. »Die Saga von Grettir«, aus dem Altisländischen übersetzt von Hubert Seelow, Diederichs, Düsseldorf und Köln 1974

12. R. L. M. Derolez: »Götter und Mythen der Germanen«, übersetzt von Julie von Wattenwyl, VMA-Verlag, Wiesbaden 1963

13. »Die Wikinger«, Burkhard-Verlag Ernst Heyer, Essen 1966

14. Ohteres (Ottars) und Wulfstans Reisebericht an König Alfred den Großen (um 880–890), Originalübersetzung aus König Alfreds Orosiusübersetzung in altangelsächsischer Sprache. Text der Cottonhandschrift des 10. Jhts. nach H. Sweet in der Early English Text Society

15. »Die Saga von Erik dem Roten«, übersetzt von Bernhard Gottschling

16. »Die Grönländer-Saga«, aus dem Altisländischen übersetzt von Bernhard Gottschling, Scandia, Bochum 1979

17. Die Berichte des Ibn Fadlan und des Ibn Rustah, aus: Seippel, Alexander: »Rerum Normannicarum fontes Arabici«, Oslo 1896/1928, ins Deutsche übertragen von Harris Birkelan

Empfehlenswerte Literatur

»Die Edda«, übertragen von Felix Genzmer, Eugen Diederichs Verlag, Köln 1983

»Nordische Nibelungen«, übertragen von Paul Herrmann, Eugen Diederichs Verlag, Köln 1985

Herbert Jankuhn: »Haithabu, ein Handelsplatz der Wikingerzeit«, Karl Wachholtz Verlag, Neumünster 1976

James Graham-Campbell: »Das Leben der Wikinger«, Kristall Verlag, Berlin und Hamburg 1980

Walter Hansen: »Asgard – Entdeckungsfahrt in die germanische Götterwelt«, Gustav Lübbe Verlag, Bergisch Gladbach 1985

Judith Jesch: »Frauen der Vikingzeit«, übersetzt von Johann Heiss, Wiener Frauenverlag 1993

Joachim Herrmann u. a.: »Wikinger und Slawen«, Zur Frühgeschichte der Ostseevölker, Karl Wachholtz Verlag, Neumünster 1982

Rudolf Pörtner: »Die Wikinger-Saga«, Econ Verlag, Düsseldorf und Wien 1971

Richard Allen Brown: »Die Normannen«, aus dem Englischen von Harald Ehrhardt, Artemis Verlag, München und Zürich 1988

Horst Zettel: »Das Bild der Normannen und der Normanneneinfälle in westfränkischen, ostfränkischen und angelsächsischen Quellen des 8. bis 11. Jahrhunderts«, München 1977

John Julius Norwich: »Die Wikinger im Mittelmeer«, F. A. Brockhaus, Wiesbaden 1974

»Wikinger, Waräger, Normannen«, Kataloghandbuch, Verlag Philipp von Zabern, Mainz 1992

Gustav Faber: »Die Normannen«, Wilhelm Goldmann Verlag, München 1976

Wolfram zu Mondfeld: »Wikingfahrt«, Koehler Verlagsgesellschaft, Herford 1985

Harald Steinert: »Tausend Jahre Neue Welt – Auf den Spuren der Wikinger in Grönland und Amerika«, Deutsche Verlags-Anstalt, Stuttgart 1982

Heinz Barüske: »Die Wikinger und ihre Erben«, Safari bei Ullstein, Berlin 1981

Hartmut Mechtel

Kapitäne sterben

um Mitternacht

Roman

250 Seiten

Gebunden mit

Schutzumschlag

Ein Hansekrimi

Hamburg um 1611: Die Stadt ist zu einem der größten Handelszentren an der Nordsee geworden. Engländer, Niederländer, Italiener, Portugiesen, Franzosen und deutsche Fernhändler aus allen Gegenden des Reiches bevölkern den Hafen. Die starren Vorschriften der Hanse sind den Hamburger Kaufleuten mittlerweile lästig. Die Hanse gibt es seit vier Jahrhunderten – ein alter überlebter Club. Wie anders tritt die Vereinigte Ostindische Kompagnie auf, die zum Neid der Hanseaten innerhalb eines kurzen Jahrzehnts zur wichtigsten Handelsmacht der Welt aufgestiegen ist. Da will man mithalten ...

Die Hanse

Gilles Lapouge

Piraten

Seeräuber,
Freibeuter, Bukanier
und andere Jäger
der Meere
Aus dem Fanzösischen
von Harald Riemann
182 Seiten
Gebunden mit
Schutzumschlag

Seeräuber, Freibeuter, Bukanier und andere Jäger der Meere.
Etwas vom Schrecken der Piraten spukt immer noch in den Köpfen der Menschen, und etwas von ihrer Faszination, wie ein Flirren der Gestirne. Das Abenteuer ist lange schon vorüber, keine unbekannte Bemastung kreuzt durch die Nebel der Tropen. Aber noch wirkt die Droge ... Auf! Vorbei an den Antillen, über die Küste Guyanas und der Komoren hinaus in die grenzenlose Ferne ...

Die Hanse